AF239452

Bernhard Schmidt
Föderative Architektur
Ein Ansatz für eine funktionsorientierte
selbstorganisierende Elektrik-Elektronik-Architektur

TUDpress

Bernhard Schmidt

Föderative Architektur

Ein Ansatz für eine funktionsorientierte
selbstorganisierende
Elektrik-Elektronik-Architektur

TUD*press*

2016

Die vorliegende Arbeit wurde an der Fakultät Verkehrswissenschaften „Friedrich List"
der Technischen Universität Dresden als Dissertation eingereicht und am 12.06.2015 erfolgreich verteidigt.

Gutachter:
Prof. Dr.-Ing. Bernard Bäker (Lehrstuhl für Fahrzeugmechatronik an der TU Dresden)
Prof. Dr.-Ing. Hans-Christian Reuss (Lehrstuhl für Kraftfahrzeugmechatronik
an der Universität Stuttgart)

Bibliografische Information der Deutschen Nationalbibliothek
Die Deutsche Nationalbibliothek verzeichnet diese Publikation in der
Deutschen Nationalbibliografie; detaillierte bibliografische Daten sind
im Internet über http://dnb.d-nb.de abrufbar.

Bibliographic information published by the Deutsche Nationalbibliothek
The Deutsche Nationalbibliothek lists this publication in the Deutsche
Nationalbibliografie; detailed bibliographic data are available in the
Internet at http://dnb.d-nb.de.

ISBN 978-3-95908-056-9

© 2016 w.e.b.
Universitätsverlag & Buchhandel
Eckhard Richter & Co. OHG
Bergstr. 70 | D-01069 Dresden
Tel.: 0351/47 96 97 20 | Fax: 0351/47 96 08 19
http://www.tudpress.de

TUDpress ist ein Imprint von w.e.b
Gesetzt vom Autor.
Printed in Germany.

Föderative Architektur

Ein Ansatz für eine funktionsorientierte selbstorganisierende Elektrik-Elektronik-Architektur

eingereichte Dissertation
zur Erlangung des akademischen Grades

Doktoringenieur (Dr.-Ing.)

eingereicht bei der Fakultät Verkehrswissenschaften „Friedrich List"
der Technischen Universität Dresden

vorgelegt von

Dipl.-Math. Bernhard Schmidt
geboren am 14.07.1976

Kurzfassung

Die Föderative Architektur ist ein generisches Konzept zur Beschreibung von Elektrik-/Elektronik-Systemen, deren Komponenten ihren Informationsaustausch selbstständig organisieren. Dieses Konzept beschreibt die Komponenten dieser Systeme und deren Beziehungen untereinander. Zudem wird auch ein Prozess vorgestellt, wie derartige Systeme entwickelt und getestet werden können.

Diese Arbeit stellt einen Ansatz vor, um das aus der Natur bekannte Prinzip der Selbstorganisation in verteilte Elektrik-/Elektronik-Systeme aus vielen Komponenten zu übertragen. Föderative Systeme organisieren ihre internen Kommunikationsstrukturen selbständig und ermöglichen so zusätzliche Systemeigenschaften, wie die Selbstheilung beim Ausfall oder die Selbstadaption beim Hinzufügen von Komponenten.

Kernfragen bei der Integration der Selbstorganisation in technische Systeme sind der Entwurfsprozess und die Kontrollierbarkeit der entstandenen Systeme. In dieser Arbeit wird deshalb ein möglicher Entwurfsprozess vorgeschlagen. Zudem werden verschiedene Mechanismen zur Kontrolle derartiger Systeme entwickelt. Die in dieser Arbeit vorgestellten ersten Umsetzungen demonstrieren die korrekte Wirkweise der Föderativen Architektur anhand überschaubarer Systeme mit nachvollziehbarer und beherrschbarer Komplexität.

Abstract

Federative Architecture is a generic concept for technical systems that can organise their information exchange independently using contracts. This concept describes the components of such systems, their relations to each other and shows a process to design and to test them.

With this work, an approach for the application of self-organisation to electric/electronic systems is successfully introduced. Federative Systems are able to organise their functionality independently and thereby to adapt to changed conditions. This way, new components can be added easily (self-adaption). Likewise automatically an adjustment takes place if a component fails or is removed (self-healing).

Central issues are the design process and the controllability of those systems. First implementations demonstrate the correct behaviour of the Federative Architecture on the basis of manageable systems with easy-to-comprehend complexity.

Danksagung

Bei der Erstellung dieser Dissertation haben mich viele Menschen direkt oder indirekt unterstützt. Allen möchte ich an dieser Stelle meinen großen Dank aussprechen, denn ohne sie gäbe es diese Arbeit nicht.

An allererster Stelle möchte ich Herrn Prof. Dr. Peter Hofmann danken, der diese Arbeit im Rahmen des Competence Centers EE-Architektur inhaltlich gelenkt und geleitet hat. Ein ebenso großer Dank gilt meinen beiden Kollegen Falk Anderssohn und Maik Fuchs, die mich die ganzen Jahre über begleitet haben und mir immer als Partner zum Nachvollziehen und Diskutieren meiner Ideen zur Seite standen.

Ganz herzlich möchte ich mich sodann bei meinen beiden Gutachtern, Herrn Prof. Bäker und Herrn Prof. Reuss, bedanken, die mich beide beim Abschluss und der Veröffentlichung der Dissertation unterstützt haben.

Einen ganz besonderen Dank möchte ich aber an dieser Stelle meiner Frau Andrea Schmidt aussprechen, die mir über viele Jahre den Rücken frei gehalten und mir dadurch den notwendigen Freiraum verschaffen hat, damit ich Ruhe und Zeit fand, um mich dieser Arbeit widmen zu können.

Inhaltsverzeichnis

1   Einleitung

Die vorliegende Arbeit entstand am DaimlerChrysler Competence Center Elektrik-/Elektronik-Architektur an der Technischen Universität Dresden (DCCC) in den Jahren 2003 bis 2007. Diese Forschungseinrichtung war ein Kooperationsprojekt zwischen der DaimlerChrysler AG[1] und dem Lehrstuhl für Fahrzeugmechatronik der Fakultät Verkehrswissenschaften „Friedrich List" an der TU Dresden unter der Leitung von Prof. Dr. Peter Hofmann und hatte die Aufgabe die Elektrik-Elektronik-Systeme von Fahrzeugen zu analysieren und Vorschläge für zukünftige Systeme auszuarbeiten.

Im Competence Center entstanden verschiedene Arbeiten, wovon die im Folgenden vorgestellte Föderative Architektur ein wesentlicher Bestandteil war. Sämtliche im Rahmen dieser Arbeit realisierten Demonstratoren sind dort aufgebaut worden.

Diese Föderative Architektur ist in mehreren Publikationen veröffentlicht worden. So geben „Ansatz für eine selbstorganisierende Elektrik-/Elektronik-Architektur im Kraftfahrzeug" [CC_AFS05] und „Complexity Management in Technological Systems" [CC_HAFS06] einen Einblick in die ersten Schritte und Konzeptideen der Föderativen Architektur, wogegen „Federative Architecture. An approach of a contract-based Electric/Electronic Architecture" [CC_Sch12a] und „Föderative Architektur. Ein Ansatz für eine selbstorganisierende EE-Architektur" [CC_Sch12b] den in dieser Arbeit beschriebenen Stand vorstellen.

1.1   Beitrag dieser Arbeit

Diese Arbeit bietet einen neuen Ansatz zur Entwicklung komplexer verteilter Elektronik-Systeme, wie sie (zum Beispiel) im Kraftfahrzeug auftreten. Dazu stellt die hier vorgestellte Architektur die Funktionalität des Fahrzeugs in den Mittelpunkt und ermöglicht somit eine funktionsorientierte Systementwicklung.

Zudem orientiert sich die Architektur an dem Paradigma der Selbstorganisation, welches natürlichen Systemen zugrunde liegt. Für dessen Umsetzung in technische Systeme wird in dieser Arbeit eine Möglichkeit ausgearbeitet. Die Selbstorganisation vereinfacht nicht nur den Entwurf komplexer technischer Systeme, sondern ermöglicht vollkommen neue Eigenschaften für Elektrik-Elektronik-Systeme im Kraftfahrzeug, die bisher nur von biologischen Systemen bekannt sind. Denn auf dem Prinzip der Selbstorganisation basierend können sogenannte Self-X-Eigenschaften wie Selbstoptimierung, Selbstheilung oder Selbstadaption (Plug & Play) umgesetzt werden.

Somit wird in den folgenden Kapiteln eine neuartige Elektrik-Elektronik-Architektur ausgearbeitet, welche selbstorganisierende technische Systeme ermöglicht. Diese wird als Föderative Architektur bezeichnet. Die Übertragung der Selbstorganisation in ein technisches System wirft die Fragen auf, wie künstliche selbstorganisierende Systeme zielgerichtet entworfen und wie diese verifiziert werden können. Dafür werden in dieser Arbeit verschiedene Möglichkeiten vorgestellt und diskutiert. Inhaltlich abgerundet wird dies mit der Vorstel-

---

1. Daimler AG seit 2007

lung verschiedener Demonstratoren, wie zum Beispiel einem Demonstrationsfahrzeug, auf dem Fahrzeug-EE-Systeme nach der hier vorgestellten Föderativen Architektur erstellt wurden.

1.2 Gliederung

Die vorliegende Arbeit ist wie folgt gegliedert:

Kapitel 2 "Motivation" führt in die Herausforderungen aktueller Fahrzeug-Elektronik-Systeme ein und stellt die dieser Arbeit zu Grunde liegende Vision als Lösungsvorschlag vor. Abschließend werden die zu bearbeitenden Teilaufgaben skizziert.

Kapitel 3 "Grundlagen" beinhaltet die Themen, auf denen diese Arbeit basiert. Schwerpunkte bilden die Vorstellung aktueller Elektrik-Elektronik-Systeme sowie die Analyse selbstorganisierender Systeme. Ein ebenso wichtiger Aspekt ist die Ausarbeitung des Funktionsbegriffs. Auf diesen drei Themen beruht die vorgestellte Föderative Architektur. Des Weiteren werden formale Beschreibungsmöglichkeiten kurz eingeführt, auf die in der weiteren Arbeit zurückgegriffen wird.

Kapitel 4 "Konzept der Föderativen Architektur" beschreibt einen Ansatz für eine Architektur selbstorganisierender technischer Systeme. Im Kern dieses Kapitels steht die Beschreibung der Autonomen Einheiten und ihrer Kooperationsmechanismen, durch die das Föderative System aufgespannt wird.

Kapitel 5 "Entwicklung von Systemen der Föderativen Architektur" beschreibt die Vorgehensweise bei der Entwicklung eines Systems nach der Föderativen Architektur. Diese unterscheidet sich von der Entwicklung herkömmlicher Elektrik-Elektronik-Systeme vor allem durch die neu hinzugekommene föderative Ebene.

Kapitel 6 "Kontrolle von Systemen der Föderativen Architektur" beschreibt verschiedene Möglichkeiten ein selbstorganisierendes System zu kontrollieren. Neben der korrekten Implementierung der Funktionen muss bei selbstorganisierenden technischen Systemen noch die korrekte Implementierung der Kooperationsmechanismen kontrolliert werden. Wichtigste Frage ist jedoch, ob das selbstorganisierende System tatsächlich die erwartete Systemfunktionalität ausgebildet hat.

Kapitel 7 "Implementation von Systemen der Föderativen Architektur" stellt verschiedene Demonstratoren vor, auf denen Föderative Systeme entwickelt und getestet wurden.

Kapitel 8 "Bewertung der Föderativen Architektur" vergleicht die Erwartungen an ein selbstorganisierendes System mit dem Erreichten. Insbesondere werden hier die Unterschiede zu anderen Elektrik-Elektronik-Architekturen dargestellt.

Kapitel 9 "Zusammenfassung und Ausblick" zieht ein Resümee der Arbeit und stellt sinnvolle weitere Schritte vor.

2   Motivation

Der Elektronik kommt in modernen Kraftfahrzeugen seit vielen Jahren eine stetig wachsende Bedeutung zu. Immer mehr mechanische Komponenten werden mechatronisch oder sogar rein elektronisch realisiert. Dies spart einerseits Kosten bei Herstellung und Kraftstoffverbrauch und ermöglicht andererseits eine Vielzahl neuartiger Funktionalitäten im Kraftfahrzeug. So wurden in den letzten Jahren zahlreiche neue Fahrerassistenzsysteme, wie der intelligente Tempomat (ACC), die Auto-Start-Stopp-Funktion (ASSF), das adaptive Kurvenlicht, die Berganfahrhilfe und viele mehr entwickelt. Zugleich werden gängige Fahrzeugfunktionalitäten immer umfangreicher. Sie beziehen zunehmend mehr Informationen ein, wodurch sowohl die physikalische als auch die funktionale Vernetzung zunimmt. [WoSi09] Dieser Zuwachs ist in Abbildung 2-1 im Vergleich der Mercedes S-Klasse aus den Jahren 1998 und 2005 dargestellt.

Abbildung 2-1:   Darstellung der Elektrik-Elektronik-Architektur der Mercedes S-Klasse von 1998 (links) und 2005 (rechts)

Im Fahrzeug ist seit Beginn des 21. Jahrhunderts eine deutliche Zunahme der Steuergeräte, des benötigten Speichers, des Code-Umfangs und insbesondere der Kommunikation zwischen den Steuergeräten zu beobachten. Diese steigende Komplexität der elektronischen Systeme im Automobil führt zwangsläufig zu immer schwieriger entwerfbaren und absicherbaren Systemen. [Ang05, EsLa08, FrSc07, Gre07, u.v.a.]

Eine zentrale Herausforderung der zukünftigen Entwicklung von Fahrzeugen ist somit die Senkung der Entwurfskomplexität ihrer elektronischen Systeme. Das heißt bei gleich bleibender bzw. zunehmender Vernetzung soll der Entwurf der elektronischen Systeme signifikant vereinfacht werden.

2.1   Vision

Die Vision dieser Arbeit besteht im zukünftigen Einsatz von Fahrzeug-EE-Systemen, deren Komponenten ihren Informationsaustausch selbst organisieren. Damit wird es möglich sein, die Entwurfskomplexität zu senken, indem ein System nicht als Ganzes, sondern jede Komponente einzeln für sich entwickelt werden kann. Es ist nicht mehr notwendig alle Komponenten mitsamt all ihren Interaktionen zu entwerfen. Stattdessen können alle Komponenten individuell und ohne Kenntnis der anderen Komponenten entworfen werden. Werden die Komponenten (mittels eines Kommunikationsmediums) miteinander zu einem System verbunden, so organisieren diese selbstständig den gegenseitigen Informationsaustausch. Aus dieser Kooperation der einzelnen Komponenten bilden sich die Systemstruktur und damit die Systemfunktionalität aus.

Ändert sich die Zusammensetzung eines selbstorganisierenden Systems, so passen die Komponenten ihren Informationsaustausch an und ändern dementsprechend die Systemstruktur und somit auch dessen Funktionalität. Damit können derartige selbstorganisierende Systeme in ihrer Lebenszeit ständig geändert werden. Beim Update einzelner Komponenten oder beim Hinzufügen neuer Komponenten, ja selbst beim Ausfall einzelner Komponenten wird durch die Fähigkeit der Selbstorganisation ermöglicht, dass ein funktionsfähiges technisches System bestehen bleibt. Derartige Fahrzeug-EE-Systeme besitzen somit aus sich heraus die Fähigkeit zur Selbstadaption und zur Selbstheilung.

2.2 Ziel der Arbeit

Das Ziel dieser Arbeit besteht in der Ausarbeitung eines Ansatzes, wie das Prinzip der Selbstorganisation, welches in biologischen Systemen auftritt, auf Fahrzeug-EE-Systeme übertragen werden kann. Neben der Untersuchung der Machbarkeit ist auch auszuarbeiten, wie ein derartiges System möglichst verteilt entworfen werden kann. Des Weiteren sollen Ansätze dargestellt werden, wie ein technisches selbstorganisierendes System kontrolliert werden kann.

Damit ergeben sich folgende Aufgaben für diese Arbeit:

- Konzeption einer Architektur für selbstorganisierende elektronische Systeme im Fahrzeug
  - Bestimmung der Charakteristika selbstorganisierender Systeme
  - Bestimmung der Charakteristika von Fahrzeug-Elektrik-Elektronik-Systemen
  - Ausarbeitung eines Ansatzes der Selbstorganisation in technische Systeme integriert
- Ausarbeitung eines Prozesses zum Entwurf derartiger Systeme
- Vorstellung von Möglichkeiten zur Kontrolle eines selbstorganisierenden Fahrzeug-EE-Systems
- Aufbau eines Demonstrators
  - Aufbau eines verteilten Systems
  - Entwurf und Umsetzung der Komponenten basierend auf der konzipierten Architektur
- Abschließende Bewertung

Da diese Aufgabe verschiedene Themengebiete betrifft, ist dementsprechend zunächst eine Einarbeitung in die dafür notwendigen Grundlagen unerlässlich. Dies betrifft insbesondere die Themen Selbstorganisation, Elektrik-Elektronik-Systeme im Fahrzeug, einige mathematische Grundlagen und notwendige Begriffsklärungen.

3 Grundlagen

Die Grundlagen dieser Arbeit bilden die Themen Elektrik-Elektronik-Architektur im Kraftfahrzeug und Selbstorganisation in natürlichen Systemen. Diese sollen in diesem Grundlagen-Kapitel näher vorgestellt und vorbereitend analysiert werden. Des Weiteren wird eine kurze Einführung in einige theoretische Konzepte gegeben, die in dieser Arbeit Verwendung finden.

3.1 Aktuelle Elektrik-Elektronik-Architekturen

Zu Beginn dieser Arbeit soll ein Überblick über aktuelle Architekturen verteilter Elektronik-Systeme gegeben werden. Da im Rahmen dieser Arbeit ein Architekturkonzept für derartige Systeme entwickelt wird, soll zunächst der Begriff der Elektrik-Elektronik-Architektur ausgearbeitet werden. Danach werden aktuelle Elektronik-Systeme insbesondere im Kraftfahrzeug, aber auch in Bahnen, Flugzeugen oder Gebäuden vorgestellt. Zum Abschluss dieses Kapitels werden noch zwei aktuelle Architekturansätze vorgestellt, die sich derzeit noch in Entwicklung befinden.

3.1.1 Begriff der Elektrik-Elektronik-Architektur

Der Begriff „Architektur" wird heutzutage nicht mehr nur im Zusammenhang mit Bauwerken verwendet, sondern besitzt in der Entwicklung verschiedener Systeme eine große Bedeutung, insbesondere im technischen Umfeld. Hier finden sich Begriffe wie System-Architektur, Software-Architektur, Rechner-Architektur, Fahrzeug-Architektur oder auch Elektronik-Architektur. Alle diese Begriffe meinen zumeist einen Plan, der die Anordnung von Objekten und deren Beziehungen untereinander beschreibt. Bei näherer Betrachtung wird jedoch klar, dass die Bedeutung dieser einzelnen Architekturbegriffe sehr unterschiedlich sein kann. Deshalb wird zunächst geklärt, was in dieser Arbeit unter dem Begriff „Architektur" und insbesondere „EE-Architektur" zu verstehen ist.

Der Begriff Architektur

Historisch kommt der Begriff Architektur aus dem Bauwesen. Wie die folgende häufig in Lexika zu findende Definition zeigt, wird er daher zumeist immer noch mit der Baukunst gleichgesetzt:

Definition 3-1 : Architektur (Bauwesen)

> *Architektur oder Baukunst ist die profanen wie sakralen Zwecken dienende älteste aller bildenden Künste, deren Ergebnis die Behausung im weitesten Sinn ist.* [WWW_Wis]
>
> *Nach Vitruv umfasste diese Bezeichnung die Baukunst und die Technik, d. h. die Kunst des Baumeisters und des Ingenieurs.* [PHF99]
>
> *Architektur ist schon im ursprünglichen antiken Wortsinn ein umfassender und vielschichtiger Begriff. Von seinen zwei altgriechischen Wortwurzeln bezeichnet die eine (arch-) das Anfangen, Anführen und Unternehmen, die andere (tekton) das Erfinden, Hervorbringen, Verfestigen, Bilden und Bauen (speziell das Zimmern, das Bauen mit Holz).* [MüVo74]

Bis weit ins 20. Jahrhundert war der Begriff „Architektur" an das Bauwesen gebunden. Im Verlauf des vorigen Jahrhunderts wurde er jedoch verallgemeinert und auf andere geplante komplexe Systeme übertragen. So kamen seitdem eine Vielzahl anderer Architekturbegriffe zu den verschiedensten Systemen, insbesondere auf dem Gebiet der Informatik, auf. Durch diese Veränderung der Verwendung des Architekturbegriffs ergab sich die Notwendigkeit einer neuen Bestimmung. Diese Bemühungen führten zu folgender Definition des IEEE (Institute of Electrical and Electronics Engineers), die seit 2001 als Norm für softwareintensive Systeme akzeptiert ist:

Definition 3-2 : Architektur (Norm IEEE 1471-2000)

Architektur ist die grundlegende Organisation eines Systems, verkörpert durch seine Komponenten, deren Beziehungen untereinander und zur Umgebung, sowie durch die Prinzipien, nach denen sein Entwurf und seine Weiterentwicklung vorzunehmen ist. [IEEE 1471]

Die Architektur eines Systems beschreibt also dessen Organisationsstruktur und Entstehungsprozess. Dabei sind unter Struktur nicht nur die statischen Bestandteile eines Systems, wie Komponenten, Schnittstellen und Beziehungen, zu verstehen, sondern auch dynamische Bestandteile, wie Prozesse oder die Kommunikation zwischen den Komponenten. Prägnant zusammengefasst lässt sich somit die folgende Definition für die Architektur beliebiger Systeme formulieren:

Definition 3-3 : Architektur

Eine Architektur ist ein generisches Konzept für geplante (komplexe) Systeme, welches deren Struktur und Entwurf beschreibt.

Der Zweck einer Architektur ist demnach ein System zu entwerfen. Das heißt, dass nur geplante Systeme eine Architektur besitzen können. Bereits existierende natürliche Systeme sind nicht von Menschen geplant und besitzen daher keine Architektur in diesem Sinne. Ihnen kann ein abstraktes Modell zugeordnet sein, welches jedoch keine Angaben zu seinem Entwurf enthält.

Grundprinzipien einer Architektur

Die ältesten Veröffentlichungen zum Thema Architektur stammen von Vitruv, einem römischen Baumeister und Architekturtheoretiker. Dieser schrieb ca. 30 v. Chr. eine Abhandlung in 10 Büchern zum Thema Architektur. Darin benannte er zum ersten Mal die heute noch anerkannten Grundprinzipien einer Architektur:

Definition 3-4 : Grundprinzipien einer Architektur (Vitruv)

Haec autem ita fieri debent ut habeatur ratio firmitatis utilitatis venustatis.

Sinngemäß: Eine Architektur beruht auf den drei Prinzipien Robustheit, Nützlichkeit und Schönheit. [Vitruv, 1. Buch, 3. Kapitel]

Eine Architektur muss also sicherstellen, dass das spätere System seinen Zweck erfüllt (utilitas), robust gegenüber Änderungen ist (firmitas) und eine gewisse Schönheit (venustas) besitzt, z. B. durch ein klares Konzept (siehe auch [EBI78, FoBa02]). Nur durch eine ausgewogene Balance zwischen diesen drei Prinzipien kann durch die Architektur ein „gutes" System (z. B. ein Bauwerk) entstehen.

Diese Grundprinzipien stellen damit die Qualitätsmerkmale beim Vergleich verschiedener Architekturen zu einem Thema dar. Je besser eine Architektur die Prinzipien Robustheit, Nützlichkeit und Schönheit umsetzt, desto qualitativ hochwertiger ist sie.

Der Begriff EE-Architektur

Vereinfacht gesagt ist eine Elektrik-Elektronik-Architektur (EE-Architektur) eine Architektur von eingebetteten verteilten Systemen mit elektrischen und elektronischen Komponenten. Da EE-Architekturen eingebettete Systeme beschreiben, die Teilsysteme eines größeren Systems sind, stellen diese ebenfalls nur einen Teil einer größeren Architektur dar. So beschreibt zum Beispiel die EE-Architektur eines Kfz den Teil der (Gesamt-)Architektur eines Fahrzeugs, der die Elektrik oder die Elektronik desselben betrifft.

Definition 3-5 : EE-System

Ein Elektrik-Elektronik-System ist ein eingebettetes und verteiltes System, welches aus elektrischen und elektronischen Komponenten besteht. Der Zweck eines EE-Systems besteht in der Gewinnung, Verteilung und Verarbeitung von Informationen. Seine physischen Elemente sind Steuergeräte, Sensoren, Aktoren sowie die Leitungen dazwischen. [BrSe01]

Derartige EE-Systeme finden sich in allen komplexen elektronischen Geräten, zum Beispiel in Automobilen, Bahnen, Flugzeugen, teilweise auch Heimelektronik (Vernetzung verschiedener Geräte) oder in der Robotik. In der folgenden Arbeit liegt der Schwerpunkt auf den EE-Systemen von Kraftfahrzeugen, die Überlegungen gelten jedoch auch für andere EE-Systeme.

Definition 3-6 : EE-Architektur (traditionell)

Die Elektrik-Elektronik-Architektur eines Fahrzeugs beschreibt die Anordnung sämtlicher Steuergeräte und deren Verbindungen in einem Fahrzeug. [Has01]
Die Darstellung dieser EE-Architektur erfolgt meist als Topologieplan der Steuergeräte.

Wie Definition 3-6 zeigt, wird der Begriff der EE-Architektur in der Automobilindustrie bisher für die Beschreibung der topologischen Anordnung der elektrischen und elektronischen Komponenten und deren Verbindungen (z. B. über ein Bussystem) in einem Fahrzeug benutzt. Dies ist historisch bedingt, da die EE-Systeme im Kraftfahrzeug nicht von einer vorgedachten EE-Architektur abgeleitet wurden, sondern über die Fahrzeuggenerationen gewachsen sind.

Traditionell wird eine EE-Architektur als topologische Beschreibung eines EE-Systems definiert. Diese Definition genügt jedoch nicht dem allgemeineren Architektur-Begriff (siehe Definition 3-3). Denn das generische Konzept ist hierbei nur auf die Topologie beschränkt und der Entwurfsprozess eines EE-Systems entsprechend dieser Architektur fehlt. In [Has01] wurde diese Definition entsprechend erweitert:

Definition 3-7 : EE-Architektur (von Hasseln)

Die Elektrik-Elektronik-Architektur ist ein Modell, das sämtliche Aspekte für den Entwurf und den Betrieb des gesamten Elektrik- und Elektroniksystems eines Fahrzeugs beschreibt. Es wird zwischen funktionalen, topologischen und technologischen Architekturaspekten unterschieden. [Has01]

Funktionale Architekturaspekte einer EE-Architektur wirken sich auf die Funktionalität der damit beschriebenen EE-Systeme aus, topologische Architekturaspekte beschreiben die Anordnung der verschiedenen Architekturkomponenten und technologische Architekturaspekte beschreiben die Technologien, die zur Realisierung einer konkreten EE-Architektur benötigt werden.

Entsprechend dem allgemeinen Verständnis einer Architektur (siehe Definition 3-3) beschreibt eine EE-Architektur nach [Has01] also die Struktur und den Entwurf eines oder mehrerer EE-Systeme. Dazu müssen die wichtigen Aspekte eines EE-Systems in einer EE-Architektur enthalten sein. Durch dieses Einbringen der Aspekte, welche bei der Beschreibung beachtet werden müssen, findet die Spezialisierung vom allgemeinen Begriff der Architektur zum Begriff der Elektrik-Elektronik-Architektur statt.

Zusammenfassung

Aus der Definition einer Architektur (Definition 3-3) und der Definition einer EE-Architektur im Kfz nach von Hasseln (Definition 3-7), lässt sich nun die folgende Definition für EE-Architekturen ableiten:

Definition 3-8 : EE-Architektur

Eine EE-Architektur ist ein generisches Konzept, welches für die zugehörigen EE-Systeme die funktionalen, topologischen und technologischen Strukturen, deren Beziehungen untereinander und den Entwurf beschreibt.

Des Weiteren muss die EE-Architektur den von Vitruv beschriebenen Prinzipien folgen. Sie muss die Verwendbarkeit des Systems und seine Robustheit (innerhalb der vorgegebenen Rahmenbedingungen) garantieren. Die Schönheit einer EE-Architektur liegt dabei in der leichten Verständlichkeit und einem klaren zugrunde liegenden Konzept. Dies garantiert, dass die EE-Architektur von den Systementwicklern verstanden und korrekt verwendet wird.

3.1.2 Elektrik-Elektronik-Architektur im Kraftfahrzeug

Es wird geschätzt, dass 90 % aller zukünftigen Innovationen im Fahrzeug durch Elektronik geprägt sind. Immer mehr klassische Funktionen des Fahrzeugs werden durch Elektronik und Software realisiert. Durch deren Vernetzung werden wiederum eine Vielzahl von komplexen neuartigen Fahrzeugfunktionen möglich, wie zum Beispiel den verschiedenen Fahrerassistenzsystemen ESP, adaptives Kurvenlicht, automatische Notbremsung, Abstandsregeltempomat und viele andere. Viele Visionen zum zukünftigen Fahrzeug, wie zum Beispiel die Vision vom unfallfreien Fahren, werden nur mit Hilfe von Elektronik erreichbar. [HFGSW00, ScZu03]

Die gestiegene Anzahl von Funktionen im Fahrzeug hat fast proportional zu einer Steigerung der verbauten Steuergeräte geführt. Zur Beherrschung dieser Komplexität wurde das System "Gesamtfahrzeug" partitioniert.

Diese Partitionen werden als Domänen bezeichnet. Eine Domäne ist eine Zusammenfassung von elektronischen Steuergeräten, die sowohl funktional, topologisch als auch technologisch zusammengehörig sind. Die funktionale Zusammengehörigkeit zeigt sich darin, dass die Steuergeräte einer Domäne hauptsächlich gegenseitig Informationen austauschen. Topologisch sind sie zusammengehörig, da sie durch einen gemeinsamen Bus verbunden und zumeist räumlich ähnlich positioniert sind. Und technologisch haben die Steuergeräte ähnliche Anforderungen an dieses verbindende Kommunikationsmedium. Damit können die Domänen meistens anhand der Teilbusse erkannt werden.

Zunächst wurden im Fahrzeug folgende Domänen mit zugehörigen Bussen unterschieden [Wal02] (siehe Abbildung 3-1):

- Antrieb/Fahrwerk (CAN C)
- Komfort/Innenraum (CAN B)
- Infotainment/Multimedia/Telematik (MOST)

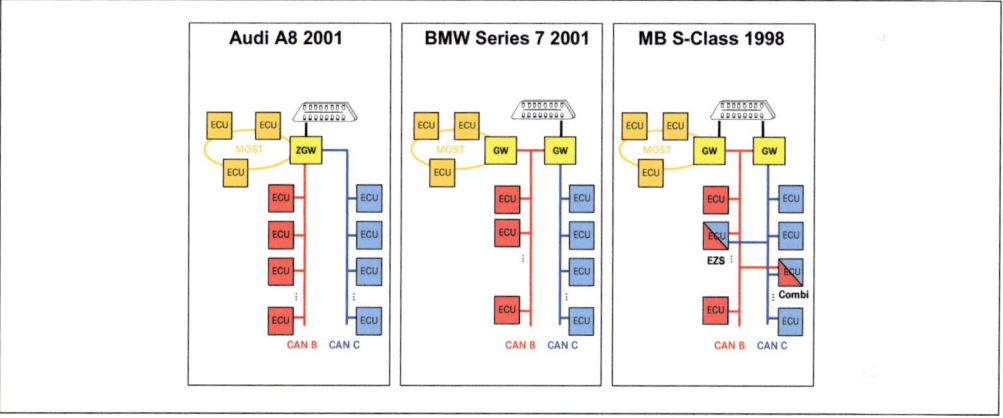

Abbildung 3-1: Domänen- und Busstruktur in verschiedenen Fahrzeugen

Die Steuergeräte (ECU) einer Domäne sind stets durch einen domänen-charakteristischen Bus verbunden. Wie in Abbildung 3-1 dargestellt, sind diese Busse bei allen deutschen Oberklassefahrzeugen, Audi A8, 7er BMW und der Mercedes S-Klasse, sehr ähnlich. So werden die Steuergeräte in der Domäne „Antrieb/Fahrwerk" durch den CAN C, in „Karosserie/Innenraum" durch den CAN B und in „Multimedia/Telematik" durch den MOST-Bus verbunden. Durch ein zentrales Gateway (ZGW) oder mehrere Gateways (GW) zwischen diesen Bussen ist ein domänenübergreifender Informationsaustausch möglich.

Auf Grund der weiter gewachsenen Anzahl von Steuergeräten im Fahrzeug, können auch weitere Domänen auftreten. Abbildung 3-2 zeigt dies am Beispiel des Audi Q5, wo zum Beispiel Antrieb und Fahrwerk eigene Domains bilden.

Entsprechend Definition 3-8 werden die technologischen, topologischen und funktionalen Aspekte durch die Domäneneinteilung im Ansatz beschrieben. Eine detailliertere Beschreibung dieser Aspekte für Fahrzeug-EE-Systeme folgt nun.

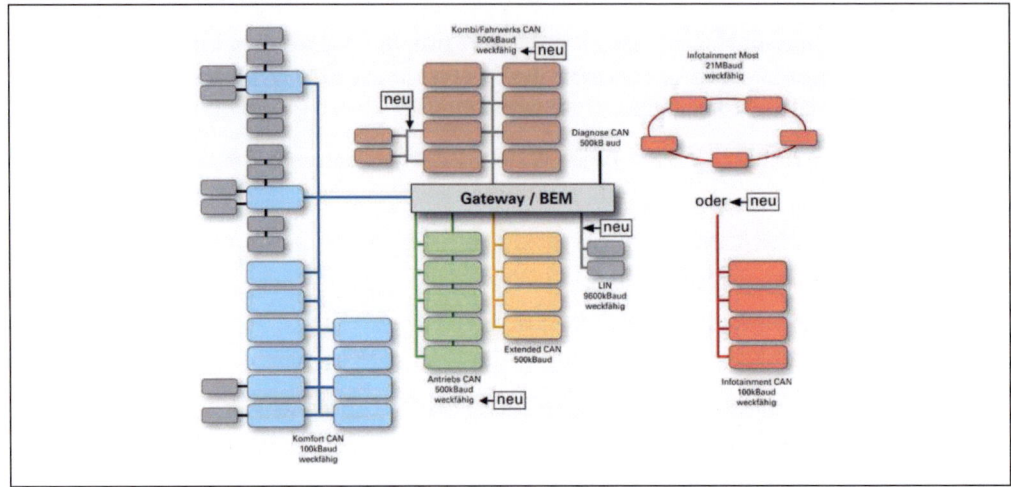

Abbildung 3-2: Domänen- und Busstruktur beim Audi Q5 [EsLa08]

Technologischer Aspekt

Technologisch betrachtet bestehen aktuelle EE-Systeme aus zahlreichen Steuergeräten, einer Infrastruktur für deren Energieversorgung und einer Infrastruktur zur Kommunikation. Die Steuergeräte werden zumeist mit Hilfe von Mikrocontrollern realisiert. Wird mehr Rechenleistung wie zum Beispiel in einem Kombiinstrument oder Motorsteuergerät benötigt, so finden auch leistungsstärkere Mini-PCs oder PowerPCs Einsatz.

Heutzutage wird in den Fahrzeugen weltweit ein 14 V-Bordnetz zur Energieversorgung der elektrischen und elektronischen Komponenten eingesetzt. Die Standardstruktur besitzt einen motorgetriebenen Generator zur Energieerzeugung und eine Batterie zur Energiespeicherung. Seit der Einführung der ersten elektrischen Komponenten in den Fahrzeugen hat das Bordnetz diese Gestalt. In den vergangenen Jahren gab es Bestrebungen auf ein 42 V-Bordnetz umzusteigen, da dieses einen höheren Wirkungsgrad besitzt und die energieführenden Leitungen kleiner ausfallen können [Bos02, BrSe01]. Mit dem Einzug der Hybrid- und Elektroautos findet nun jedoch eine Erweiterung des bestehenden Bordnetz um ein 48 V-Bordnetz vorbereitet. Damit können die Vorteile der höheren Spannung genutzt werden, es fallen aber nicht die Kosten für die komplette Umstellung an. [Ham11, Sir12]

Neben der Infrastruktur zur Energieversorgung ist die Infrastruktur zur Kommunikation im Fahrzeug heutzutage ebenso wichtig. Diese wird gegenwärtig durch verschiedene Bussysteme realisiert. Für die zuverlässige Datenübertragung im Fahrzeug, also für die Domänen Antrieb/Fahrwerk und Karosserie/Innenraum, hat sich der CAN-Bus (Controller Area Network)[1] als Standard weltweit durchgesetzt. Dieser wurde 1983 von Bosch für die Vernetzung im Automobil entwickelt und erstmals 1990 im Motormanagement des Mercedes 500 E verwendet [Vie00].

---

1. Nähere Informationen können in der zahlreichen Fachliteratur, wie [Law10, ZiSc07], und der Norm [ISO 11898] nachgelesen werden.

In der Domäne „Antrieb/Fahrwerk" zu der unter anderem die elektronischen Steuergeräte für Motor, Getriebe, ESP und Abstandsregeltempomat gehören, wird ein „Class C" genannter CAN-Bus verwendet, der eine sichere und schnelle Datenübertragung von 500 kBit/s ermöglicht[2]. Zu der Domäne „Karosserie/Innenraum" gehören Steuergeräte mit vielfältigen Komfortfunktionen, wie zum Beispiel die Türsteuergeräte, die Sitzsteuergeräte, die Klimaautomatik oder die Zentralverriegelung. Diese sind durch einen „Class B" genannten CAN-Bus verbunden, der für eine Datenübertragung von 50 bis 125 kBit/s ausgelegt ist. [Vie00, Wal02]

Die Domäne „Multimedia/Telematik" ist durch ein deutlich höheres zu übertragendes Datenvolumen gekennzeichnet. Im Gegenzug sind die Sicherheitsanforderungen an diese Übertragung deutlich geringer. Bei den deutschen Automobilherstellern hat sich dafür die Multimedia-Networking Technologie MOST (Media Oriented Systems Transport) durchgesetzt. Diese ist für die optische Übertragung optimiert, wobei Datenraten von ca. 23 Megabit pro Sekunde erreicht werden können. [WWW_Most]

Ein weiterer etablierter Bus im Fahrzeug ist der LIN-Bus (Local Interconnect Network). Er wurde als ein einfaches Kommunikationssystem konzipiert und kommt überall dort zum Einsatz, wo die Bandbreite und Vielseitigkeit von CAN nicht benötigt wird. Damit stellt der LIN-Bus einen de-facto-Standard speziell für die kostengünstige Kommunikation zwischen intelligenten Sensoren und Aktuatoren mit einem Steuergerät dar.

Mit dem Einzug der X-by-wire-Systeme kommt im Fahrzeug noch eine weitere grundlegende Domäne dazu. Die X-by-wire-Systeme realisieren im Fahrzeug sicherheitsrelevante Fahrzeugfunktionen, wie z. B. Lenkung, Bremse, Antriebsstrang und Fahrwerk, elektronisch ohne mechanische Rückfallebene. Dies bringt zahlreiche Vorteile mit sich, wie die Reduktion von Gewicht, die Gewinnung von Bauraum, die Erhöhung der Sicherheit der Fahrgastzelle (zum Beispiel durch Wegfall der Lenksäule) oder die Einführung intelligenter Fahrerassistenzsysteme. Auf Grund der fehlenden mechanischen Rückfallebene müssen X-by-wire-Systeme jedoch extrem zuverlässig und vor allem echtzeitfähig sein. Um ein solches Kommunikationssystem zu entwickeln, wurde 1999 das FlexRay-Konsortium von den Firmen BMW, DaimlerChrysler, Motorola und Philips gegründet. Das Ergebnis dieser Zusammenarbeit ist ein echtzeitfähiges, deterministisches und fehlertolerantes serielles Bussystem für den Einsatz im Automobil namens FlexRay. Es gewährleistet eine hohe Bandbreite der Datenübertragung, Echtzeitfähigkeit und Ausfallsicherheit, um den erhöhten Anforderungen von zukünftigen X-by-wire-Systemen gerecht zu werden. FlexRay basiert auf der „Time Triggered Architecture", die jedem Knoten Zugriff auf den Bus in einem bestimmten Zeitintervall garantiert und diesen Bus damit echtzeitfähig macht. [Rau08] FlexRay wurde erstmalig 2007 in einem BMW X5 eingesetzt. [KNKBEH08]

Topologischer Aspekt

Unter dem topologischen Aspekt der heutigen EE-Architekturen wird Form und räumliche Anordnung der Steuergeräte und der verbindenden Kommunikationsmedien betrachtet. Die reale Topologie positioniert Steuergeräte und Leitungen innerhalb eines Fahrzeugs. Die logische Topologie ist die von der konkreten Form abstrahierte Darstellung der realen Topologie.

---

2. Der CAN-Bus unterstützt Datenraten bis 1MBit/s. Im Kfz werden jedoch 500kBit/s herstellerübergreifend als Maximum verwendet.

Wie Abbildung 3-2 auf Seite 10 zeigt, gibt es in der logischen Topologie der heutigen EE-Architektur ein Nebeneinander und zugleich eine Hierarchie. Die einzelnen Domänen sind durch ein Gateway miteinander verbunden. Innerhalb einer Domäne kann es jedoch Sub-Busse geben (in Abbildung 3-2 grau dargestellt). Aus Kostengründen wird dafür der LIN-Bus verwendet.

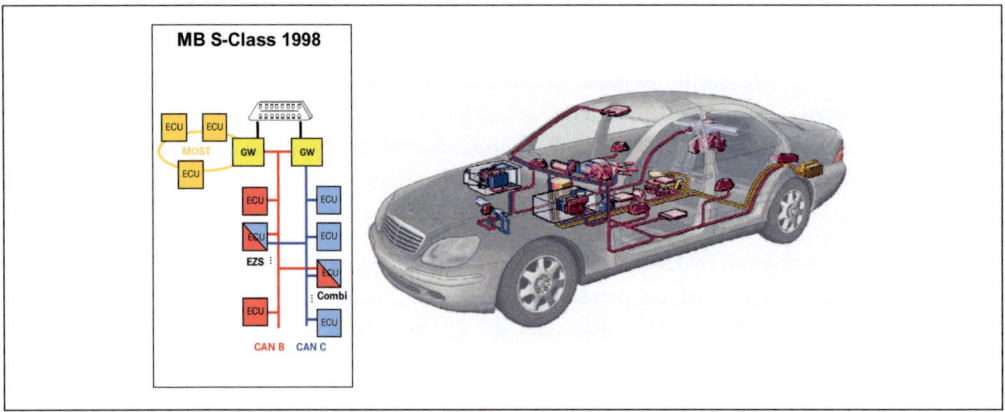

Abbildung 3-3:   Vergleich zwischen logischer und realer Topologie

In der Abbildung 3-3 sind die logische und die reale Topologie der Mercedes S-Klasse von 1998 dargestellt. Darauf ist gut erkennbar, dass die Domäne „Antrieb/Fahrwerk" (blau) im vorderen Bereich des Fahrzeugs angesiedelt ist und die Domäne „Multimedia/Telematik" (gelb) eher im Innenraum platziert ist. Dagegen sind die Steuergeräte der Domäne „Karosserie/Innenraum" (violett) über das gesamte Fahrzeug verteilt.

Funktionaler Aspekt

Unter dem funktionalen Aspekt einer heutigen EE-Architektur wird betrachtet, wie ein gewünschtes Verhalten zur Erfüllung bestimmter Aufgaben im Fahrzeug realisiert wird. Dieses Verhalten kann in Form von Funktionen[3], hier zumeist Fahrzeugfunktionen genannt, beschrieben werden.

Eine Fahrzeugfunktion ist im Allgemeinen in mehrere Basisfunktionen aufgeteilt. Die Verknüpfung dieser Basisfunktionen ergibt durch Komposition (Hintereinanderausführung, siehe Definition 3-22) die Fahrzeugfunktion. Dabei sind Basisfunktionen nicht sinnvoll weiter zu unterteilende Funktionen. Für jede Basisfunktion sind die Eingänge (Argumente) und Ausgänge (Funktionswerte) sowie ihre inneren Zustände definiert. Sie sind entweder in Soft- oder in Hardware realisiert. Bei ersterem sind sie auf einem Steuergerät implementiert. Bei letzterem stellen sie Aktoren bzw. Sensoren dar.

Somit ist eine Fahrzeugfunktion über das EE-System verteilt und basiert auf dem Informationsaustausch zwischen dessen Steuergeräten. Auf einem Steuergerät sind also ein oder mehrere Basisfunktionen installiert, die mit anderen Basisfunktionen Informationen austauschen und dadurch die Fahrzeugfunktionalität realisieren.

---

3. Der Funktionsbegriff wird in Definition 3-21 auf Seite 41 näher vorgestellt.

ID-Name	ID	Zykluszeit in ms	immer / BAF	sofort / Zyklus	Byte-Nr	Byte-Name	Bit-Nr	Bit-Name	Bit-Funktion	EZS	Kombi	SAM/F	SAM/B	SAM/H	AAG	...
A2	028H	100	i	s	1	LDS_St	0	PL_li_ein	Parklicht links einschalten	e	s	e	e	e		
							1	PL_re_ein	Parklicht rechts einschalten	e	s	e	e	e		
							2	STL_ein	Standlicht einschalten	e	s	e	e	e		
							3	ABL_ein	Abblendlicht einschalten	e	e	s	e			

Abbildung 3-4: Ausschnitt aus einer Kommunikations-Matrix [Müll99]

Durch die Verteilung der Basisfunktionen auf verschiedene Steuergeräte muss festgelegt werden, welche Informationen in Form von Signalen von einem Steuergerät gesendet und empfangen werden sollen. Dazu gibt es für jedes Bussystem (und damit auch für jede Domäne) eine Kommunikationsmatrix (K-Matrix), die für jedes Signal beschreibt, wer dieses sendet und wer empfängt. Des Weiteren wird für jedes Signal die Interpretation der Daten, die Wiederholzeit, die Übertragungsart, die Priorität und der Identifier in dieser K-Matrix beschrieben. [Müll99] Eine solche Kommunikationsmatrix ist in der Abbildung 3-4 dargestellt. Sie ist somit eine abstrakte Beschreibung, wie die Ein- und Ausgänge der Basisfunktionen untereinander verknüpft sind.

Um einen unnötigen Kommunikationsoverhead zu vermeiden und die Komplexität der Kommunikationsmatrizen gering zu halten, sollten daher alle Basisfunktionen einer Fahrzeugfunktion innerhalb einer Domäne realisiert sein. Dies muss ein Ziel der Entwicklung eines aktuellen EE-Systems sein.

Entwurf

Die Entwicklung eingebetteter Systeme, zu denen auch die EE-Systeme gehören, lässt sich prinzipiell in verschiedene Phasen einteilen. Dazu gehören zumeist Analyse, Entwurf, Implementierung und Test. Diese lassen sich zu verschiedenen Entwicklungsprozessen anordnen. Deshalb sind für verschiedene Probleme auch verschiedene Entwicklungsprozessmodelle konzipiert worden. Einige der bekannteren sind:

- Wasserfallmodell
- Spiralmodell
- V-Modell[4]

---

4. V-Modell ist eine geschützte Marke der Bundesrepublik Deutschland. Nähere Informationen dazu unter [Ben05, WWW_Bun07]

Der Entwicklung eines EE-Systems für eine Kfz-Baureihe liegt heutzutage zumeist das V-Modell zugrunde.[5] Dieses besteht aus einem linken und einem rechten Ast. Im linken Ast findet die Entwicklung und im rechten Ast die Integration und die Tests des Produkts statt. Der linke Ast entspricht im Wesentlichen dem Wasserfallmodell. Als Qualitätssicherungsmaßnahme sind wie im Wasserfallmodell Rücksprünge erlaubt. Im rechten Ast wird kontrolliert, inwieweit die Implementation den Anforderungen aus dem linken Ast entspricht. So findet ab der Realisierung Stufe für Stufe eine Verifikation statt. Ein solches V-Modell ist in Abbildung 3-5 dargestellt.

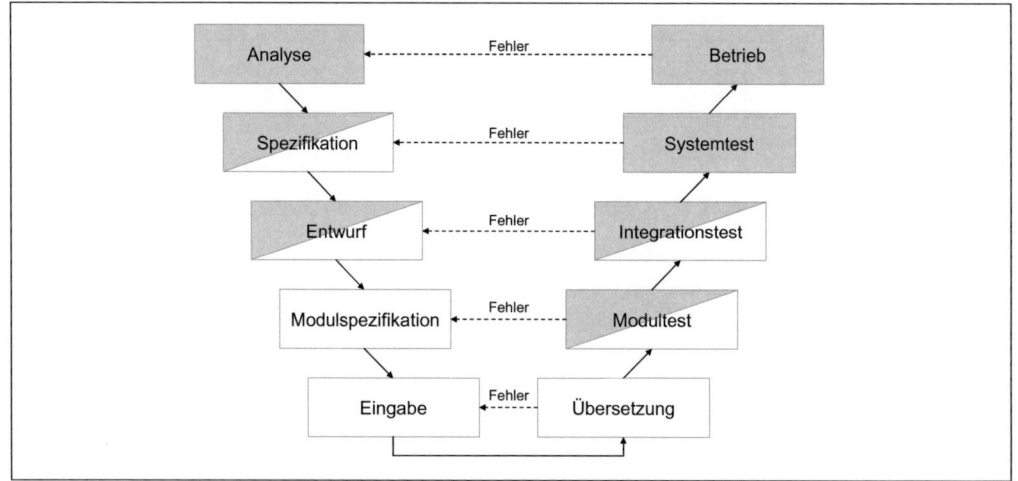

Abbildung 3-5: Rollenverteilung im V-Modell zwischen Hersteller (grau) und Zulieferer (weiß) [Müll99]

Eine Besonderheit bei der Entwicklung eines EE-Systems im Automobil ist die Unterscheidung zwischen der System- und der Steuergeräteentwicklung. Die Systementwicklung findet zu großen Teilen beim Fahrzeughersteller statt. Dagegen liegt die Entwicklung und Implementierung der Steuergeräte bei den Zulieferern. In der Abbildung 3-5 ist diese Rollenverteilung zwischen den Fahrzeugherstellern und deren Zulieferern in dem V-Modell dargestellt. [Müll99]

Bewertung nach den Grundprinzipien: Nützlichkeit, Robustheit und Schönheit

Nach Vitruv (siehe Definition 3-4) kann die Güte einer Architektur nach den Grundprinzipien der Nützlichkeit, der Robustheit und der Schönheit bewertet werden. Die Nützlichkeit dieser gewachsenen EE-Architektur ist selbstverständlich sehr groß. Denn auf Basis dieser EE-Architektur werden bei allen Kfz-Herstellern (OEM) zahlreiche funktionstüchtige Fahrzeuge mit den verschiedensten Funktionalitäten realisiert, produziert und letzten Endes auch verkauft.

---

5. Im Allgemeinen orientiert sich die Entwicklung am V-Modell. Es wird nicht exakt umgesetzt.

Die Robustheit der aktuellen EE-Systeme ist ebenfalls groß. Denn trotz aller Pannen welche die Elektronik im Kraftfahrzeug verursacht [DuKr04], sind die EE-Systeme dennoch sehr sicher und funktionstüchtig. Allerdings ist eine größere Robustheit auf jeden Fall wünschenswert.

Der Mangel der bestehenden EE-Systeme ist, dass diese nicht nach einer vorgedachten EE-Architektur entwickelt wurden, sondern im Verlauf der Zeit so entstanden sind. Mit der stetig steigenden Zunahme an Funktionalität, die in diesen EE-Systemen umgesetzt werden soll, ist ein Ende der Leistungsfähigkeit derselben absehbar. Die im Nachhinein auf diese Systeme aufgebrachte Architektur erweist sich nicht als zukunftsfähig, da mit ihr die Komplexität nicht handhabbar ist. Auch geringfügige konzeptionelle Änderungen bringen einen großen Aufwand hervor. So ist zum Beispiel die Übertragung eines EE-Systems eines Fahrzeugs auf ein anderes Fahrzeug sehr schwierig. Damit liegt das Manko der aktuellen EE-Architekturen im Kraftfahrzeug in der fehlenden Grundidee bzw. zugrunde liegenden Philosophie, also der fehlenden Schönheit.

3.1.3 AUTOSAR

Um die stetig steigende Komplexität der Kfz-EE-Systeme besser beherrschen zu können, haben die Automobilhersteller BMW, DaimlerChrysler und Volkswagen sowie die Systemlieferanten Bosch, Continental und Siemens eine Partnerschaft namens AUTomotive Open System ARchitecture (AUTOSAR) gegründet.[6] Ziel dieser Initiative ist es eine einheitliche Softwarearchitektur für Steuergeräte zu definieren, welche die Software von der Hardware eines Geräts entkoppelt und die Software aus einzelnen Komponenten zusammensetzt, die unabhängig voneinander und von verschiedenen Herstellern entwickelt werden können.

Die wesentlichen Ziele von AUTOSAR bei der Entwicklung von Steuergeräten sind:

- Modularität
  Die Modularität der Softwarestruktur soll es ermöglichen diese maßgeschneidert an die Steuergeräte anzupassen.

- Skalierbarkeit
  Die Skalierbarkeit von Funktionen soll die Anpassung allgemeiner Software an unterschiedliche Fahrzeugplattformen ermöglichen.

- Übertragbarkeit
  Die Übertragbarkeit (Verschiebbarkeit) von Funktionen soll die Ressourcenverwaltung in einer EE-Architektur optimieren.

- Wiederverwendbarkeit
  Die Wiederverwendbarkeit soll es ermöglichen einmal erreichte Qualität und Ausfallsicherheit über die Produktlinien zu übertragen.

- Standardisierte Schnittstellen
  Die Standardisierung der funktionalen Schnittstellen soll die reibungslose Integration von Software verschiedener Hersteller garantieren.

---

6. Später sind noch die Firmen Ford, General Motors (Opel), Toyota und Peugeot dazugestoßen.

Um diese Ziele zu erreichen, wird die in Abbildung 3-6 dargestellte Struktur für jedes Steuergerät vorgeschrieben. Diese besteht aus folgenden Schichten:

- Mikrocontroller Abstraction Layer
  ... kapselt den Mikrocontroller. Der Zugriff erfolgt nur über ein standardisiertes Interface. Dadurch sind Module darüberliegender Schichten unabhängig vom verwendeten Mikrocontroller.

- ECU Abstraction Layer
  ... stellt ein Interface zum Zugriff auf die elektrischen Signale einer speziellen ECU bereit, um die darüber liegende Software von allen darunter liegenden Hardwareabhängigkeiten zu befreien.

- Service Layer
  ... stellt Systemdienste wie zum Beispiel Diagnoseprotokolle, RAM, Flash und Speichermanagement bereit.

- AUTOSAR Runtime Environment (RTE)
  ... ist eine Laufzeitumgebung, auf welcher die Softwarekomponenten ausgeführt werden. Insbesondere kapselt sie die Kommunikationsbeziehungen zwischen den Funktionen von der zugrundeliegenden Topologie.

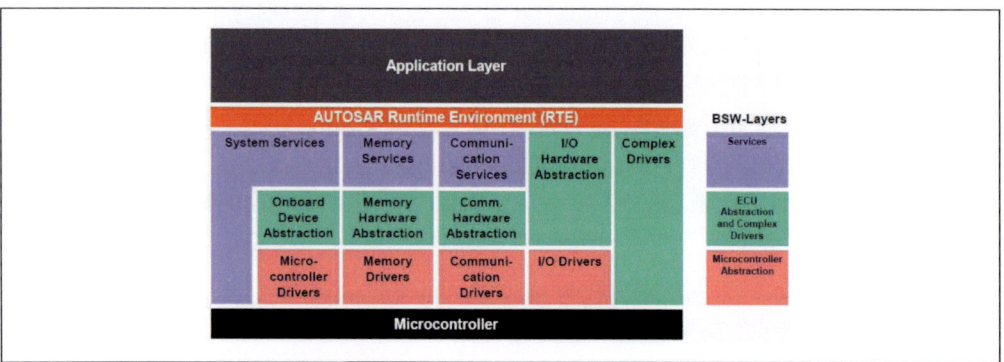

Abbildung 3-6:   AUTOSAR Schichtenmodell [WWW_Aut]

Zur Organisation der Kommunikationsbeziehungen zwischen den Softwarekomponenten ist in der Laufzeitumgebung ein Virtual Functional Bus (VFB) umgesetzt. Dieser abstrahiert sowohl die Verbindungen zwischen den Softwarekomponenten als auch zur Hardware (bzw. ihren Treibern). Jede Softwarekomponente besitzt zur Kommunikation Ports. Diese unterscheiden sich in PPorts, welche Informationen anbieten, und RPorts, welche Informationen anfordern. Auf diese Art können die Komponenten unabhängig von tatsächlichen Verbindung zu anderen Komponenten programmiert werden. Die Verbindungen werden erst später festgelegt. [WWW_Aut, Rei09, ZiSc07]

3.1.4 EvoArch

In den Jahren 1997 bis 2002 wurde bei DaimlerChrysler das Konzept einer evolutionären Architektur namens „EvoArch" entwickelt [Hof02]. Äquivalent zu dieser Arbeit besteht die Motivation in der Übertragung des Prinzips der Selbstorganisation in EE-Systeme eines Kfz.

Die Basis von EvoArch bilden autonome Einheiten. Dies sind gleichberechtigte selbständige Recheneinheiten, welche einerseits eine Aufgabe erfüllen und andererseits miteinander kooperieren können. Durch diese Kooperation und die einzelnen realisierten Aufgaben wird die Gesamtfunktion des Fahrzeugs realisiert.

Der Unterschied zu einem herkömmlichen EE-System besteht darin, dass Kommunikationsbeziehungen nicht von vornherein festgelegt sind, sondern verteilt ausgehandelt werden. Alle möglichen Kommunikationsbeziehungen zwischen den Autonomen Einheiten gibt ein AP-Graph wieder. Des Weiteren besitzt jede autonome Einheit einen Taxonomiebaum, in welchem sie alle anderen autonomen Einheiten bewertet. Damit kann jede der Einheiten entscheiden, welche der möglichen Kommunikationsbeziehungen aus dem AP-Graph aufgebaut wird.

Die Autonomen Einheiten entsprechen im Wesentlichen den Steuergeräten eines EE-Systems eines Kfz. Sie bestehen aus der Hardware und der Software eines Steuergeräts, besitzen aber zusätzlich ein Wissen („Bewusstsein") über sich selbst. Auf Grund dieses Wissens kennt jede autonome Einheit ihre eigenen Eigenschaften und weiß, welche Eigenschaften mögliche Partner besitzen sollen.

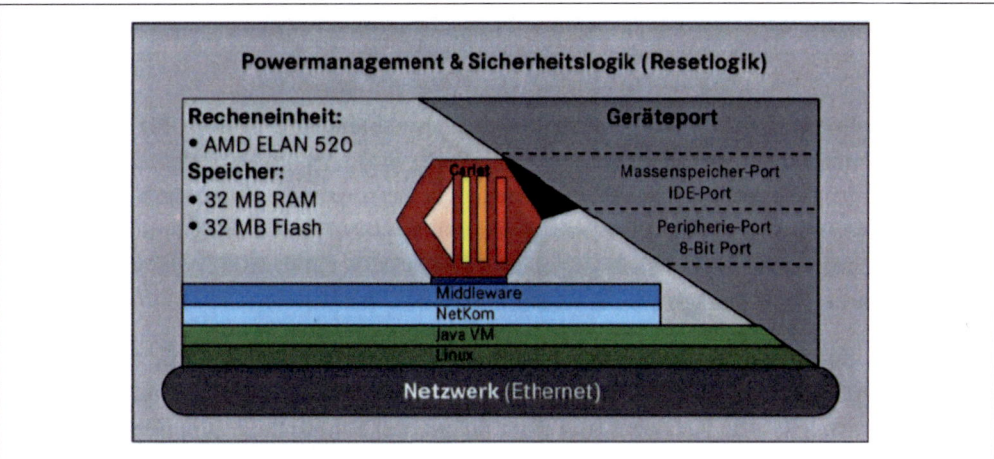

Abbildung 3-7: Autonome Einheit von EvoArch [Hof02]

In Abbildung 3-7 ist der Aufbau einer Autonomen Einheit dargestellt. Sie besteht im wesentlichen aus zwei Teilen. Zum einen dem CarLet, welches die Software zur Umsetzung der Aufgabe und das Wissen beinhaltet. Und zum anderen dem CarEx, welches aus der Hardware und der Verwaltungssoftware (Betriebssystem, Java Virtual Machine, ...) besteht.

Ausführlichere Informationen über die evolutionäre Architektur sind [Hof02] zu entnehmen. Auf die Unterschiede zwischen EvoArch und der in dieser Arbeit entwickelten Föderativen Architektur wird im Kapitel 8.3.3 eingegangen.

3.2   Analyse der Selbstorganisation

Es gibt prinzipiell zwei verschiedene Arten, wie Ordnung (Muster) in einem System entstehen kann. Entweder fremdorganisiert, also durch einen externen Organisator, oder aus sich selbst heraus (selbstorganisiert). Davon ist dem Menschen die Fremdorganisation intuitiv vertraut, denn er ist der Organisator zahlreicher Systeme, um ihn herum (Häuser, Autos, PCs, etc.). Dementsprechend lag und liegt der menschlichen Denkweise das Paradigma der Fremdorganisation zugrunde.[7]

3.2.1 Einführung in das Paradigma der Selbstorganisation

Anfang des 20. Jahrhunderts wurde das Prinzip der Selbstorganisation (neu) entdeckt, was gegen Ende des Jahrhunderts zu einer wesentlichen Änderung unseres Weltbildes führte. So hat in den verschiedensten Gebieten, wie der Erforschung und Beschreibung biologischer Systeme, der Evolution, der Interpretation abiotischer Strukturen, Musterbildungen, dynamischer Gleichgewichte, ökologischer Prozesse, sozialer und wirtschaftlicher Strukturen, von Klima und Wetter oder in ersten nanotechnologischen Anwendungen, ein Paradigmenwechsel von der Fremd- zur Selbstorganisation hin stattgefunden.

Die in selbstorganisierenden Systemen herrschende Ordnung kann nicht einfach als Resultat eines gestaltenden Teils verstanden werden. Sie entsteht vielmehr ganzheitlich, das heißt weder als Ergebnis individueller Eigenschaften noch durch die Aktionen einzelner Komponenten, sondern auf Grund von Interaktionen aller Systemteile. Selbstorganisation erzeugt eine gewachsene, keine geplante oder bewusst gestaltete Ordnung. [Diet01]

Selbstorganisation eines Systems bedeutet, dass dieses System eine Ordnung (Muster, Struktur) besitzt, die nicht durch eine externe Vorgabe (Fremdorganisation), sondern durch Interaktionen der Komponenten dieses Systems entstanden ist. Damit lässt sich die folgende recht allgemeine Definition für Selbstorganisation geben:

Definition 3-9 : Selbstorganisation

> *"Selbstorganisation ist ein Prozess, welcher Ordnung (Muster, Strukturen) auf einer makroskopischen Ebene eines Systems allein durch die Interaktion verschiedener mikroskopischer Komponenten des Systems hervorbringt."* [WWW_SO]

---

7. Das Paradigma der Fremdorganisation besagt, dass Systeme, welche einen geordneten und zielgerichteten Eindruck machen, nur von einer planerischen Intelligenz geschaffen werden können. Darauf beruht zum Beispiel der teleologische Gottesbeweis. Dieser besagt, dass alles einen Organisator (Schöpfer) haben muss, da alles in der Welt zielgerichtet und auf Ordnung, Schönheit und Zweckmäßigkeit hin ausgelegt ist. Dieser muss ebenfalls wieder einen Organisator haben usw. Dies lässt damit nur den Schluss zu, dass ein ursprünglicher Organisator existieren muss (Gott genannt), der die Welt dergestalt eingerichtet hat. [WWW_WDCS, WWW_Wiki: Gottesbeweis]

Ein selbstorganisierendes System muss also aus mehreren Komponenten bestehen, die untereinander in Wechselwirkungen stehen. Durch diese gegenseitigen Beeinflussungen, welche nach bestimmten Gesetzmäßigkeiten ablaufen (z. B. Naturgesetze), werden im gesamten System Muster ausgebildet. Ein solches System ist somit in der Lage seine eigene Organisation durch innere Wechselwirkungen immer wieder zu reproduzieren.

Ein wichtiges Merkmal der Selbstorganisation ist ihr prozessualer Charakter. Im Vordergrund stehen Prozesse, nicht Strukturen. Die Ordnung befindet sich in permanenter Entwicklung. Sie gleicht etwas Werdendem oder Entstehendem. Strukturen sind dagegen nur Momentaufnahmen. Selbstorganisation bewirkt durch interaktive Selbststrukturierung ausgelöste organisatorische Veränderungen. Um eine Struktur zu bilden, muss der Prozess der Selbstorganisation dauerhaft durchgeführt werden. Wenn der Prozess beendet wird, kann die Struktur nicht mehr aufrecht erhalten werden und verschwindet.

3.2.2 Geschichte der Selbstorganisationsforschung

Die Erforschung des Phänomens der Selbstorganisation reicht bis in die Antike zurück. Schon im alten Griechenland spekulierten Philosophen über Chaos und Turbulenz als Ursache von Ordnung. Gemäß Heraklit ergibt sich Ordnung aus dem permanenten Widerstreit polarer Kräfte. Platon postulierte ein sich selbst bewegendes Prinzip der Natur, welches er als Weltseele bezeichnete. Diese anfänglichen naturphilosophischen Ideen zur Selbstorganisation hatten allerdings nur spekulativen Charakter. Später, im Zeitalter der Klassik und Romantik, waren es vor allem Kant und Schelling, welche sich mit Selbstorganisation befassten. Doch auch ihre philosophischen Erörterungen stellten reine Vermutungen dar.

In den Naturwissenschaften des 18., 19. und frühen 20. Jahrhunderts dominierten mechanistische Denkweisen. Auf Grund der offensichtlich enormen Erklärungskraft des Newtonschen Paradigmas und mechanistischer Modelle hatten Versuche, komplexe Naturvorgänge auf nichtlineare Weise anzugehen, so gut wie keine Chance. Dennoch sind vereinzelte Ansätze zu einem selbstorganisatorischen Denken erkennbar. So brachte Darwin im 19. Jahrhundert durch die Evolutionstheorie den Entwicklungsgedanken in die Naturwissenschaften ein. Von 1920 bis 1960 führten dann Systemtheorie, Kybernetik, Holismus und Thermodynamik zu neuen Forschungsfragen der Selbstorganisation. Eine detailliertere Beschreibung des Paradigmenwechsels von der Fremd- zur Selbstorganisation ist in [Kra90] zu finden.

Die eigentliche Entstehungsgeschichte der Selbstorganisationsforschung beginnt jedoch erst in der zweiten Hälfte des 20. Jahrhunderts. Die Ursache war einerseits die schwindende Vormacht des mechanistischen Paradigmas und andererseits entstand durch die Entwicklung von Computern die Möglichkeit nichtlineare Gleichungen mittels automatisierter Berechnungsverfahren näher zu untersuchen. Den Auftakt zur modernen Selbstorganisationsforschung bildeten die folgenden naturwissenschaftlichen Konzepte[8]:

- Der systemtheoretische Ansatz von Heinz von Foerster [Foe60]
- Die Theorie dissipativer Strukturen von Ilya Prigogine [Prig88]

---

8. Diese Konzepte sollen hier nicht weiter vertieft werden. Für eine Beschreibung wird auf die dahinter angegebene Literatur sowie auf [Pas91] verwiesen.

– Die Synergetik von Hermann Haken [Hak95]

– Die Theorie autokatalytischer Zyklen von Manfred Eigen [Pas91]

– Das Konzept der Autopoiese von Maturana und Varela [MaVa87]

– Das Konzept elastischer Ökosysteme von Holling [Pas91]

– Die Theorie des deterministischen Chaos von Edward Lorenz und Benoit Mandelbrot [Pas91]

Die Entwicklung dieser Konzepte erfolgte zwischen 1960 und 1970 unabhängig voneinander in den jeweiligen Fachdisziplinen. Erst später setzte eine Analogisierung und Globalisierung dieser Konzepte ein. Das heißt, es wurden Ähnlichkeiten zwischen den Konzepten entdeckt und diese auf weitere Forschungsgebiete übertragen.

3.2.3 Beispiele für Selbstorganisation

Das Phänomen der Selbstorganisation wird zumeist mit dem Leben in Verbindung gebracht. So sind sowohl lebende Systeme als auch Systeme aus Lebewesen durch eine Organisation aus sich selbst heraus geprägt. Dieses Phänomen tritt jedoch auch in verschiedenen anderen Bereichen auf. Im Folgenden sollen deshalb einige typische Beispiele für Selbstorganisation vorgestellt werden:

Bénard-Zellen

Die Bénard-Zellen sind ein oft zitiertes Beispiel für Selbstorganisation in nichtbiologischen Systemen. Der Physiker Henri Bénard hatte zu Beginn des 20. Jahrhunderts entdeckt, dass die Erwärmung einer dünnen Flüssigkeitsschicht zu geordneten Strukturen führt. Die Flüssigkeit befindet sich dabei zwischen zwei horizontal angeordneten Platten, wobei die untere der Platten erwärmt wird. Ist die Temperaturdifferenz zwischen unterer und oberer Platte groß genug, so treten plötzlich geordnete Strukturen in der Flüssigkeit auf. Deren Ursache ist eine auf- und absteigende Strömung, die durch die verschiedenen Dichten der Teilchen in der Nähe der unterschiedlich warmen Platten erzeugt wird. Beim Betrachten dieser Flüssigkeit von oben (durch die obere Platte) ist nun ein Muster hexagonaler Zellen zu sehen. Im Inneren dieser Zellen steigt die warme Flüssigkeit auf und sinkt an den Zellwänden wieder ab. In der Abbildung 3-8 ist ein solches Muster von hexagonalen Zellen dargestellt. Die genaue Anordnung der Zellen ist dabei nicht vorhersagbar, denn die Fließrichtung der Moleküle hängt von kleinsten Anfangsbedingungen ab. [Mai97]

Das Nicht-Gleichgewicht in den Bénard-Zellen wird durch die zugeführte Wärme aufrecht erhalten. Millionen von Molekülen bewegen sich durch die zugeführte Energie gleichmäßig und erzeugen dadurch die hexagonalen Konvektionszellen. Bénard-Zellen sind nicht nur im Labor zu beobachten, sondern treten unter Umständen auch in der Natur auf. So kann auf Grund der Wärmedifferenz zwischen Erde und Weltraum die Luft in solchen hexagonalen Zellen auf- und absteigen. Abdrücke solcher Zellen wurden auf Sanddünen in der Wüste oder auf arktischen Schneefeldern gefunden. [Cap99]

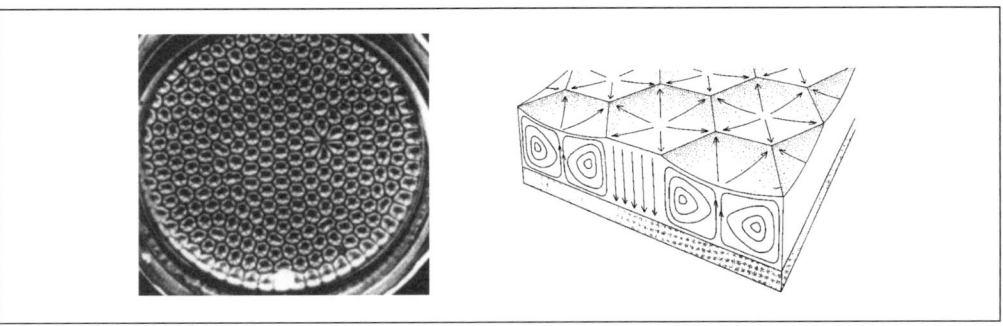

Abbildung 3-8: Bénard-Zellen [Schw05]

Chemische Uhren und chemische Wellen

In chemischen Systemen sind bisher zwei Arten von Selbstorganisation beobachtet worden. Zum einen chemische Uhren, bei denen sich bestimmte Eigenschaften (wie die Farbe) im Laufe der Zeit periodisch ändern. Sie bilden also ein zeitliches Muster aus. Zum anderen treten chemische Wellen auf, bei denen raum-zeitliche Muster ausgebildet werden.

Das berühmteste Beispiel für eine chemische Uhr ist die Belousov-Zhabotinsky-Reaktion. Dabei ist ein zeitlich periodischer Wechsel der Färbung zu beobachten. Ist die Flüssigkeit anfangs rot, so wird sie nach einer Weile blau, um sich anschließend wieder in rot zu verfärben, usw.[9] Diese Reaktion hält solange an, wie bestimmte chemische Elemente vorhanden sind, die jedoch allmählich abgebaut werden. Werden diese Elemente ausreichend hinzugefügt, so ist dies ein stabiles selbstorganisierendes System, welches von Materie durchflossen wird.

Abbildung 3-9: Chemische Wellen - Räumliche Muster bei der Belousov-Zhabotinsky-Reaktion [DeLi05]

---

9. Der genaue Verlauf dieser Reaktion ist ziemlich kompliziert, da sie aus 18 Teilreaktionen besteht, an der 21 verschiedene chemische Elemente beteiligt sind, und kann in der entsprechenden Fachliteratur (z. B. [DeLi05]) nachgelesen werden.

Auf den gleichen chemischen Reaktionen beruhen die chemischen Wellen, welche räumliche Muster hervorbringen, die sich jedoch zeitlich verändern. Im Unterschied zu dem vorigen Beispiel, wo die Flüssigkeit immer gut verrührt sein musste, damit alle Elemente gleichmäßig verteilt sind, wird hierbei eine unbewegte Lösung betrachtet. Durch kleinste Störungen der Gleichverteilung der Elemente in dieser Flüssigkeit, z. B. durch ein Staubkorn oder einen Kratzer an der Gefäßwand, kann die Reaktion örtlich beschleunigt werden. Dies hat zwei verschiedene Konsequenzen. Zum einen ändert sich die Farbe an dieser Stelle. Die Reaktion läuft damit auf einem kleinen Raum wie bei der chemischen Uhr zeitlich periodisch ab. Und zum anderen gibt es einen Unterschied in der Konzentration von bestimmten Elementen zur Umgebung. Damit diffundieren diese Elemente zwischen Reaktionsort und Umgebung, wodurch dieselbe Reaktion nun in der Umgebung beschleunigt abläuft. Wie in Abbildung 3-9 zu sehen, breitet sich damit eine farbige Welle in der Lösung aus.

Die verschiedenen chemischen Elemente organisieren damit auf Grund der chemischen Gesetzmäßigkeiten Muster in der Zeit bzw. in Zeit und Raum aus sich selbst heraus, denn es gibt keine Zentrale, die diesen Vorgang in irgendeiner Art steuert. Die einzige Voraussetzung, um diese Muster dauerhaft aufrecht zu erhalten, ist die Zufuhr von Energie oder Materie. [Cap99, DeLi05]

Laser

Ein Laser wurde erstmals in der Mitte des 20. Jahrhunderts gebaut und von Hermann Haken im Nachhinein untersucht, der als Erster die Selbstorganisation bei der Entstehung des gleichmäßigen Laserlichts nachwies. Der Begriff Laser ist dabei ein Akronym von „Light Amplification by Stimulated Emission of Radiation", was übersetzt Lichtverstärkung durch stimulierte Emission von Strahlung heißt.

In einem Laser vollzieht sich der Übergang von normalem Lampenlicht, das aus einer ungeordneten Mischung von Lichtwellen unterschiedlicher Frequenzen und Phasen besteht, zum kohärenten Laserlicht, welches durch einen einzigen monochromatischen Wellenzug gekennzeichnet ist. Dabei unterscheidet sich ein Laser von einer üblichen Gasentladungsröhre lediglich durch die beiden Spiegel an den Endflächen der Glasröhre. Das Licht entsteht in beiden Fällen, indem die Elektronen des Leuchtstoffes von einem höheren auf ein niederes Energiepotential fallen. Die Energiedifferenz wird dabei in Form von Licht freigesetzt. Um dauerhaft Licht auszustrahlen, muss einem solchen System natürlich Energie (z. B. in Form von elektrischer Energie) wieder zugeführt werden, damit die Leuchtelektronen auf ein höheres Energiepotential zurück gehoben werden.

Diese Emission von Licht kann einerseits zufällig ausgelöst oder andererseits durch eine andere Lichtwelle stimuliert werden. Letzteres wird deshalb auch als stimulierte Emission bezeichnet[10]. Im ersten Fall wird eine Lichtwelle mit einer zufälligen Frequenz und einer zufälligen Phase ausgestrahlt. Im Gegensatz dazu stimmt im Fall der stimulierten Emission die ausgestrahlte mit der stimulierenden Welle sowohl in Frequenz als auch in der Phase überein. Die ursprüngliche Lichtwelle wird durch diese Emission also verstärkt.

Wie in Abbildung 3-10 gezeigt, bleiben die Lichtstrahlen, deren Ausbreitungsrichtung parallel zur Röhrenachse liegen, auf Grund der beiden Spiegel an den Enden der Glasröhre theoretisch beliebig lange darin. Je

---

10. Dieser Effekt wurde von Albert Einstein induzierte Emission genannt und bereits 1917 vorausgesagt. [Pas91]

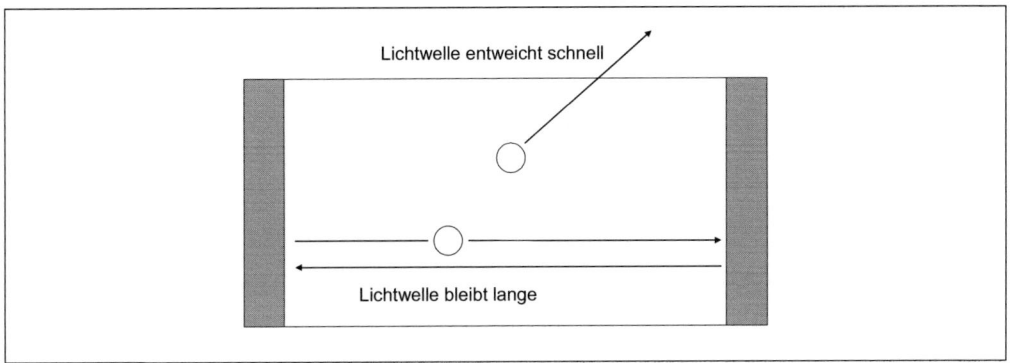

Abbildung 3-10: Verhalten von Lichtwellen zwischen zwei Spiegeln (Laser)

weiter ihr Neigungswinkel von der Röhrenachse entfernt liegt, desto schneller wird dieses Licht aus der Röhre entweichen. Da einer der seitlichen Spiegel teilweise durchlässig ist[11], kann jedoch auch das Licht mit paralleler Ausrichtung als das gewünschte Laserlicht entweichen.

Je länger eine Lichtwelle in der Röhre bleibt, desto länger kann sie durch stimulierte Emissionen verstärkt werden. Da in einer normalen Lampe auf Grund der fehlenden Spiegel, alle Lichtwellen recht schnell die Röhre verlassen, werden diese kaum verstärkt. Dasselbe gilt auch für die Lichtwellen, die den Laser an der Seite durch das Glas verlassen. Im Gegensatz dazu werden die Lichtwellen, die parallel zur Röhrenachse sich ausbreiten, von den seitlichen Spiegeln immer wieder reflektiert und können sich dadurch immer weiter verstärken. Das Laserlicht, welches durch den durchlässigen Spiegel entweicht, ist damit sehr energiereich und parallel zur Röhrenachse ausgerichtet.

Dies erklärt jedoch noch nicht, wieso das ausgestrahlte Laserlicht kohärent in Frequenz und Phase ist. Tatsächlich treten zu Beginn einer jeden Ausstrahlung von Laserlicht im Laser in Frequenz und Phase unterschiedliche (zur Röhrenachse parallele) Wellen auf. Diese sind in der Lage die Elektronen zu einer stimulierten Emission anzuregen. Deshalb konkurrieren diese Wellen miteinander um die Verstärkung durch die Elektronen. Ein Elektron „bestimmt" nun selbst, welche Welle von ihm verstärkt wird. In Abhängigkeit von der Frequenz der Welle und den verschiedenen Energiepotentialen des Elektrons sind nicht alle Wellen gleich wahrscheinlich, sondern einer Welle wird ein kleiner Vorzug gegenüber den anderen gegeben. Trotz dieses nur geringen Vorzugs kommt es damit zu einer exponentiellen Verstärkung dieser Welle. Dadurch werden die anderen Wellen unterdrückt und die gesamte Energie der Leuchtelektronen geht nun in diese vollkommen gleichmäßig schwingende Welle. Diese Welle bestimmt damit die Ordnung im Laser. Markant ist nun die gegenseitige Abhängigkeit. Diese Welle bestimmt das Verhalten der Elektronen und wird im Gegenzug jedoch durch diese Elektronen erst erzeugt.

---

11. Gängig ist eine Durchlässigkeit vom Promillebereich bis hin zu 15 %. Dies hängt hauptsächlich davon ab, wie schnell eine Lichtwelle in dem Medium verstärkt wird. [WWW_Wiki: Laser]

In Abhängigkeit des Aufbaus und des Materials erzeugen die Elektronen also selbstständig eine stabile makroskopische Ordnung im Laser. Diese ist nur von einer gleichmäßigen Energiezufuhr abhängig, um die Elektronen immer wieder auf ein höheres Potential zu heben, damit die Welle weiterhin verstärkt werden kann. [Hak95, Mai97, Pas91]

Autokatalytische Hyperzyklen

Ein autokatalytischer Hyperzyklus ist eine chemische Reaktionskette, die durch molekulare Selbstorganisation entsteht. Genau wie lebende Systeme ist ein solcher Hyperzyklus zur Selbstreproduktion fähig und unterliegt der Evolution. Die Theorie der autokatalytischen Hyperzyklen von Manfred Eigen beschreibt damit die Ursprünge des Lebens.

Ein Katalysator ist ein Stoff, der die Reaktionsgeschwindigkeit einer chemischen Reaktion beeinflusst (meist ermöglicht oder beschleunigt), ohne dabei verbraucht zu werden. Dieses Prinzip wird in der Natur vielfältig angewandt. In Lebewesen laufen fast alle lebensnotwendigen chemischen Reaktionen katalysiert ab (z. B. bei der Photosynthese, der Atmung oder der Energiegewinnung aus der Nahrung). Die bedeutendsten Katalysatoren sind die Enzyme, welche die Grundbausteine der Zellen zur Förderung der lebenswichtigen Stoffwechselvorgänge sind.

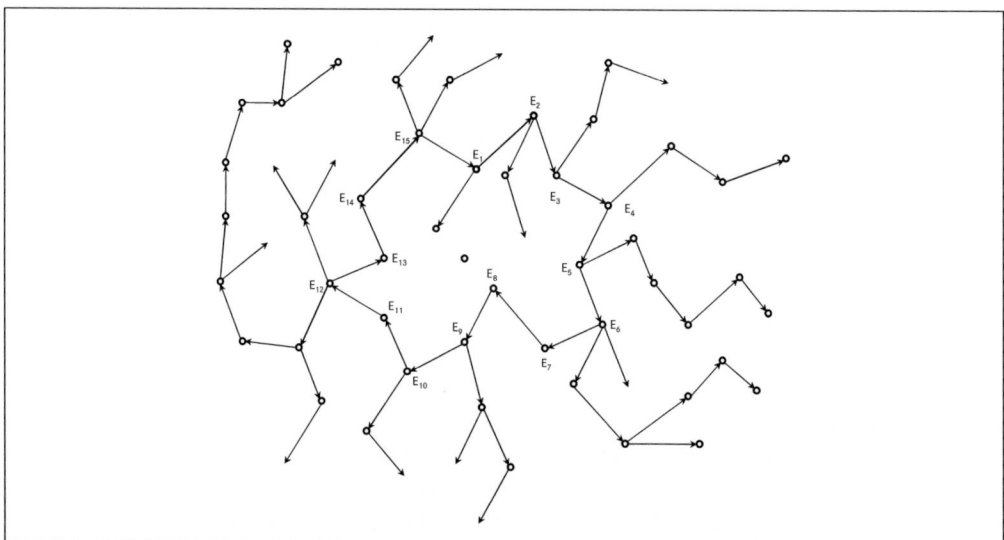

Abbildung 3-11: Katalytisches Netzwerk aus Enzymen mit geschlossener Schleife
[Cap99, Eig71]

Bei der Untersuchung katalytischer Reaktionen unter Beteiligung von Enzymen konnte beobachtet werden, dass sich verschiedene katalytische Reaktionen selbstständig miteinander verbinden. Das heißt, dass Enzyme aus den chemischen Grundbausteinen die Produktion anderer Enzyme katalysieren, welche wiederum aus den vorhandenen Bausteinen die Produktion weiterer Enzyme katalysieren, usw. Auf diese Art werden komplexe katalytische Netzwerke aus sich selbst heraus und damit selbstorganisierend aufgebaut.

In Abbildung 3-11 ist ein solches katalytisches Netzwerk dargestellt. Jeder Knoten repräsentiert ein Enzym und jeder Pfeil stellt die Katalyse der Reproduktion eines Enzyms dar. In dieser Abbildung sind 15 Enzyme in einer geschlossenen Schleife gezeigt, welche die Bildung eines jeweils anderen katalysieren. Diese geschlossene Schleife wird deshalb katalytischer Zyklus genannt. Ein solcher katalytischer Zyklus katalysiert damit die eigene Reproduktion und wird deshalb auch als autokatalytisch bezeichnet. Durch diese Selbstreproduktion stellen autokatalytische Zyklen eine sehr stabile Struktur dar.

Eigen entdeckte, dass katalytische Zyklen bei genügend Zeit und einem ständigen Energiestrom dazu neigen, sich miteinander zu verbinden und geschlossene Schleifen zu bilden. Ein Hyperzyklus ist dann die geschlossene Verbindung mehrerer katalytischer Zyklen. Dabei wirken die in einem Zyklus produzierten Enzyme als Katalysatoren für den nächsten Zyklus. Damit ist ein solcher Hyperzyklus ebenfalls autokatalytisch, da er seine eigene Reproduktion katalysiert.

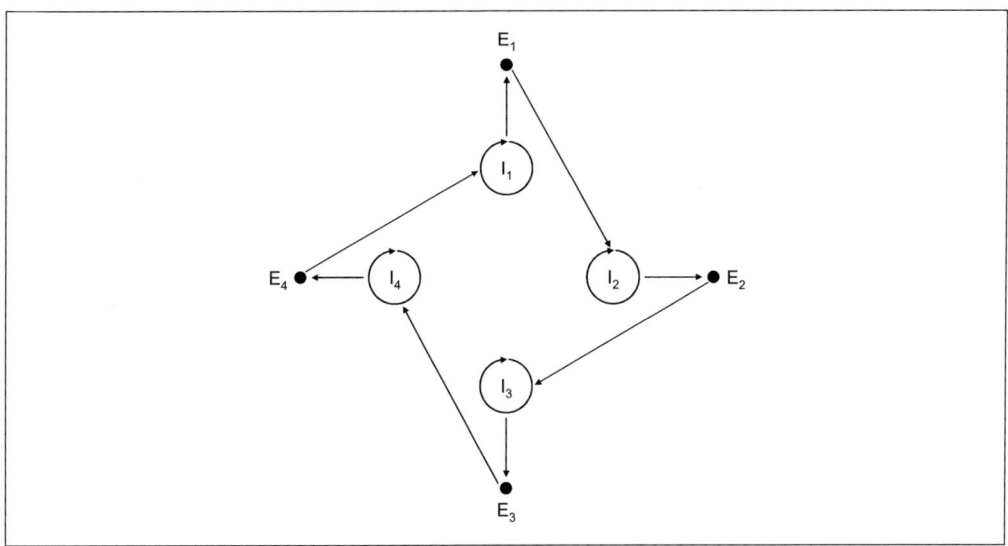

Abbildung 3-12: Hyperzyklus [nach Jan92]

In der Abbildung 3-12 ist ein solcher autokatalytischer Hyperzyklus dargestellt. Jeder katalytische Zyklus wird hier als ein Informationsträger I_n bezeichnet, da er die Informationen für die eigene Produktion und vor allem für die Produktion eines Enzyms E_n beinhaltet. Ein Enzym E_n katalysiert wiederum die Selbstreproduktion des katalytischen Zyklus I_{n+1}. Ergeben diese gegenseitige Katalysen eine Schleife, wie in Abbildung 3-12 dargestellt, so bilden sie einen Zyklus, der wiederum aus Zyklen besteht und in der Lage ist, sich selbst zu reproduzieren - also ein autokatalytischer Hyperzyklus. Dieser stellt einerseits eine (exponentielle) Wachstumsfunktion und andererseits einen selbstregulierenden Kreis dar.

Zum besseren Verständnis hat Eigen einen solchen Hyperzyklus und die dadurch ablaufenden Prozesse in der Form eines Spieles beschrieben [EiWi79]. Dafür wurde ein beispielhafter Hyperzyklus aus vier Einzelzyklen A, B, C und D durch das folgende abstrakte Reaktionsschema beschrieben:

$$A + B + M \rightarrow A + 2B$$
$$B + C + M \rightarrow B + 2C$$
$$C + D + M \rightarrow C + 2D$$
$$D + A + M \rightarrow D + 2A$$

M stellt dabei die Grundsubstanzen dar, aus denen die Elemente dieser Zyklen gebildet werden. Jeder dieser Zyklen kann sich also selbst reproduzieren, wenn ein anderer Zyklus dies katalysierend (besser: durch die Produktion der benötigten Katalysatoren) unterstützt. Deshalb sind Hyperzyklen in der Lage sich selbst zu reproduzieren. Dabei sind sie außerordentlich stabil gegenüber Veränderungen der Umwelt, da sie sich die benötigten Voraussetzungen zur Selbstreproduktion (Katalysatoren) selbstständig erschaffen können.

Sowohl die katalytischen Zyklen als auch die Hyperzyklen sind selbstorganisierend, da deren einzelne Elemente (die Enzyme) auf Grund der chemischen Reaktionsgesetzmäßigkeiten miteinander reagieren und dadurch diese Rückkopplungsmuster selbstständig entstehen. Durch diese Fähigkeit der Selbstorganisation und die daraus folgende Fähigkeit zur Selbstreproduktion und sogar zur Evolution (Mutation sowie Selektion der am besten an die Umgebung angepassten) stellen die autokatalytischen Hyperzyklen eine Vorstufe von lebenden Systemen dar und werden als der Übergang von nichtlebenden zu lebenden Systemen angesehen. [Cap99, EiWi79, Jan92, Pas91]

Lebewesen

Im vorigen Abschnitt wurde gezeigt, dass selbstorganisierende Prozesse in Form von autokatalytischen Hyperzyklen eine wichtige Rolle bei der Entstehung des Lebens gespielt haben. Noch bedeutungsvoller ist die Selbstorganisation ganz allgemein in lebenden Systemen. Selbstorganisierende Prozesse treten in lebendigen Systemen vielfältig auf. So spielen sie zum Beispiel eine wichtige Rolle bei der Entwicklung und dem Wachstum von Lebewesen oder bei der Interaktion von Lebewesen untereinander.

Jedes aus vielen und verschiedenen Zellen bestehende Lebewesen entsteht durch Zellteilung und Spezialisierung der Zellen aus einer einzelnen befruchteten Eizelle. Diese Eizelle besitzt die DNA, den Bauplan für das gesamte daraus entstehende Lebewesen[12]. Durch Zellteilung kann sich diese Zelle nun vermehren, wodurch viele Zellen, die alle denselben Bauplan besitzen, entstehen. Nun entwickelt sich jedoch nicht jede dieser Zellen gleich. Stattdessen wird jede Zelle in Abhängigkeit von ihrer Umgebung einen bestimmten Teil der DNA für ihre eigene Weiterentwicklung benutzen. Um ihre Position im Gesamtorganismus zu erfahren, kommunizieren die Zellen untereinander. Durch die individuelle Entwicklung der Zelle beeinflusst diese damit aber wiederum die Umgebung der anderen, insbesondere die ihrer benachbarten Zellen. Dadurch entsteht ein hochgradig rückgekoppeltes System, in dem die mikroskopischen Elemente (die Zellen) auf Grund eines

---

12. Die Ähnlichkeit von eineiigen Zwillingen stellt sehr anschaulich dar, dass die Entwicklung eines Lebewesens in der DNA bereits sehr detailliert kodiert sein muss.

gemeinsamen Bauplans (der DNA) und ihrer individuellen Umgebung ein makroskopisches Muster (den Organismus) selbstständig organisieren. [Hak95, Mei88]

Aber nicht nur die Lebewesen entstehen selbstorganisierend, sondern auch deren Aussehen. Gut erkennbare Beispiele sind die Musterbildung auf dem Fell von Tieren (Zebra, Leopard, ...)[13] oder die Anordnung von Blättern oder Stacheln bei Pflanzen. [Mei88]

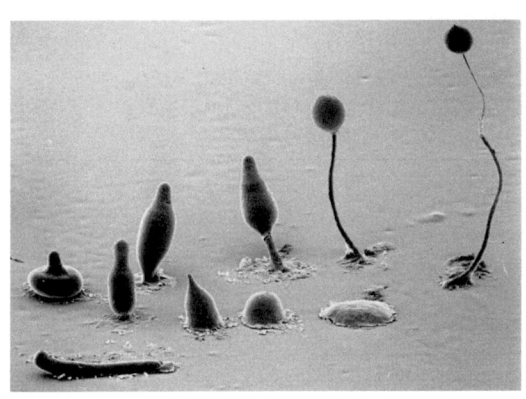

Abbildung 3-13:   Dictyostelium discoidium [WWW_DGR]

Ein weiteres beeindruckendes Beispiel für die Selbstorganisation von Lebewesen ist die Kooperation einzelliger Amöben namens „Dictyostelium discoidium". Diese können sowohl einzeln als auch gemeinsam als ein Lebewesen, ein Schleimpilz, auftreten. In Abbildung 3-13 sind verschiedene Stadien der Entwicklung bis zu einem Schleimpilz dargestellt. Dieser Schleimpilz ist sogar in der Lage sich fortzubewegen, indem er sich wie eine Schnecke krümmt (siehe Abbildung 3-13 unten links). Die Abbildung 3-14 zeigt den Lebenszyklus dieser Amöben. Normalerweise leben die Amöben alle einzeln auf einem Untergrund mit Nahrung. Wird diese Nahrung jedoch knapp, so versammeln sie sich alle an einem Punkt. In dieser Gruppierung differenzieren sich die einzelnen Amöben-Zellen in den Stamm und den Sporenträger des Schleimpilzes. Später werden die dabei gebildeten Sporen freigesetzt, während die restlichen Zellen sterben. Der Kreislauf wird geschlossen, wenn sich die Sporen zu Amöben entwickeln, sobald wieder Nahrung vorhanden ist.

In diesem Zyklus treten zwei verschiedene Selbstorganisationsprozesse auf. So sind die Amöben in der Lage sich spontan an einem Punkt zu versammeln. Dies wird von keiner der Amöben vorher geplant, sondern ist das Ergebnis der individuellen Aktionen und der Kommunikation mit Hilfe des Botenstoffes cAMP. Haben sich die Amöben versammelt, so bilden sie nun eine Einheit. Danach tritt der zweite selbstorganisierende Prozess auf, in dem sich ein Teil der vollkommen gleichen Zellen (in Abhängigkeit von ihrer Position innerhalb des neuen Gesamtverbands) zu Stamm- und die restlichen zu Sporenträgerzellen umbilden. Für diesen Prozess gibt es keine Zentrale die ihn steuert und es ist auch den einzelnen Zellen nicht genetisch vorbestimmt.

---

13. Dies wurde als Turing-Mechanismus bekannt und geht auf den Artikel [Tur52] von Alan Turing zurück.

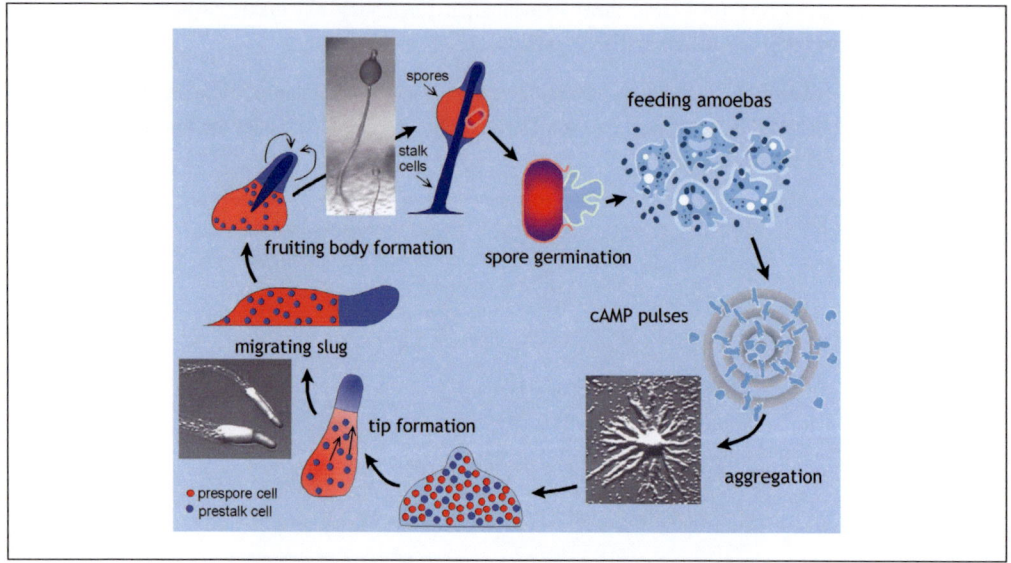

Abbildung 3-14: Lebenszyklus von Dictyostelium discoidium [WWW_UD]

Jede der Zellen kann sich potentiell zu einem Teil des Stamms oder des Sporenträgers entwickeln. Welche davon was wird, bestimmt allein die Interaktionen der Zellen untereinander. [Hak95, WWW_UD]

Lebendige Systeme sind in allen Abstufungen von den einfachsten bis zu den kompliziertesten Strukturen durch selbstorganisierende Prozesse geprägt. So hat das Leben auch das komplexeste Beispiel für Selbstorganisation hervorgebracht: das menschliche Gehirn[14]. Jede der 100 Milliarden Nervenzellen ist ein eigenständiges selbstregulierendes Gebilde, das mit anderen Nervenzellen durch Synapsen verbunden ist. Dabei besteht das Gehirn aus zahlreichen lokalen Netzwerken, den Gehirnarealen, die eine bestimmte Aufgabe erfüllen (z. B. das Sehzentrum). Diese Gehirnareale kommunizieren miteinander durch ein dichtes Gewebe langer Nervenfasern. Diese Ordnung des Gehirns ist nicht vorgegeben, sondern organisiert sich selbstständig auf Grund der Netzwerkaktivitäten. [Leh05]

Durch Selbstorganisation entsteht aus einer Vielzahl von Objekten, die miteinander interagieren, ein neues Objekt. Lebendige Systeme sind davon geprägt, dass dieser selbstorganisierende Zusammenschluss auf verschiedenen Ebenen existiert. Moleküle bilden Zellen, Zellen bilden Gewebe, Gewebe bilden Organe, Organe bilden Organismen und Organismen bilden soziale Gesellschaften.

---

14. Das menschliche Gehirn besteht aus etwa 100 Milliarden Nervenzellen, welche jeweils ca. 1.000 Synapsen (Kontakte) ausbilden. Eine solche Struktur kann unmöglich zentral (also in der DNA) vorgegeben sein. Denn selbst wenn das gesamte menschliche Genom, welches aus 40.000 Genen besteht, nur die Verbindungen im menschlichen Gehirn kodiert, so wäre jedes Gen für 2,5 Milliarden Synapsen zuständig. Es muss also auf eine andere Weise organisiert sein. [Leh05]

Gesellschaften

Das Phänomen des Lebens ist ganz eng mit dem Phänomen der Selbstorganisation verbunden. Alle lebenden Systeme basieren auf Selbstorganisation. Lebewesen können jedoch auch selbstorganisierend gesellschaftliche Strukturen ausbilden. Wie das Beispiel der Amöbe Dictyostelium discoidium zeigt, kann beides sogar gleichzeitig geschehen, denn die gesellschaftlichen Strukturen, die mehrere Amöben ausbilden, ergeben wiederum ein neues Lebewesen, den Schleimpilz.

Mehrere Lebewesen der gleichen Art bilden auf zwei grundlegend verschiedene Arten gesellschaftliche Verhaltensweisen aus. Zum einen gibt es die zentralisiert-hierarchische Gesellschaftsstruktur. Ein zentrales Lebewesen gibt den anderen bestimmte Verhaltensweisen vor. Ab einer bestimmten Größe der Gesellschaft bedingt dies eine hierarchische Struktur, damit diese Information an alle Mitglieder weitergeleitet wird. Diese gesellschaftliche Struktur ist jedem aus der Natur (Stichwort Leitwolf, Alpha-Tier) und dem Alltag vielfach bekannt. Jeder Mensch spürt die Existenz dieser Struktur, denn sie greift aktiv in sein Leben ein, indem sie ihm die verschiedensten Verhaltensweisen und Regularien vorgibt. Jede Firma, die politische Gesellschaft, die Legislative, die Exekutive, sowie die Judikative der Bundesrepublik Deutschland sind zentralisiert-hierarchisch aufgebaut.

Im Unterschied dazu sind die durch verteilte selbstorganisierende Prozesse entstandenen Strukturen bei weitem nicht so bekannt, aber mindestens genauso bedeutsam. Dies sind alle Handlungsweisen, bei denen die Individuen über ihr Handeln selbstständig im Rahmen bestimmter Möglichkeiten und in Abhängigkeit der Verhaltensweisen der anderen Individuen bestimmen. Sehr anschauliche Beispiele dafür sind die raumzeitlichen Muster im Straßen- oder im Fußgängerverkehr. So organisieren sich im dichten Gedränge auf dem Fußweg von selbst zwei gegensätzliche Fließrichtungen oder bei einer Panik bildet sich an einem Ausgang ein großer Pfropfen (in dessen Folge deutlich weniger Menschen durch die Tür gelangen, als im Normalfall)[15] [HFMV02].

Ein anderes vielfach bekanntes Beispiel aus dem Tierreich sind Herden oder Schwärme (siehe Abbildung 3-15[16]). Jedes Tier in einem Schwarm bewegt sich in Abhängigkeit von der Umgebung und davon, wie sich seine benachbarten Tiere bewegen. Damit stellt ein Schwarm eine einheitliche Struktur dar, die durch die Interaktionen der Individuen entsteht. Ein solcher Schwarm besitzt ein eigenes Verhalten, zum Teil wird sogar von einer Schwarmintelligenz gesprochen und dieser auch als ein Superorganismus bezeichnet [WWW_Wiki: Kollektive Intelligenz]. Ein beeindruckendes Beispiel dafür ist eine bestimmte Art von Glühwürmchen in der Südsee, bei denen ein Schwarm von Männchen vollkommen synchron seine Lichtimpulse

---

15. Eine wichtige Frage in diesem Zusammenhang ist: Wie müssen die Rahmenbedingungen geändert werden, damit selbstorganisierende Prozesse Strukturen hervorbringen, die als günstiger beurteilt werden? Aufbauend auf diesen Forschungen können Räume zum Beispiel so gestaltet werden, dass im Falle einer Panik sich kein Pfropfen vor dem Ausgang bildet, sondern die Menschen den Raum zügig verlassen können. [HFMV02]

16. „During spring in Denmark, at approximately one half an hour before sunset, flocks of more than a million European starlings (sturnus vulgaris) gather from all corners to join in the incredible formations shown above. This phenomenon is called Black Sun (in Denmark), and can be witnessed in early spring throughout the marshlands of western Denmark, from March through to the middle of April. The starlings migrate from the south and spend the day in the meadows gathering food, sleeping in the reeds during the night. The best place to view this amazing aerial dance is in the place called "Tøndermarsken," where these pictures were taken (on April 5 from 19.30 to 20.30 local time)." Zitat: [WWW_EPOD]

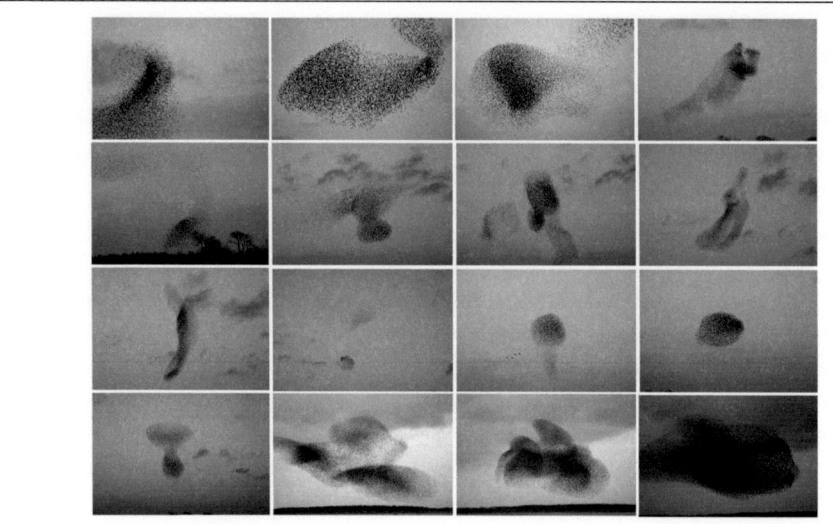

Abbildung 3-15: Formationen eines Vogelschwarms [WWW_EPOD]

aussendet. Ebenso ist auch das synchrone Zirpen der Grillen in einem Feld zu erklären [Hak88, Buch02]. Selbstorganisierende Prozesse spielen ebenfalls bei staatenbildenden Insekten, wie Ameisen oder Bienen, eine wichtige Rolle. Diese besitzen zwar scheinbar eine hierarchische Struktur, jedoch nicht in dem Sinne, dass die Königin die gesamten Aktivitäten ihres Staates vorgibt. Die einzelnen Tiere handeln allesamt eigenständig und bringen trotzdem wahrnehmbare gesellschaftliche Strukturen, wie zum Beispiel ihr Nest hervor. Eines der bekanntesten Probleme war die Frage, wie Ameisen, von denen jede Einzelne nicht besonders intelligent ist, in der Lage sind, den kürzesten Weg von einer Futterquelle zurück zu dem Nest zu finden? Und dies, obwohl dazwischen mehrere Hindernisse zu umlaufen sind. Diese Wegfindung geschieht durch einen selbstorganisierenden Prozess und basiert auf der Kommunikation der Ameisen durch Pheromone. Eine Ameise, die sich auf dem Rückweg zu ihrem Nest befindet, markiert ihren Weg mit Pheromonen. Die anderen Ameisen haben dadurch zum einen die Möglichkeit ebenfalls zu dieser Nahrungsquelle zu gelangen und können zum anderen diesem Pfad auch wieder zurück zu ihrem Nest folgen. Durch die Fähigkeit der Ameisen diesen durch Pheromone gekennzeichneten Weg wahrzunehmen, aber trotzdem individuell immer wieder von ihm abzuweichen, wird der Weg im Laufe der Zeit immer weiter optimiert. Dieser Vorgang basiert allein auf den Interaktionen zwischen allen Ameisen durch das Hinterlassen und Wahrnehmen der Pheromonspur. [CoFr02]

Zelluläre Automaten

Die Simulation von selbstorganisierenden Prozessen ist bisher nur in der Informatik gelungen. Viele dieser Simulationen basieren dabei auf zellulären Automaten. Im Folgenden werden deshalb zelluläre Automaten allgemein und einige Simulationen von natürlichen Prozessen vorgestellt, an denen das Phänomen der Selbstorganisation gut zu beobachten ist.

Zelluläre Automaten dienen der Modellierung räumlich diskreter Systeme. Der Raum wird dabei in einzelne Segmente, die Zellen, unterteilt, in denen verschiedene Zustände herrschen können. Welcher Zustand in einer Zelle zu einem Zeitpunkt t_n herrscht, hängt dabei immer von den Zuständen in vorgegebenen Nachbarzellen und ihrem eigenen Zustand zum vorhergehenden Zeitpunkt t_{n-1} ab.

Definition 3-10 : Zellulärer Automat

> *Ein Zellulärer Automat wird durch ein Quadrupel (R, N, Q, δ) beschrieben. R ist ein meist ein- oder zweidimensionaler Zellraum, N die endliche Nachbarschaft einer Zelle, Q die Menge der Zustände, die eine Zelle annehmen kann und $\delta : Q^N \rightarrow Q$ die Zustandsübergangsfunktion.*

Das bekannteste Beispiel für zelluläre Automaten ist das 1970 von John Horton Conway entworfene „Game of Life". Dabei stellt R einen zweidimensionalen Zellraum dar, die Nachbarn N einer Zelle sind alle die acht Zellen, an die diese Zelle grenzt und jede Zelle kann zwei Zustände annehmen, tot (leer) oder lebendig (gefüllt). Die Zustandsübergangsfunktion δ wird dabei durch folgende Regeln beschrieben:

1. Geburt: Eine Zelle mit genau drei lebenden Nachbarzellen wird in der Folgegeneration geboren, d. h. wird lebendig.

2. Einsamkeit: Eine Zelle, die weniger als zwei lebendige Nachbarn hat, stirbt in der Folgegeneration an Einsamkeit.

3. Überbevölkerung: Eine Zelle, die mehr als drei lebende Nachbarn besitzt, stirbt in der Folgegeneration wegen Überbevölkerung.

Aus diesen drei einfachen Regeln entstehen in Abhängigkeit von der Startkonfiguration verschiedene (räumlich und zeitlich) komplexe Muster. Diese einfachen Zellen, die nur entsprechend ihrer Rahmenbedingungen handeln und deren Verhalten durch die obigen drei Regeln beschrieben ist, können durch ihre Interaktionen verschiedenste Muster erstellen. So treten Muster auf, die fix sind, sich also nicht mehr verändern, oder andere, die aussterben oder wieder andere, die sich periodisch oder sogar chaotisch verhalten. Diese Muster werden dabei zumeist als Figuren wahrgenommen, die aus mehreren Zellen bestehen, jedoch nicht explizit an diese Zellen gebunden sind, sondern sich auch über diese Zellen hinweg fortbewegen können.

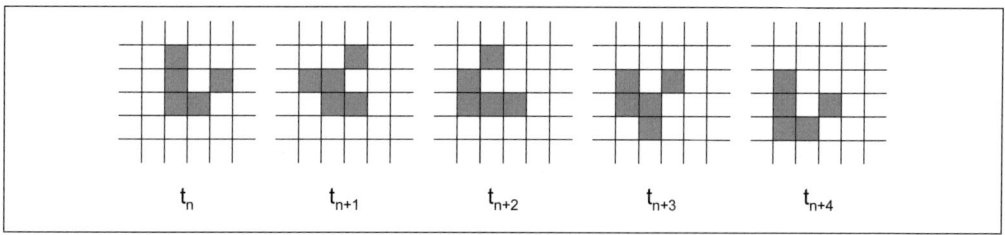

Abbildung 3-16: Gleiter

Eine der interessantesten Figuren ist der Gleiter. Es ist eine zeitlich periodische Figur, die sich räumlich bewegt. Wie in der Abbildung 3-16 zu erkennen, nimmt der Gleiter nach vier Generationen die gleiche Form an, nur dass die gesamte Figur horizontal und vertikal um ein Feld verschoben ist. Ein solcher Gleiter ist als ein Wesen vorstellbar, das an dem einen Ende immer wächst und an dem gegenüberliegenden Ende abstirbt und sich dadurch im Raum fortbewegt.[17] [Mai97, WWW_Wiki: Game of Life]

Ein anderes Beispiel ist die Ameise von Chris Langton, welche eine abstrakte Simulation einer realen Ameise darstellt[18]. Das hier übernommene Prinzip ist die Eigenheit von Ameisen ihren Weg mit (verschiedenen) Pheromonen zu markieren (siehe Seite 30). Die Ameise bewegt sich auf einer Ebene, die in quadratische Zellen eingeteilt ist. Sie steht dabei in einer Zelle und blickt auf eine der vier Kanten der Zelle. Jede dieser Zellen kann nun durch zwei verschiedene Pheromone „eingefärbt" werden, die zumeist durch die Farben schwarz und weiß dargestellt sind. Die Ameise dreht sich nun in Abhängigkeit des Zustands der Zelle um 90° in eine Richtung und ändert den Zustand der Zelle durch Hinterlassen eines anderen Pheromons. Die Regeln nach denen sich die Ameise bewegt und die Zellen einfärbt, lauten:

1. Wenn das Feld auf dem sie sitzt weiß ist, dann färbt sie es schwarz, dreht sich um 90 Grad nach rechts und geht auf das nächste Feld.

2. Wenn das Feld auf dem sie sitzt schwarz ist, dann färbt sie es weiß, dreht sich um 90 Grad nach links und geht auf das nächste Feld.

Die Ameise bewegt sich also nach diesen beiden Regeln über die Ebene und kreiert dabei ein Pheromonmuster. Dieses Pheromonmuster sieht in den ersten 10.000 Schritten chaotisch aus. Wie in Abbildung 3-17 zu erkennen ist, baut die Ameise danach jedoch ein symmetrisches Muster nach rechts oben, welches Ameisenstraße genannt wird. Das Beeindruckende daran ist, dass das Verhalten dieser Ameise deterministisch ist, in den ersten 10.000 Schritten jedoch chaotisch aussieht. Und dann plötzlich aus diesem Chaos heraus ein Muster entsteht. Eine einzelne Ameise kann demnach bereits ein Muster erzeugen, welches in ihren Verhaltensregeln nicht direkt beschrieben ist. Dies geschieht, indem sie mit sich selbst interagiert, genauer gesagt interagiert die Ameise mit ihrem eigenen früheren Verhalten, welches durch die hinterlassenen Pheromone (Färbungen) beschrieben ist. [WWW_UL, WWW_Wiki: Ameise (Turingmaschine)]

Bei den zellulären Automaten sind die mikroskopischen Elemente, die Zellen, auf der Grundlage der mit (R, N, Q, δ) beschriebenen Rahmenbedingungen und ihrer in δ festgelegten Verhaltensweisen durch gegenseitige Interaktionen in der Lage, makroskopische Muster hervorzubringen. Diese Muster besitzen ein eigenes Verhalten (Game of Life) bzw. Aussehen (Ameise), welches durch das mikroskopische Verhalten der einzelnen Zellen in keiner Art und Weise beschrieben ist. Deshalb stellen zelluläre Automaten eine einfache Möglichkeit dar, selbstorganisierende Prozesse künstlich zu erschaffen und zu untersuchen.

---

17. Im „Game of Life" gibt es noch zahlreiche weitere interessante Figuren, wie eine Gleiterkanone, die periodisch einen solchen Gleiter erzeugt, oder einen Fresser, der diese Gleiter wieder vernichtet. Diese werden jedoch hier nicht vorgestellt, sondern können im Internet zum Beispiel unter [WWW_Wiki: Game of Life] nachgelesen werden.
18. Diese Ameise wird ursprünglich durch eine Turingmaschine mit einem zweidimensionalen Band beschrieben. Es ist jedoch ebenso eine Beschreibung als ein zellulärer Automat möglich.

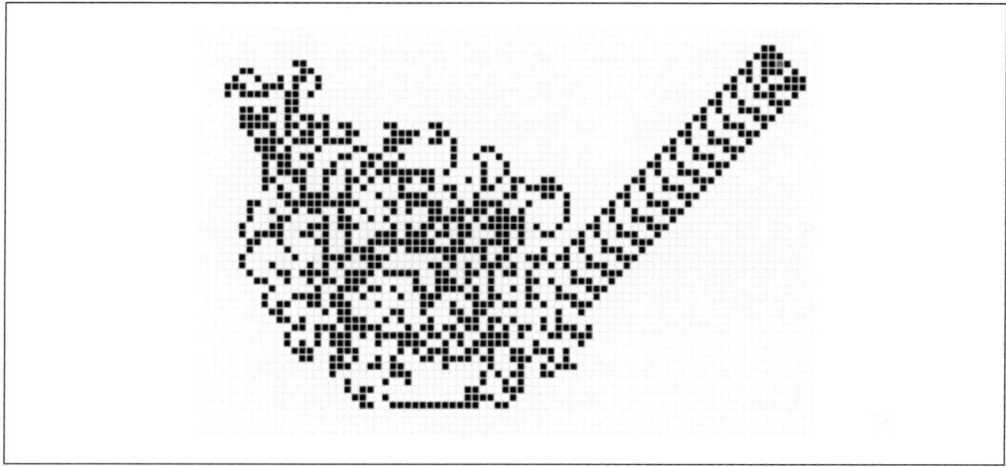

Abbildung 3-17: Muster von Langtons Ameise nach ca. 12.000 Schritten [WWW_Beck]

3.2.4 Eigenschaften selbstorganisierender Systeme

Die hier vorgestellten Beispiele für Selbstorganisation lassen verschiedene Eigenschaften erkennen, die ihnen gemeinsam und charakteristisch für selbstorganisierende Systeme sind. Insbesondere stellen die meisten dieser Eigenschaften einen deutlichen Unterschied zu fremdorganisierten Systemen dar.

Globale Ordnung aus lokalen Interaktionen

Trivialerweise gehört dazu die Eigenschaft, dass die globale oder makroskopische Ordnung des Systems nur auf Grund von lokalen bzw. mikroskopischen Interaktionen entsteht. Diese Eigenschaft ist so fundamental, dass darauf aufbauend der Begriff „Selbstorganisation", wie in Definition 3-9, definiert werden kann. So verschieden die Vorstellungen und Definitionen von Selbstorganisation auch sein mögen, das Charakteristische daran ist immer, dass makroskopische Ordnung bzw. Muster nur auf Grund von mikroskopischen Interaktionen der Systemkomponenten (speziell ohne Zutun von außen) entstehen.

Dezentralität

Die Kontrolle der Organisation in selbstorganisierenden Systemen ist verteilt. Jede Komponente trägt einen Teil dazu bei. Es gibt also keine Komponente, die als zentrales Element, als ein Master, fungiert und damit die Organisation des gesamten Systems bestimmt.[19]

---

19. Bei einigen Formen der Selbstorganisation, wie zum Beispiel dem Laser tritt das Phänomen der Versklavung auf [Hak95]. Einige Komponenten, Ordner genannt, zwingen anderen Komponenten ein bestimmtes Verhalten auf. Dies wirkt auf den ersten Blick widersprüchlich zur Dezentralität. Allerdings werden diese Ordner erst durch das Verhalten aller Komponenten ausgewählt. Es ist also im Vorhinein nicht bestimmbar, welche Komponente die Rolle eines solchen Ordners annehmen wird. Deshalb liegt auch hier eine dezentrale Organisation vor.

Autonomie und Gleichheit der Komponenten

Wichtige Eigenschaften selbstorganisierender Systeme sind die Autonomie und die Gleichheit ihrer Komponenten. Alle Komponenten sind vollkommen gleichwertig zueinander. Sie können ihre Aufgaben selbstständig und unabhängig von anderen Komponenten, zentralen Einheiten oder ähnlichem durchführen.

Gleichteileprinzip

Die Komponenten eines selbstorganisierenden Systems sind allesamt zueinander gleich oder zumindestens sehr ähnlich. Sowohl der Aufbau der Komponenten als auch ihr Verhalten stimmen überein.

Interaktionen und Aktivität der Komponenten (Trieb)

Alle Komponenten eines selbstorganisierenden Systems interagieren aktiv mit den anderen Komponenten des Systems. Auf diesen gegenseitigen Aktivitäten basiert die Fähigkeit des Systems sich selbst zu organisieren. Bei Gesellschaften, die aus Lebewesen bestehen, wird eine solche inhärente Aktivität als Trieb bezeichnet.

Redundanz

In selbstorganisierenden Systemen erfolgt keine Trennung zwischen organisierenden oder gestaltenden Komponenten. Alle Komponenten organisieren gemeinsam, weshalb die Organisation des Systems hochredundant ist. Haben die Komponenten gleiche oder ähnliche Verhaltensweisen, so ist auch das Systemverhalten hochredundant. Selbst wenn eine große Anzahl von Komponenten wegfällt, bleibt die Organisation und damit auch die Funktionalität des Systems erhalten.

Rückkopplungen und Nichtlinearität

In selbstorganisierenden Systemen finden vielfältige Rückkopplungen statt. Dabei kann grundlegend zwischen lokaler Rückkopplung (Komponente beeinflusst benachbarte Komponenten und diese sie ebenfalls) und globaler Rückkopplung (die Zustände aller Komponenten bilden den Systemzustand, welcher den Zustand jeder Komponente beeinflusst) unterschieden werden. Systeme mit Rückkopplung sind nur nichtlinear beschreibbar, weshalb sie auch als nichtlineare Systeme bezeichnet werden.

Komplexität

Selbstorganisierende Systeme bestehen aus einer großen Anzahl von Komponenten, die auf Grund der gegenseitigen Rückkopplungen auf vielfältige Weisen miteinander interagieren. Dadurch ist es sehr schwierig diese Systeme vollständig zu beschreiben und unmöglich die exakte Verhaltensweise aller Komponenten eines selbstorganisierenden Systems zu prognostizieren. Entsprechend der gängigen Vorstellung (siehe Definition 3-11) wird ein solches System als komplex bezeichnet.

Definition 3-11 : Komplexität

> *Komplexität bezeichnet allgemein die Eigenschaft eines Systems, dass sein Gesamtverhalten nicht beschrieben werden kann, selbst wenn man vollständige Informationen über seine Einzelkomponenten und ihre Wechselwirkungen besitzt.*

Selbstorganisierende Systeme sind jedoch in der Lage diese Komplexität zu beherrschen. Nach der Definition 3-9 ist die Beschreibung eines selbstorganisierenden Systems auf einer makroskopischen Ebene relativ leicht. Es ist also nach wie vor schwierig die exakte Verhaltensweise aller Komponenten zu beschreiben, aber im Gegensatz dazu leicht die Verhaltensweise des Gesamtsystems anzugeben.

Über den Zusammenhang zwischen Selbstorganisation und Komplexität lassen sich also folgende Aussagen treffen:

1. Selbstorganisierende Systeme sind immer komplex.
2. Durch Selbstorganisation kann die Komplexität beherrscht werden.

Fluss (Dissipative Systeme, Nichtgleichgewicht)

Selbstorganisierende Systeme befinden sich in einem Zustand fern vom thermodynamischen Gleichgewicht. In einem solchen stabilen Nichtgleichgewichtszustand können sie jedoch nur bleiben, indem ihnen ständig Energie oder Materie zugeführt werden. Sie befinden sich also in einem ständigen Fluss. Damit wird auch deutlich, dass selbstorganisierende Systeme immer offen sein müssen, da sie immer im Energie- und Materieaustausch mit ihrer Umwelt stehen. Prigogine prägte für derartige Systeme den Ausdruck dissipative Systeme [Prig88].

Das schönste Beispiel für dissipative Systeme sind lebende Organismen. Diese können nur existieren, solange ihnen Energie und Materie zugeführt wird. Unterbleibt dies, so sterben sie und bewegen sich damit zum thermodynamischen Gleichgewicht hin. Ein Organismus im Gleichgewicht ist ein toter Organismus. Lebende Organismen befinden sich ständig in einem Zustand fern vom Gleichgewicht, dem Zustand des Lebens.[20] [Cap99, Muß95]

Adaptivität und Flexibilität

Selbstorganisierende Systeme verhalten sich hoch flexibel bezüglich der Veränderungen in ihrer Umwelt und innerhalb des Systems. Sie sind innerhalb ihrer natürlichen Grenzen jederzeit in der Lage die Organisationsstruktur und damit ihr Verhalten an diese Veränderungen anzupassen.

Robustheit

Trotz dieser hohen Flexibilität ist das Verhalten selbstorganisierender Systeme sehr robust, da es trotz Veränderungen in der Umwelt oder innerhalb des Systems stabil erhalten bleibt. Denn das entstehende makroskopische Muster ist innerhalb bestimmter Grenzen unabhängig von den Systemkomponenten. Werden diese Grenzen jedoch überschritten, so kann es zu einem spontanen Systemsprung kommen, wonach das System ein vollkommen anderes Verhalten besitzt.

---

20. Diese Betrachtungsweise eröffnet damit eine vollkommen andere Möglichkeit, Leben zu definieren.

3.2.5 Zusammenfassung

Das Phänomen der Selbstorganisation wird in der Definition 3-9 auf Seite 18 sehr allgemein beschrieben. Die nachfolgenden Beispiele zeigen, dass selbstorganisierende Systeme Eigenschaften besitzen, die sie von fremdorganisierten Systemen und thermodynamischen Systemen unterscheiden.

Wie bereits im Abschnitt *Komplexität* auf Seite 34 beschrieben, stellt das Prinzip der Selbstorganisation eine Möglichkeit dar, wie hochkomplexe Systeme beherrscht werden können. Da die Beherrschung der Komplexität das zentrale Problem in verteilten technischen Systemen ist, soll sich in dieser Arbeit damit beschäftigt werden, wie das Prinzip der Selbstorganisation in ein solches technisches System übertragen werden kann. Das läuft jedoch nicht auf einen Nachbau biologischer Systeme hinaus, sondern auf die Übertragung der grundlegenden Prinzipien und Eigenschaften, die für Selbstorganisation und damit auch für biologische Systeme wichtig sind.

3.3   Theoretische Grundlagen

In diesem Kapitel werden einige Theorien vorgestellt, auf die in der folgenden Arbeit zurückgegriffen wird.

3.3.1 Architekturbeschreibungssprachen

In diesem Kapitel soll sich der Frage genähert werden, wie Architekturen, speziell EE-Architekturen, formal beschrieben werden können. Naheliegend ist eine Beschreibung durch Architekturbeschreibungssprachen (ADL - Architecture Description Language). Dies sind spezialisierte semi-formale Sprachen mit textuellen und grafischen Notationen zum Entwurf, der Analyse und der Simulation von System-Architekturen. Eine ADL ist eine Menge von Notationen, Sprachen, Standards und Konventionen für ein Architekturmodell. Für jede Sicht, die die ADL beinhaltet, ist eine Menge von Notationen (z. B.: Diagramme, formale Sprachen, natürlichsprachige Textfelder) definiert. (nach [KoCl94]) Für einen guten Überblick über Architekturbeschreibungssprachen wird auf [MeTa00] verwiesen.

ADLs haben den Anspruch, Architekturen explizit und eindeutig darzustellen, bevor das System implementiert wird. ADLs stellen somit eine Möglichkeit zur Repräsentation von Systemarchitekturen dar, die gleichzeitig von Mensch und Maschine lesbar sein sollen. Darauf basierende Analyse- oder Simulationswerkzeuge erlauben eine frühe Feststellung von Systemeigenschaften.

Architekturbeschreibungssprachen sind erst seit Beginn der 90er Jahre des vorigen Jahrhunderts Gegenstand der Forschung im Bereich des Software Engineerings. Sie wurden von verschiedenen industriellen und akademischen Forschungsgruppen mit ihren jeweiligen spezifischen Anforderungen entwickelt. Dadurch sind zum Teil sehr unterschiedliche ADLs entwickelt worden. Keine der bisher entwickelten ADLs ist geeignet, alle Anforderungen für die Architekturbeschreibung zu erfüllen. Allerdings wurde diese Universalität bei deren Entwicklung auch nicht angestrebt. Für die Beschreibung eines Softwaresystems ist es deshalb oft sinnvoll bzw. notwendig mehrere ADLs einzusetzen.

Ein wichtiger Zweck der formalen Beschreibung ist das System auf Qualitätsmerkmale analysieren zu können, wie z. B. Vollständigkeit, Konsistenz, Eindeutigkeit oder Leistung. Die Beschreibung eines Systems in einer ADL ist somit ein wesentlicher Bestandteil im Entwicklungsprozess.

ADLs unterstützen die Beschreibung der Architekturstruktur zusammen mit einer Form von assoziierter Semantik. Eines ihrer Kennzeichen ist die Behandlung von Konnektoren als explizite Entwurfselemente. Diese ermöglichen es, unabhängig von den Komponenten selbst zu zeigen, wie diese miteinander zusammen arbeiten. In der schwächsten Form wird von der ADL eine feste Menge von Konnektoren vorgegeben (z. B.: Darwin, Rapide, MetaH). In einer strengen Form ermöglicht die ADL die Einbeziehung neuer Konnektortypen (z. B.: Unicon, Aesop). In noch strengerer Form wird den neuen Konnektortypen eine explizite semantische Definition zugewiesen, die analysiert werden kann (z. B.: Wright, SADL).

Mit den existierenden ADLs ist es allerdings nicht möglich den selbstorganisierenden Charakter der im Folgenden ausgearbeiteten Föderativen Architektur vollständig abzubilden. Daher wird in Kapitel 6 eine eigene Methodik zur Beschreibung vorgestellt.

3.3.2 Graphentheorie

In dieser Arbeit werden Graphen zur formalen Beschreibung einer EE-Architektur benutzt. Deshalb soll hier eine kurze Einführung in die Graphentheorie gegeben werden, wie sie in verschiedensten Büchern (z. B. [BuSa68], [Dies96] oder [Vol96]) nachgelesen werden kann.

Definition 3-12 : Gerichteter Graph

Ein gerichteter Graph $G = (V, E)$ besteht aus der Menge der Knotenpunkte V (vertices) und der Menge der Kanten $E \subseteq V \times V$ (edges). Jede Kante stellt damit ein Paar $e = (v_i, v_k)$ dar, wobei v_i als Anfangs- und v_k als Endpunkt der Kante bezeichnet wird.

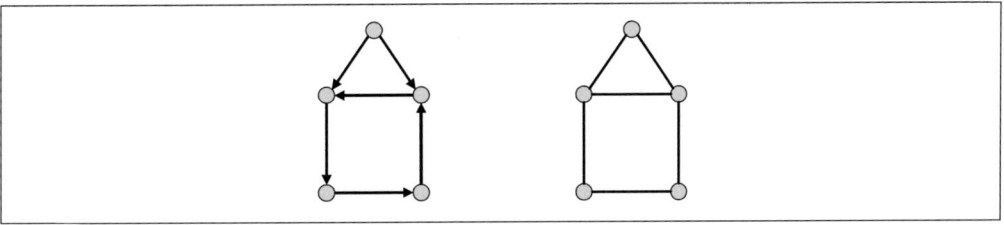

Abbildung 3-18: Gerichteter und ungerichteter Graph

Definition 3-13 : Ungerichteter Graph

Ein ungerichteter Graph $G = (V, E)$ besteht aus der Menge der Knotenpunkte V und der Menge der Kanten $E \subseteq V^{(2)}$. Die Menge $V^{(2)}$ bezeichnet dabei die Menge aller zweielementigen Teilmengen von V.

$$V^{(2)} := \{ e \subseteq V \,||e|= 2 \} \tag{3.1}$$

Die Kanten $e = \{v_i, v_k\}$ eines ungerichteten Graphen besitzen somit keinen Anfangs- und Endpunkt, sondern verbinden lediglich zwei Knoten miteinander.

Gerichtete und ungerichtete Graphen werden somit verschieden definiert. Einem gerichteten Graphen lässt sich jedoch immer ein ungerichteter Graph zuordnen, indem der Richtungssinn der Kanten ignoriert wird, also aus einer gerichteten Kante der Form $e = (v_i, v_k)$ eine ungerichtete Kante der Form $e = \{v_i, v_k\}$ wird. Dieser Zusammenhang kann durch die Abbildung 3-18 leicht nachvollzogen werden.

Eine Besonderheit stellt immer der vollständige (gerichtete oder ungerichtete) Graph K_n dar. Denn entsprechend der Definition 3-12 bzw. 3-19 kann es keinen anderen Graphen mit mehr Kanten geben:

Definition 3-14 : Vollständiger Graph

Sei $K_n = (V, E)$ ein gerichteter Graph mit $|V| = n$. Ist jede mögliche Kante von einem Knotenpunkt zu einem anderen Knotenpunkt vorhanden (also $\forall v_i, v_k \in V : (v_i, v_k) \in E$), so wird dieser Graph als vollständig bezeichnet.

Äquivalent gilt für einen ungerichteten Graphen $K_n = (V, E)$, wenn $\forall v_i, v_k \in V : \{v_i, v_k\} \in E$, gilt, so wird er ebenfalls als vollständig bezeichnet.

Des Weiteren ist für den Umgang mit Graphen der Begriff des Weges und des Kreises wichtig. Diese beruhen auf dem Begriff der Kantenfolge und werden wie folgt definiert:

Definition 3-15 : Kantenfolge, Weg, Kreis

Sei $G = (V, E)$ ein gerichteter Graph und $e_1, ..., e_n \in E$ Kanten des Graphen mit $e_i = (v_{i-1}, v_i)$. Dann heißt $(e_1, ..., e_n)$ Kantenfolge von v_0 nach v_n.

Eine Kantenfolge wird als ein Weg bezeichnet, wenn alle Kanten und alle Knotenpunkte paarweise verschieden sind.

Eine Kantenfolge $(e_1, ..., e_n)$ heißt geschlossen, wenn Anfangs- und Endknotenpunkt identisch sind, also $v_0 = v_n$ gilt. Eine geschlossene Kantenfolge $(e_1, ..., e_n)$, bei der die Kanten und die Knoten $v_0, ..., v_{n-1}$ paarweise verschieden sind, wird als ein Kreis bezeichnet.

Diese Definition für gerichtete Graphen kann sehr einfach auf ungerichtete Graphen erweitert werden, indem der Richtungssinn in den Kanten entfernt wird. Die Begriffe Kantenfolge, Weg und Kreis werden für ungerichtete Graphen identisch verwendet. Die Abbildung 3-19 zeigt verbildlicht diese Begriffe.

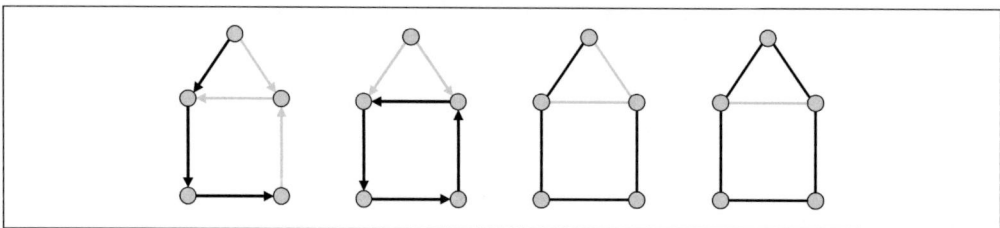

Abbildung 3-19: Wege und Kreise (schwarz) in gerichteten und ungerichteten Graphen

Definition 3-16 : Zusammenhängende und kreisfreie Graphen

Ein Graph heißt zusammenhängend, wenn für je zwei Knotenpunkte ein (ungerichteter) Weg zwischen ihnen existiert, der diese als Anfangs- bzw. Endpunkt hat.

Definition 3-17 : Baum

Ein zusammenhängender ungerichteter Graph, der keine Kreise enthält, wird als (ungerichteter) Baum bezeichnet.

Ein gerichteter Graph wird als ein gerichteter Baum mit der Wurzel v_0 bezeichnet, wenn der Graph im ungerichteten Sinne ein Baum ist und zwischen der Wurzel und einem beliebigen Knotenpunkt v_i genau ein (gerichteter) Weg existiert.

Alle Knotenpunkte eines gerichteten Baums, die nur End- und keine Anfangspunkte einer Kante darstellen, werden als Blätter des Baums bezeichnet. $V_{Blatt} := \{v_i \in V \mid \forall (v_k, v_j) \in E : v_i \neq v_k\}$ Sie stellen damit das Gegenteil der Wurzel dar, die nur Anfangs- und kein Endpunkt einer Kante sein kann.

Abbildung 3-20: Bäume in gerichteten und ungerichteten Graphen

Was ein Baum ist, veranschaulicht die Abbildung 3-20. Aus der Kreisfreiheit eines ungerichteten Baumes folgt, dass es zwischen zwei seiner Knotenpunkte immer (nur) genau einen Weg gibt. Des Weiteren folgt aus dieser Definition, dass ein gerichteter Baum immer nur eine Wurzel besitzen kann. Denn würde er mehrere Wurzeln besitzen, so müsste es einen gerichteten Weg von der einen Wurzel zur anderen und umgekehrt geben. Die Kombination dieser beiden Wege ergibt jedoch einen Kreis, weshalb dieser Graph dann kein Baum sein kann.

Andere sehr charakteristische Graphen sind die bipartiten Graphen:

Definition 3-18 : Bipartite Graphen

Ein Graph $G = (V, E)$ heißt bipartit, wenn sich die Knotenmenge $V = V_1 \cup V_2$ in zwei disjunkte Mengen $(V_1 \cap V_2 = \varnothing)$ zerlegen lässt, so dass für alle Kanten $e \in E$ mit $e = (v_1, v_2)$ bei gerichteten bzw. $e = \{v_1, v_2\}$ bei ungerichteten Graphen gilt: $(v_1 \in V_1) \wedge (v_2 \in V_2)$

Es gibt dann also eine Teilung der Knoten und alle Kanten des Graphen gehen nur von dem einen Teil in den anderen. Es gibt also keine einzige Kante, die nur im ersten oder nur im zweiten Teil liegt.

Eine Möglichkeit gerichtete und ungerichtete Graphen zu beschreiben, bieten Adjazenzmatrizen. Sind alle Knoten und Kanten durchnummeriert, so ergeben sich diese wie folgt:

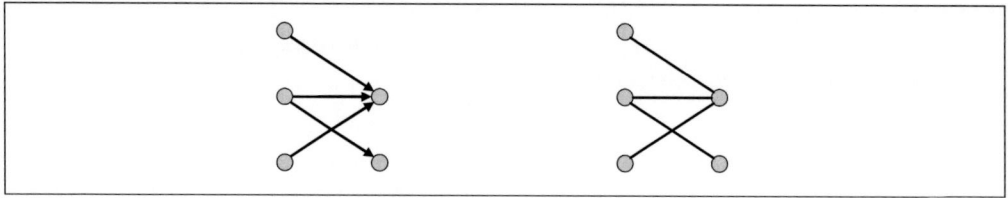

Abbildung 3-21: Bipartiter Graph

Definition 3-19 : Adjazenzmatrix

Sei $G = (V, E)$ ein gerichteter Graph mit $v_1, \ldots, v_n \in V$. Die quadratische Matrix $A = (a_{ij})$ heißt Adjazenzmatrix, wenn a_{ij} die Anzahl der Kanten ist, die im Knoten v_i beginnen und im Knoten v_j enden.

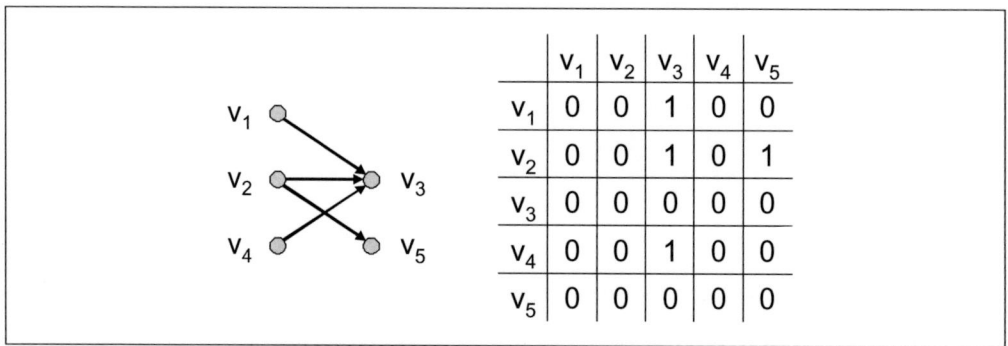

Abbildung 3-22: Beispiel für eine Adjazenzmatrix

In Abbildung 3-22 ist eine Adjazenzmatrix für den gerichteten (bipartiten) Graphen aus Abbildung 3-21 dargestellt. Weiterführende Informationen können in der eingangs erwähnten Fachliteratur nachgelesen werden.

3.3.3 Aussagenlogik

An dieser Stelle folgt eine kurze Einführung in die Aussagenlogik. Weitere Ausführungen dazu sind der zahlreichen Fachliteratur, wie zum Beispiel [Höl01] oder [RePo02] zu entnehmen.

Definition 3-20 : Syntax der Aussagenlogik

Eine Formel der Aussagenlogik ist zusammengesetzt aus einer Menge von Variablen[21] $V = \{v_1, v_2, \ldots\}$ (auch atomare Formeln genannt) und Symbolen $\{\neg, \vee, (,)\}$.

Eine Formel der Aussagenlogik kann induktiv wie folgt aufgebaut werden:

---

21. Eine (logische) Variable kann zum Beispiel eine Ungleichung sein (die selber wieder nicht-logische Variablen enthält), wie „Temperatur > 30°C", oder eine Aussage, wie „Der Himmel ist bewölkt." sein.

1. *Jede Variable ist eine Formel.*

2. *Sind φ und ψ Formeln, so sind $\neg\varphi$ und $(\varphi \vee \psi)$ ebenfalls Formeln.*

Weitere logische Operatoren und Konstanten können als Abkürzungen für Teilformeln eingeführt werden:

$$\varphi \wedge \psi \text{ für } \neg(\neg\varphi \vee \neg\psi) \tag{3.2}$$

$$\varphi \rightarrow \psi \text{ für } \neg\varphi \vee \psi \tag{3.3}$$

$$\textit{True} \text{ für } \neg\varphi \vee \varphi \tag{3.4}$$

$$\textit{False} \text{ für } \neg\textit{True} \tag{3.5}$$

Die Semantik einer Formel basiert auf der Bewertungsfunktion

$$B : V \rightarrow \{wahr, falsch\} \tag{3.6}$$

die jeder Variable einen Wahrheitswert zuweist. Diese Bewertungsfunktion kann dann sehr leicht auf die Formeln übertragen werden.

1. Ist $\varphi = v_i$, so ist $B(\varphi)$ bekannt.

2. $B(\neg\varphi) = wahr$ gdw. $B(\varphi) = falsch$

3. $B(\varphi \vee \psi) = wahr$ gdw. $B(\varphi) = wahr$ oder $B(\psi) = wahr$

Die Bewertungen der weiteren Operatoren lassen sich dann wie gewohnt daraus weiter ableiten.

3.3.4 Funktionsbegriff

Der Begriff der Funktion ist für diese Arbeit sehr grundlegend. Deswegen soll an dieser Stelle eine kurze mathematische Einführung gegeben werden.

Definition 3-21 : Funktion

Eine Funktion drückt die Abhängigkeit einer Größe von einer anderen aus.
$f : A \rightarrow B$ ist eine Funktion, wenn jedem Argument $a \in A$ genau ein Wert $b \in B$ zugeordnet wird
($f(a) = b$).

Normalerweise ist eine Funktion eine Zuordnung der Argumente zu den Funktionswerten. Soll, wie zum Beispiel bei einem Automaten der Fall, der Funktionswert nicht nur von dem Argument, sondern auch von der Historie, also den vorhergegangenen Argumenten und deren Reihenfolge abhängen, so werden zu dieser Darstellung innere Zustände benötigt. Dies kann leicht durch eine Uminterpretation der Definition 3-21 erreicht werden. Dazu wird eine Menge Z von Zuständen eingeführt. Die Zustände werden zugleich als Argument als auch als Funktionswert benutzt. Eine Funktion mit inneren Zuständen stellt sich damit wie folgt dar:

$$f : A \times Z \rightarrow B \times Z$$

Der einzige Unterschied zur Definition 3-21 ist, dass Funktionen mit inneren Zuständen immer ein Startzustand $z_0 \in Z$ zugeordnet sein muss.

Zwei Funktionen lassen sich zu einer neuen Funktion verbinden, indem diese hintereinander ausgeführt werden. Deshalb wird für Funktionen der Operator der Hintereinanderausführung (auch Konkatenation genannt) eingeführt:

Definition 3-22 : Hintereinanderausführung (Konkatenation)

Gegeben sind zwei Funktionen f und g. Die Hintereinanderausführung (oder Konkatenation) $g \circ f$ der Funktion g nach der Funktion f entsteht durch:

$$g \circ f(x) := g(f(x)) \tag{3.7}$$

Mit Hilfe der Hintereinanderausführung lassen sich einzelne Funktionen miteinander verknüpfen, wodurch eine neue Funktion dargestellt wird. Diese neue Funktion kann dementsprechend als eine Vernetzung der einzelnen Funktionen dargestellt werden. Dieses wird Funktionsnetz genannt und stellt eine abstrakte Beschreibung der Gesamtfunktionalität eines verteilten Systems dar.

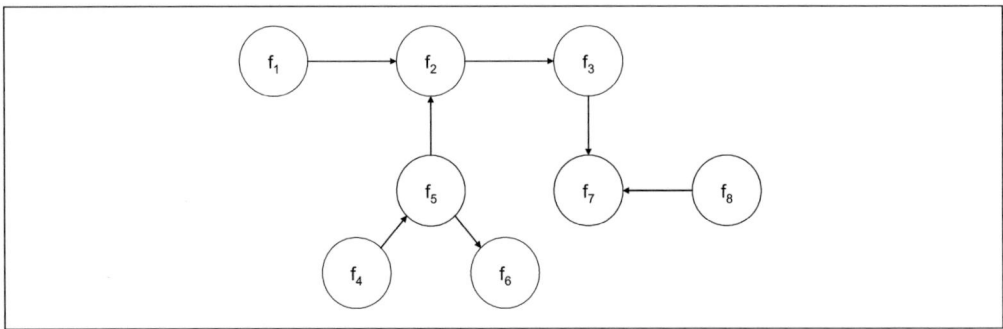

Abbildung 3-23: Funktionsnetz, dargestellt als gerichteter Graph

Ein derartiges Funktionsnetz kann wie in Abbildung 3-23 mit einem gerichteten Graphen beschrieben werden. Die Knotenpunkte des Graphen stellen die Funktionen dar. Die gerichteten Kanten (Pfeile) des Graphen stellen die Hintereinanderausführung zweier Funktionen dar, d. h. eine Funktion liefert der anderen Funktion ihre Funktionswerte als Argument.

Definition 3-23 : Funktionsnetz[22]

*Das Funktionsnetz eines EE-Systems ist ein gerichteter Graph $G=(V,E)$ (siehe Definition 3-12) mit der Menge $V = \{f | f$ ist **Funktion des EE-Systems**$\}$ und der Menge der Kanten $E \subseteq V \times V$, wobei $e = (f_1, f_2)$ die Hintereinanderausführung zweier Funktionen darstellt.*

Mit einem Funktionsnetz lässt sich die funktionale Struktur eines verteilten Systems intuitiv beschreiben und als ein gerichteter Graph darstellen. Damit ist leicht erkennbar, welche Funktionen und wie die Informationsflüsse in diesem System realisiert sind.

---

22. Der hier definierte Begriff eines Funktionsnetzes ist anschaulich, aber mathematisch nicht exakt. Aus diesem Grund wird er in Kapitel 6.3.2 noch einmal vollkommen neu erarbeitet.

3.4 Überblick

Neben den theoretischen Grundlagen, die eine Basis für eine abstrakte Beschreibung bilden, wurden in diesem Kapitel die Besonderheiten zweier vollkommen unterschiedlicher Systeme vorgestellt: EE-Systeme im Kraftfahrzeug und selbstorganisierende Systeme. Die im Folgenden ausgearbeitete Föderative Architektur zeigt einen Weg diese verschiedenen Charakteristika zu verbinden. Die Basis für die Vereinigung bildet eine strikte Orientierung am Funktionsgedanken. So bilden Funktionen sowohl die Grundlage für die technischen Systeme als auch für die Selbstorganisation.

4 Konzept der Föderativen Architektur

Die Föderative Architektur ist eine neuartige Elektrik-Elektronik-Architektur für Kraftfahrzeuge, deren Systeme die Fähigkeit der Selbstorganisation besitzen. Mit der Föderativen Architektur werden Prinzipien aus biologischen Systemen in technische Systeme integriert. Ziel ist es Eigenschaften wie die Fähigkeit zur Selbstheilung in technische Systeme zu übertragen. Dies ermöglicht vollkommen neue Fähigkeiten, wie zum Beispiel die Selbstheilung als Folge der Anpassungsfähigkeit. Des Weiteren ist es möglich den Systementwurf deutlich zu vereinfachen. So müssen die Systementwickler nur noch die Systemkomponenten (die Autonomen Einheiten) entwerfen. Deren Interaktionen und damit die Systemfunktionalität werden von diesen selbstständig ausgearbeitet.

4.1 Skizze der Föderativen Architektur

Neben dem Prinzip der Selbstorganisation ist die Föderative Architektur sehr an dem Funktionsgedanken ausgerichtet. So besteht ein derartiges System aus Funktionen, die zusätzlich die Fähigkeit bekommen haben, Partner zur Befriedigung ihrer eigenen Bedürfnisse (dem Erhalt relevanter Informationen) zu organisieren. Dadurch wird der gegenseitige Informationsaustausch und damit auch das Funktionsnetz bzw. die Systemfunktionalität aus dem System heraus verteilt organisiert.

Definition 4-1 : Föderative Architektur[1]

> *Eine Föderative Architektur ist eine EE-Architektur, deren Komponenten Autonome Einheiten sind, die eine Funktion umsetzen und den dafür notwendigen Informationsaustausch miteinander selbstständig organisieren.*

Ein EE-System, welches nach der Föderativen Architektur entworfen ist, wird dementsprechend als Föderatives System bezeichnet:

Definition 4-2 : Föderatives System

> *Ein Föderatives System ist ein System, welches nach der Föderativen Architektur entworfen und strukturiert ist. Ein Föderatives System stellt eine Föderation Autonomer Einheiten dar. Diese verbinden ihre einzelnen Funktionen zu einer Gesamtfunktion.*

Die Föderative Architektur gründet sich im Wesentlichen auf zwei Entitäten, die Autonomen Einheiten als ihre Systemkomponenten und den Kooperationsprozess, welcher die Art und Weise der Kooperation der Autonomen Einheiten beschreibt. Deren Aufbau und Funktionsweise wird in den folgenden Kapiteln beschrieben.

---

1. Die Namensgebung der „Föderativen Architektur" bezieht sich auf den Föderalismus als ein Organisationsprinzip, bei dem die einzelnen Glieder über eine gewisse Eigenständigkeit verfügen, aber zu einer übergreifenden Gesamtheit zusammengeschlossen sind.

4.2   Autonome Einheiten

Die „Autonomen Einheiten" stellen das zentrale Element der Föderativen Architektur dar. Aus Sicht der Selbstorganisation sind sie die Grundeinheiten, welche aus lokalen Interaktionen die globale Ordnung erzeugen. Aus der Sicht eines technischen Systems sind sie die Objekte, die die zu erfüllenden Aufgaben umsetzen. Damit ergeben sich zwei zentrale Aufgaben. Jede Autonome Einheit muss:

1. eine technische Funktion umsetzen

2. die Interaktion mit anderen Autonomen Einheiten organisieren

Diesen Aufgaben entsprechend sieht auch die grobe Struktur der Autonomen Einheiten aus. Wie in Abbildung 4-1 dargestellt, besteht eine Autonome Einheit aus einer Funktion und einem die Funktion umgebenden Rahmen, der die Interaktionen mit den anderen Autonomen Einheiten organisiert und durchführt.

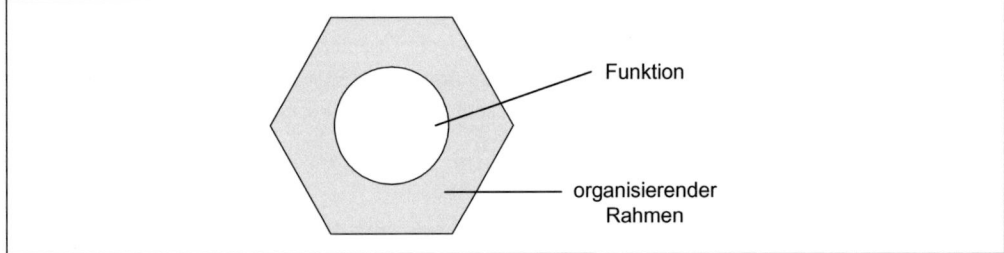

Abbildung 4-1:   Autonome Einheit

Definition 4-3 : Autonome Einheit (AE)

Autonome Einheiten sind die Komponenten eines Föderativen Systems. Jede Autonome Einheit verrichtet zwei Aufgaben; sie übt eine Funktion aus und organisiert gemeinsam mit den anderen Autonomen Einheiten den Informationsaustausch im System. In der Durchführung dieser Aufgaben ist sie eigenständig und unabhängig von den anderen Komponenten.

Im Folgenden werden die beiden Aufgaben „Ausüben einer Funktion" und „Organisation des Informationsaustauschs" sowie der sich daraus ergebende Aufbau der Autonomen Einheiten beschrieben.

4.2.1 Aufgabe 1: Ausüben der Funktion

Jede Autonome Einheit muss individuell eine Funktion ausführen. Eine Funktion ist nach Definition 3-21 eine Zuordnung von Elementen aus einer Argumentmenge zu Elementen einer Wertemenge definiert. Jede Autonome Einheit bekommt eine Menge von Eingangsdaten E, die der Funktion als Argument dienen, und liefert eine Menge von Ausgangsdaten A, welche die Funktionswerte sind. Die Funktion der Autonomen Einheit lässt sich also mit folgender Zuordnung beschreiben:

$$f: E \to A \tag{4.1}$$

Diese Argumente und Funktionswerte lassen sich, wie in Abbildung 4-2 dargestellt, in verschiedene Kategorien einteilen:

1. Informationsaustausch mit anderen Funktionen
   Ein Funktionswert der einen Funktion wird an eine andere Funktion übermittelt und dient dieser als Argument (Input und Output der Funktionen).

2. Informationsaustausch über die Systemgrenze hinweg
   Hierzu zählen Messwerte (Sensorik) und Stellwerte (Aktorik).[2]

3. Innere Zustände

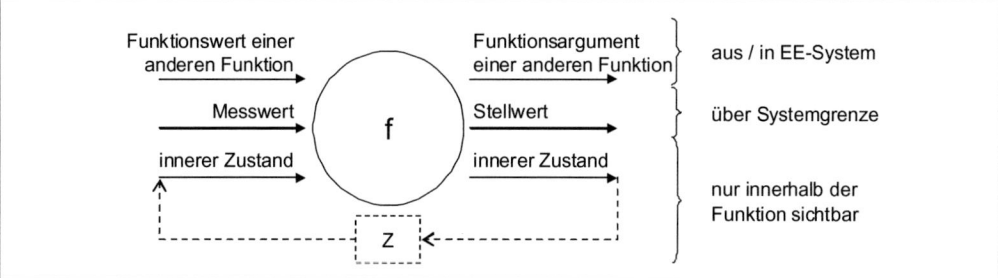

Abbildung 4-2: Argumente und Funktionswerte

Entsprechend der Unterscheidung der Argumente und Funktionswerte kann die Beschreibung einer Funktion aus Formel 4.1 in eine Zuordnung von Eingangswerten I (Input), Messwerten S (Sensorik) und inneren Zuständen Z zu Ausgangswerten O (Output), Stellwerten A (Aktorik) und inneren Zuständen geändert werden:

$$f: I \times S \times Z \to O \times A \times Z \tag{4.2}$$

Jede Funktion kann mehrere voneinander unabhängige Eingangswerte (Funktionswerte anderer Funktionen) besitzen. Dann gibt es mehrere Eingangswertemengen I_i. Die Eingangsmenge der Funktion lässt sich dann als Kreuzprodukt der einzelnen Mengen darstellen, bei k Eingängen also mit $I = I_1 \times I_2 \times \ldots \times I_k$. Gleiches gilt natürlich auch für die Menge der Ausgangswerte O, für die Menge der Sensorwerte S und die Menge der Aktorwerte A bzw. für die Zustandsmenge Z, wenn sich diese in mehrere unabhängige Teilmengen zerlegen lässt. Eine Funktion mit n Eingangs-, m Ausgangs-, p Sensor-, q Aktorwerten und s inneren Zuständen ($n, m, p, q, s \in \mathbb{N}$) ist also eine Zuordnung der Form:

$$f: (I_1 \times \ldots \times I_n) \times (S_1 \times \ldots \times S_p) \times (Z_1 \times \ldots \times Z_s)$$
$$\to (O_1 \times \ldots \times O_m) \times (A_1 \times \ldots \times A_q) \times (Z_1 \times \ldots \times Z_s) \tag{4.3}$$

---

2. Da die Unterscheidung in Sensoren und Bedienelemente bzw. in Aktoren und Anzeigeelemente im Rahmen dieses Konzepts nicht notwendig ist, wird beides im Folgenden zumeist als Sensorik bzw. Aktorik zusammengefasst. Ein Bedien- bzw. Anzeigeelement ist dann ein spezieller Sensor bzw. Aktor, die als Schnittstelle zum Nutzer wirken.
   Auch die Abhängigkeit einer Funktion von der Zeit kann damit abgebildet werden. Die Zeit wird dabei als ein Messwert vom Sensor Uhr betrachtet.

Eine besondere Bedeutung haben die Argumente und Funktionswerte, welche systemintern ausgetauscht werden. Diese stellen einen Eingang (Argument) bzw. Ausgang (Funktionswert) der Autonomen Einheit ins EE-System dar. Über diese Ein- bzw. Ausgänge werden Informationen mit anderen Autonomen Einheiten ausgetauscht. Welcher Eingang einer Autonomen Einheiten mit welchem Ausgang verbunden ist, ist nicht von vornherein durch einen Entwickler festgelegt, sondern wird durch die Autonomen Einheiten selbst ausgehandelt.

Damit wird die Problematik sichtbar, dass einer Funktion möglicherweise ein oder mehrere Argumente nicht zur Verfügung stehen, da die Autonome Einheit für ihre Eingänge keine passenden Ausgänge anderer Autonomer Einheiten finden konnte. Da der Funktion ein Argument gegeben werden muss, belegt die Autonome Einheit diesen Eingang in diesem Fall mit dem Ersatzwert „$\perp$"[3]. Dieser Ersatzwert liegt immer an, wenn kein Funktionswert von einer anderen Funktion zur Verfügung steht. Außerdem muss dieses Symbol auch ein Funktionswert der Funktionen sein, um damit anzuzeigen, dass diese keinen sinnvollen Funktionswert (zum Beispiel auf Grund fehlender sinnvoller Argumente) ausgeben können. Damit ergibt sich, dass am Eingang k die Eingangsmenge $I_k \cup \{\perp\}$ und am Ausgang l die Ausgangsmenge $O_l \cup \{\perp\}$ verwendet wird. Indem die Formel 4.3 dementsprechend erweitert wird, lässt sich der Begriff der Funktion einer Autonomen Einheit wie folgt definieren:

Definition 4-4 : Funktion einer Autonomen Einheit

Eine Funktion einer Autonomen Einheit hat folgende Form:

$$f: ((I_1 \cup \perp) \times ... \times (I_n \cup \perp)) \times (S_1 \times ... \times S_p) \times (Z_1 \times ... \times Z_s)$$
$$\rightarrow ((O_1 \cup \perp) \times ... \times (O_m \cup \perp)) \times (A_1 \times ... \times A_q) \times (Z_1 \times ... \times Z_s)$$

(4.4)

wobei I_1 bis I_n, O_1 bis O_m, S_1 bis S_p, A_1 bis A_q und Z_1 bis Z_s endliche Mengen sind.

In der Praxis haben die Funktionen in Autonomen Einheiten nicht all diese verschiedenen Argumente und Funktionswerte. So hat eine Funktion entweder Sensor- oder Aktorwerte oder nur Werte, die von und an andere Funktion kommen bzw. gehen.

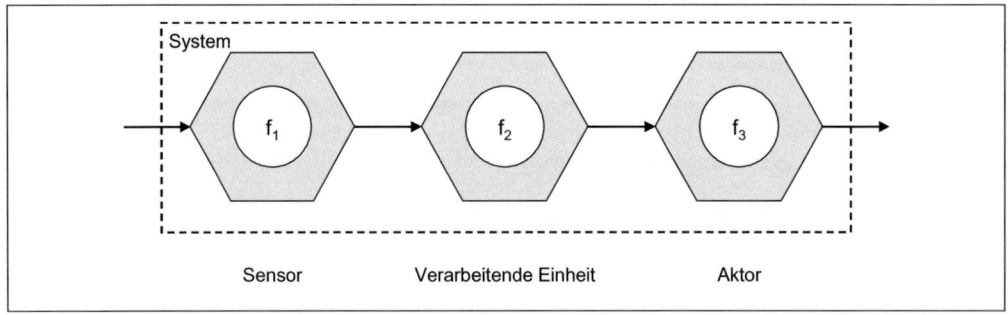

Abbildung 4-3: Klassifikation der Autonomen Einheiten entsprechend des Informationsflusses

---

3. nil = lat. „nichts" oder auch „not in language"

Dementsprechend sind Autonome Einheiten klassifiziert. Kommen die Argumente einer Funktion von außerhalb des EE-Systems, so wird die Autonome Einheit als Sensor bezeichnet. Werden die Funktionswerte an die Umgebung weitergegeben, so heißt die Autonome Einheit Aktor. Besitzt eine Autonome Einheit keine Sensor- oder Aktorwerte, wird von einer verarbeitenden Einheit gesprochen (siehe Abbildung 4-3).

Damit ist der Kern einer Autonomen Einheit, die Funktion, strukturiert. Im Folgenden muss dargelegt werden, wie eine Hintereinanderausführung durch Autonome Einheiten umgesetzt wird.

4.2.2 Aufgabe 2: Kooperation mit anderen Autonomen Einheiten

Neben der Aufgabe, eine Funktion auszuüben, muss eine Autonome Einheit auch den Informationsfluss von und zu dieser Funktion organisieren. Im Gegensatz zu konventionellen Architekturen, wird dieser Informationsfluss jedoch nicht beim Entwurf des Systems festgelegt, sondern von den Autonomen Einheiten in Abhängigkeit ihres Bedarfs organisiert. Diese Aufgabe stellt den wichtigsten Unterschied zwischen Autonomen Einheiten und konventionellen Steuergeräten dar.

In konventionellen Steuergeräten gehört zu der Verwaltung des Informationsflusses, dass einerseits die Funktionswerte als Nachricht über ein Kommunikationsmedium an die zuvor festgelegten Steuergeräte im System versendet werden und andererseits Nachrichten, die von diesem Steuergerät empfangen werden, auch als Argument der Funktion verwertet werden können. In einem System, das den Informationsfluss selbst organisiert, kommen zu diesen Aufgaben noch weitere hinzu. So muss es eine Vereinbarung zwischen zwei Autonomen Einheiten geben, die besagt, dass eine der anderen die Funktionswerte ihrer Funktion zusendet. Diese Vereinbarung wird zwischen diesen durch einen Vertrag geschlossen. Wichtige Voraussetzung dafür ist, dass jede Autonome Einheit fähig ist mit jeder anderen Autonomen Einheit einen Vertrag auszuhandeln und abzuschließen.

Nun sollen die Informationen nicht irgendwie und irgendwohin fließen, sondern möglichst so, dass alle Autonomen Einheiten die Informationen erhalten, die sie benötigen. Während der Aushandlung eines Vertrags muss also jede Autonome Einheit prüfen, ob eine andere Autonome Einheit die gewünschte Information liefern kann. Von der Annahme ausgehend, dass es auch verschieden gut passende Informationen geben kann, muss die Autonome Einheit in der Lage sein, diese zu bewerten, um die am besten passende Information auszuwählen.

Die Bildung eines solchen selbstorganisierenden Systems ist also ein verteilter lokaler Optimierungsprozess. Diese Optimierung basiert auf dem „Wissen" der Autonomen Einheiten über ihre eigene Funktion. Damit können Autonome Einheiten einerseits selbstständig entscheiden, ob angebotene Informationen für die Funktion interessant sind und diese miteinander vergleichen, um die besser passenden herauszufinden. Und andererseits können sie selbstständig Informationen anbieten.

Damit ergeben sich für die Kooperation mit anderen Autonomen Einheiten folgende Aufgaben:

– Vertragsverwaltung

- Aushandeln von Verträgen über das Versenden der Funktionswerte und über das Empfangen der Funktionsargumente
- Fortlaufende Optimierung (Suche nach besseren Vertragspartnern)
- Kontrolle der Verträge
- Kündigen der Verträge

– Vertragserfüllung

- Versenden der Funktionswerte der Funktion an Vertragspartner
- Empfangen der Argumente für die Funktion vom Vertragspartner

Der grobe Rahmen für die Föderative Architektur ist somit aufgespannt. Föderative Systeme bestehen aus Autonomen Einheiten, die miteinander Verträge über den Austausch von Informationen schließen können. Damit ist die Grundlage für Systeme gelegt, die ihren Informationsfluss selbst organisieren.

Im Kern besteht die Organisation der Kooperation der Autonomen Einheiten aus drei verschiedenen Punkten. Erstens müssen die Autonomen Einheiten über Meta-Informationen zur Beschreibung ihrer Argumente und Funktionswerte verfügen. Diese Meta-Informationen werden das „Wissen" der Autonomen Einheit genannt. Zweitens müssen sie in der Lage sein von allen Autonomen Einheiten im System diejenige herauszufinden, die am besten passt, und mit dieser einen Vertrag über den Informationsaustausch zu schließen. Und drittens muss es einen inneren Trieb geben, der eine solche Vertragsaushandlung initiiert. Diese drei Schwerpunkte werden im Folgenden näher beschrieben.

Das Wissen - Gesuche und Gebote

Eine Funktion besitzt verschiedene Argumente und Funktionswerte. Wie in Abbildung 4-2 gezeigt, werden einige davon innerhalb des Systems ausgetauscht. Damit die Autonomen Einheiten diesen Informationsaustausch selbständig organisieren können, benötigen sie ein Wissen über diese auszutauschenden Informationen.

Definition 4-5 : Wissen einer Autonomen Einheit

Die Meta-Informationen einer Autonomen Einheit über ihre Ein- und Ausgänge werden als das Wissen dieser Autonomen Einheit über sich selbst bezeichnet.

Für jeden Eingang sucht die Autonome Einheit geeignete Informationen und an jedem Ausgang bietet sie Informationen an. Die Meta-Informationen, die einen Eingang bzw. einen Ausgang beschreiben, werden dementsprechend als Gesuch bzw. Gebot bezeichnet.

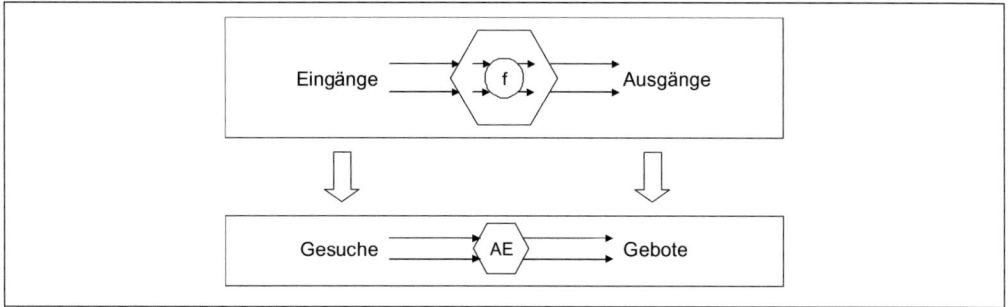

Abbildung 4-4: Gesuche und Gebote einer Autonomen Einheit

Definition 4-6 : Gebot

Die Meta-Informationen zu einem Ausgang der Autonomen Einheit, werden als Gebot bezeichnet. Ein Gebot beschreibt somit Informationen, die eine Autonome Einheit anderen Autonomen Einheiten zukommen lassen kann.

Definition 4-7 : Gesuch

Die Meta-Informationen zu einem Eingang der Autonomen Einheit, werden als Gesuch bezeichnet. Ein Gesuch beschreibt somit Informationen, die eine Autonome Einheit zur sinnvollen Ausführung ihrer Funktion von anderen Autonomen Einheiten benötigt.

Wie in den Definitionen 4-6 und 4-7 beschrieben, wird jedem Eingang einer Autonomen Einheit genau ein Gesuch und jedem Ausgang genau ein Gebot zugeordnet (siehe auch Abbildung 4-4). Das Wissen einer Autonomen Einheit lässt sich also in Gebote und Gesuche unterteilen.

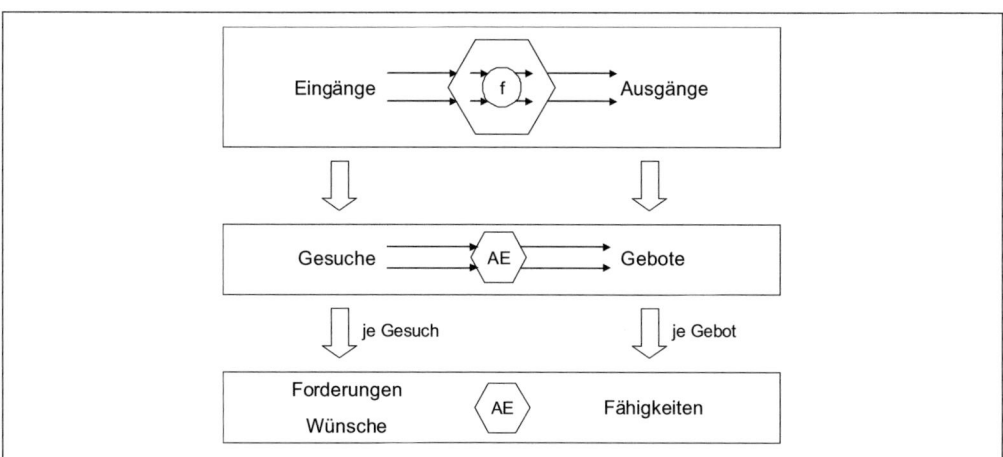

Abbildung 4-5: Forderungen, Wünsche und Fähigkeiten

51

Die Aufgabe der Gebote und Gesuche ist es die auszutauschenden Informationen näher zu beschreiben. Dies geschieht, indem diese durch bestimmte Eigenschaften charakterisiert werden. Gebote beschreiben diese Informationen, indem sie deren Fähigkeiten aufzeigen und Gesuche indem sie Forderungen und Wünsche an die gesuchten Informationen formulieren (siehe Abbildung 4-5). Damit können Gebote und Gesuche miteinander verglichen werden. Ein Gebot passt zu einem Gesuch, wenn die im Gebot beschriebenen Fähigkeiten die im Gesuch beschriebenen Forderungen abdecken. Je mehr der im Gesuch beschriebenen Wünsche durch die Fähigkeiten ebenfalls abgedeckt werden, desto besser passt das Gebot zu dem Gesuch.

Der Vertrag

Wie bereits mehrfach angesprochen, ist der Informationsfluss, also die Verknüpfungen der Ein- und Ausgänge der Autonomen Einheiten, in einem Föderativen System nicht statisch und nicht von extern vorgegeben. Deshalb muss es für jeden Informationsaustausch eine explizite Vereinbarung zwischen den beteiligten Autonomen Einheiten geben. Diese Vereinbarung wird als Vertrag bezeichnet (siehe Abbildung 4-6).

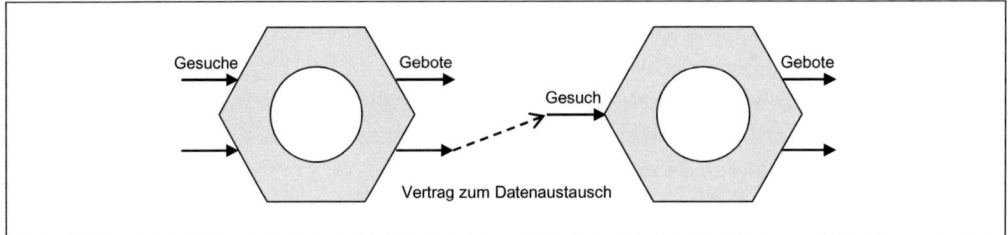

Abbildung 4-6: Vertrag als gerichtete Verbindung zwischen Gebot und Gesuch

Definition 4-8 : Vertrag

> *Ein Vertrag wird immer zwischen zwei Autonomen Einheiten geschlossen. Er besteht aus einem Gebot einer Autonomen Einheit und einem Gesuch einer weiteren Autonomen Einheit.[4]*

Definition 4-9 : Vertragspartner

> *Als Vertragspartner einer Autonomen Einheit werden alle die Autonomen Einheiten bezeichnet, die mit dieser Autonomen Einheit einen Vertrag geschlossen haben.*
>
> *Ein Vertragspartner eines Gebots ist ein Gesuch, wenn zwischen den zugehörigen Autonomen Einheiten ein Vertrag über diese beiden geschlossen wurde. Umgekehrt ist dann das Gebot ebenfalls ein Vertragspartner des Gesuchs.*

Da der Informationsfluss immer von einem Ausgang zu einem Eingang bzw. von einem Gebot zu einem Gesuch geht, entstehen Probleme, wenn ein Gesuch mehrere Vertragspartner hat. Denn dann können mehrere Partner sich unterscheidende Informationen senden. Da die an dem entsprechenden Eingang eintreffenden Informationen der Funktion als Argument dienen sollen, stellt sich dann die Frage, welche der

---

4. Auf Grund der eineindeutigen Beziehung zwischen Eingang und Gesuch bzw. zwischen Ausgang und Gebot, kann ein Vertrag ebenso einem Ein- und einem Ausgang zugeordnet werden.

möglicherweise widersprüchlichen Informationen genutzt wird. Aus diesem Grund verbietet folgende Regel diese Situation:

Axiom 4-10 : Regel 1

Ein Gesuch darf niemals in zwei Verträgen (mit verschiedenen Geboten) enthalten sein. Das heißt, ein Gesuch darf maximal einen Vertragspartner haben.

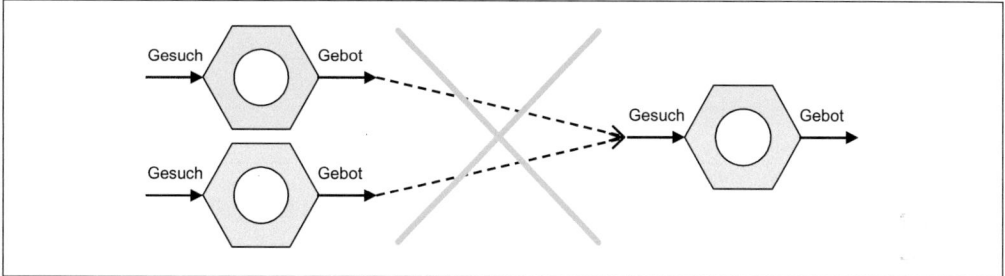

Abbildung 4-7: Regel 1

Da über einen Ausgang einer Autonomen Einheit Informationen nur ausgegeben werden, darf dieser mit mehreren Eingängen verbunden sein. Ein Gebot darf also, im Gegensatz zu den Gesuchen, mehrere Vertragspartner haben:

Axiom 4-11 : Regel 2

Ein Gebot kann in beliebig vielen Verträgen enthalten sein. Es darf also beliebig viele Vertragspartner haben.[5]

Aus diesen Regeln ist zu erkennen, dass die Anzahl der Verträge nur von der Anzahl der Gesuche und nicht von der Anzahl der Gebote in einem Föderativen System abhängt. Da ein Gesuch nur ein Gebot als Vertragspartner haben darf, kann ein Gesuch auch nur in einem einzigen Vertrag enthalten sein. Die Anzahl der Verträge in einem Föderativen System ist also durch die Anzahl der Gesuche nach oben beschränkt. Damit lässt sich folgende Regel ableiten:

---

5. Ein Gebot darf beliebig viele Vertragspartner haben. Denn jeden, den die angebotene Information interessiert, muss diese Information auch zugänglich sein. Problematisch kann diese Regel bei sehr unspezifischen Geboten werden. Ist ein Gebote nur sehr grob beschrieben, so kann es als vollkommen verschiedene Informationeninterpretiert werden. So ist zum Beispiel folgendes Szenario vorstellbar: Eine Autonome Einheit, welche ein Bedienelement zum Fensterheben realisiert, besitzt ein Gebot: die Information über die gewünschte Fensterhöhe. Dieses ist lediglich so beschrieben, dass es Werte zwischen 0 und 100 liefert. Ein derartiges Gesuch wäre für den Fensterhebermotor, aber auch für die Lautstärkeregelung des Radios interessant. Beide könnten gleichzeitig einen Vertrag mit dem Gebot eingehen. Fensterheben und Lautstärkeregeln wären damit gekoppelt.

   Damit ergibt sich die Empfehlung für den Entwurf Föderativer Systeme, dass alle Gebote ausführlich beschrieben sein müssen. So ausführlich, dass diese nicht zur Bedienung einer „falschen" Funktion herangezogen werden können! Ein Fensterheber sollte nicht die Lautstärke des Radios bedienen können. Wohl aber ein Fenster. Im Ausnahmefall auch ein Fenster, welchem er gar nicht zugeordnet ist. Dies hängt aber immer von der konkreten Beschreibung der Gebote und Gesuche ab.

   Im Ausblick (Kapitel 9) wird eine Erweiterung der Föderativen Architektur vorgestellt, wie universelle Bedienelemente, deren Information nicht von vornherein spezifiziert ist, trotz der Regel 2 sinnvoll eingesetzt werden können.

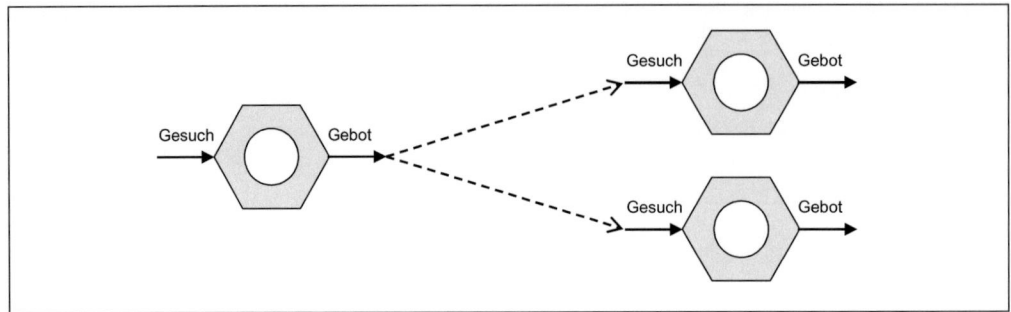

Abbildung 4-8:   Regel 2

Folgerung 4-12 : Anzahl der Verträge eines Föderativen Systems

In einem Föderativen System ist die Anzahl der Verträge kleiner gleich der Anzahl der Gesuche.

Ein Vertrag wird zwischen zwei Autonomen Einheiten dann geschlossen, wenn ein Gebot und ein Gesuch bestmöglich zusammenpassen. Für das Gesuch ist dies der einzige Vertrag, den es eingehen kann, während das Gebot auch in anderen Verträgen enthalten sein darf. Dadurch ist gewährleistet, dass die angebotenen Informationen allen Autonomen Einheiten zur Verfügung stehen und gleichzeitig der Informationsfluss in einem Föderativen System widerspruchsfrei ist.

Folgerung 4-13 : Verträge zwischen Autonomen Einheiten

Zwischen zwei Autonomen Einheiten können mehrere Verträge geschlossen werden.

Da eine Autonome Einheit mehrere Gebote und Gesuche haben darf, können zwischen zwei Autonomen Einheiten auch mehrere Verträge geschlossen werden. Diese Verträge müssen entsprechend der "Regel 1" verschiedene Gesuche betreffen, können aber entsprechend "Regel 2" das gleiche Gebot umfassen.

Der Kooperationstrieb

Ausdruck der Selbstorganisation der Föderativen Systeme ist die selbstständige Festlegung des Informationsflusses durch Verträge zwischen den Autonomen Einheiten. Der Prozess der Vertragsaushandlung wird dabei durch die Autonomen Einheiten getrieben und als „Kooperationstrieb" bezeichnet. Er äußert sich darin, dass eine Autonome Einheit für jedes ihrer Gesuche aktiv und fortlaufend nach dem optimalen Vertragspartner sucht.

Nach Axiom 4-10 kann für jedes Gesuch maximal ein Vertrag existieren. Damit dieser auch vorhanden ist, sorgt der Kooperationstrieb der Autonomen Einheit dafür, dass diese ständig für ihre Gesuche aktiv nach potentiellen Vertragspartnern sucht.

Axiom 4-14 : Kooperationstrieb

Jede Autonome Einheit verhält sich bei der Organisation der Kooperation für ihre Gesuche immer aktiv und für ihre Gebote immer passiv.

Diese Zuordnung ist in Abbildung 4-9 dargestellt. Aktiv bedeutet, dass die Autonome Einheit von sich aus agiert, um einen geeigneten Partner für jedes ihrer Gesuche bei den anderen Autonomen Einheiten zu finden. Im Gegensatz dazu bedeutet passiv, dass die Autonome Einheit keine Verhandlungen initiiert, um einen Vertragspartner für ihre Gebote zu bekommen, aber auf Anfragen von Suchenden immer reagiert.

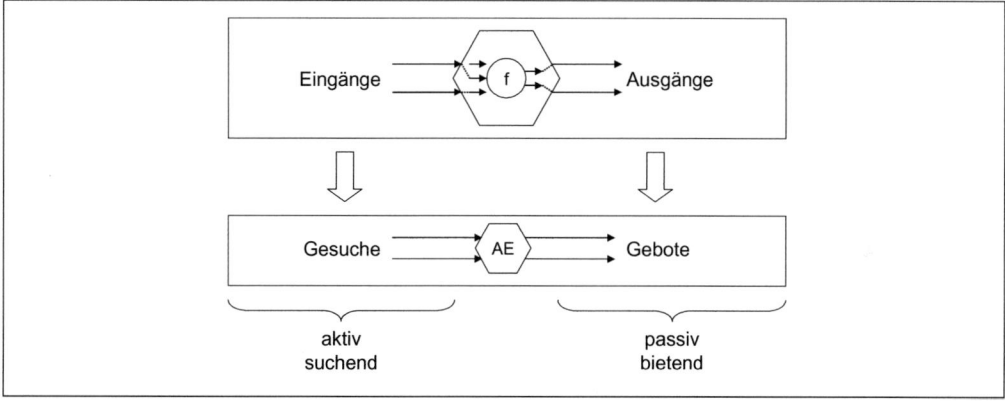

Abbildung 4-9: Aktiver und passiver Teilnehmer der Verhandlung

Da ein Vertrag immer aus einem Gebot und einem Gesuch gebildet wird, gibt es also für eine Vertragsbildung immer genau einen aktiven und genau einen passiven Teilnehmer. Wobei der aktive Teilnehmer die Vertragsverhandlungen initiiert.

Folgerung 4-15 : Initiierung eines Vertrages

Für jeden (theoretisch möglichen) Vertrag in einem Föderativen System gibt es genau eine Autonome Einheit, die diesen initiiert. Dies ist die Autonome Einheit, deren Gesuch Bestandteil dieses Vertrages ist.

Der Kooperationstrieb einer Autonomen Einheit endet jedoch nicht, wenn ein passender Partner gefunden wurde. Dieser Trieb ist immer vorhanden, wodurch ständig neue Vertragsverhandlungen für die Gesuche der Autonomen Einheit initiiert werden. Die Autonome Einheit ist deshalb in der Lage, andere potentiell bessere Vertragspartner für ihre Gesuche zu ermitteln.[6] Findet sie ein besser passendes Gebot für ihr Gesuch, so muss sie jedoch, entsprechend Axiom 4-10, dem alten und schlechteren Vertragspartner den Vertrag kündigen.

Folgerung 4-16 : Vollständigkeit der Vertragsverhandlungen

Jede Gesuch-Gebot-Kombination eines Föderativen Systems wird im Laufe der Vertragsverhandlungen geprüft, ob sie für einen Vertrag geeignet ist.

---

6. Vorstellbar ist hierfür eine periodische Initiierung der Vertragsaushandlung. Dies kann auch dahingehend erweitert werden, dass die entsprechende Periode von der Güte der Vertrags abhängig ist. Je schlechter Gesuch und Gebot zusammenpassen, desto öfter initiiert die suchende Autonome Einheit die Vertragsverhandlung.

Durch den Kooperationstrieb ist gewährleistet, dass die Gesuche der Autonomen Einheit mit den am besten passenden Geboten, die im System vorhanden sind, im Vertrag stehen. Außerdem wird durch diese Regelung dafür gesorgt, dass jeder denkbare Vertrag auch entstehen kann und dass kein Vertrag doppelt entsteht.

4.2.3 Aufbau einer Autonomen Einheit

Wie bereits in Definition 4-3 beschrieben, muss eine Autonome Einheit verschiedene Aufgaben realisieren, welche von einander unabhängig sind. Diese sind das Ausführen einer Funktion und die Verwaltung der Kooperation mit anderen Autonomen Einheiten. Zur Verwaltung der Kooperation gehören die auf Seite 50 aufgezählten Teilaufgaben, welche sich in die Verwaltung und die Erfüllung der Verträge einer Autonomen Einheit unterscheiden lassen. Eine Autonome Einheit hat damit folgende Aufgaben:

– Ausführen der Funktion

– Verwalten der Verträge (Auswahl der Vertragspartner, Aushandeln, Kontrolle und Kündigen der Verträge)

– Erfüllen der Verträge (Versenden der Funktionswerte und Empfangen der Argumente)

Jede dieser drei Aufgaben wird in einer eigenen Komponente umgesetzt. Das „Verhalten" realisiert die Funktion, die „Vertragsverwaltung" handelt, kontrolliert und kündigt die Verträge mit anderen Autonomen Einheiten und die „Vertragserfüllung" führt den in den Verträgen vereinbarten Informationsaustausch zwischen den Autonomen Einheiten durch. In Abbildung 4-10 ist dies in Anlehnung an die Darstellung einer Autonomen Einheit in Abbildung 4-1 abgebildet.

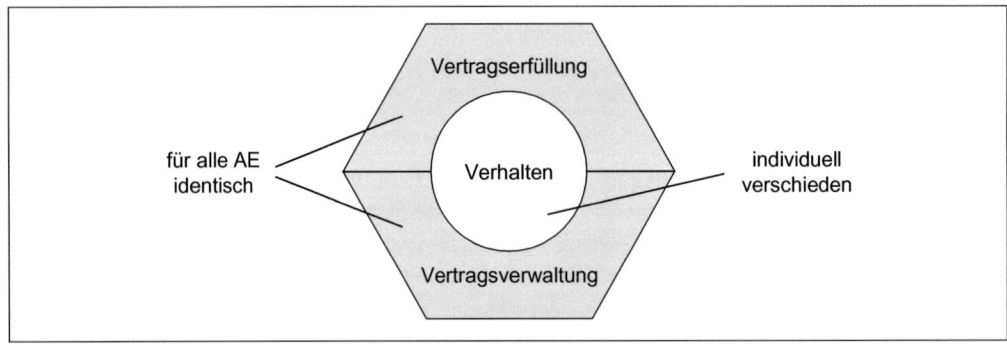

Abbildung 4-10: Aufbau einer Autonomen Einheit

Im Gegensatz zum Verhalten sind die Vertragserfüllung und die -verwaltung generisch und für alle Autonomen Einheiten eines Föderativen Systems identisch. Die Autonomen Einheiten unterscheiden sich durch die unterschiedlichen Funktionen, die in der Komponente Verhalten realisiert sind.

Verhalten

In der Komponente Verhalten ist die Funktion der Autonomen Einheit realisiert. Wie bereits im Kapitel 4.2.1 beschrieben, kann diese Funktion verschiedene Argumente und Funktionswerte haben. Argumente und

Funktionswerte, die innere Zustände darstellen, müssen innerhalb des Verhaltens realisiert werden. Hat die Funktion Sensor- oder Aktorwerte als Argument oder Funktionswert, so muss die zugehörige Anbindung an die notwendige Hardware ebenfalls innerhalb des Verhaltens geschehen. Anders sieht es für die Argumente und Funktionswerte aus, die durch andere Funktionen des Systems bedient werden bzw. diese bedienen. Die Argumente der Funktion liest das Verhalten aus einem dafür spezifizierten Speicher. Ebenso werden die Funktionswerte vom Verhalten in einen festgelegten Speicher geschrieben. An dieser Stelle kommt die Betrachtung einer Funktion als eine reine Zuordnung von Argumenten zu Funktionswerten, wie in Definition 3-21 festgelegt, zur Geltung. Das Verhalten liest also die Argumente aus einem Speicher, seinen inneren Zuständen sowie von der Sensorik und ordnet die Funktionswerte wiederum einem Speicher, den inneren Zuständen und der Aktorik zu. Abbildung 4-11 zeigt dies schematisch in Form eines Komponentendiagramms (KD).

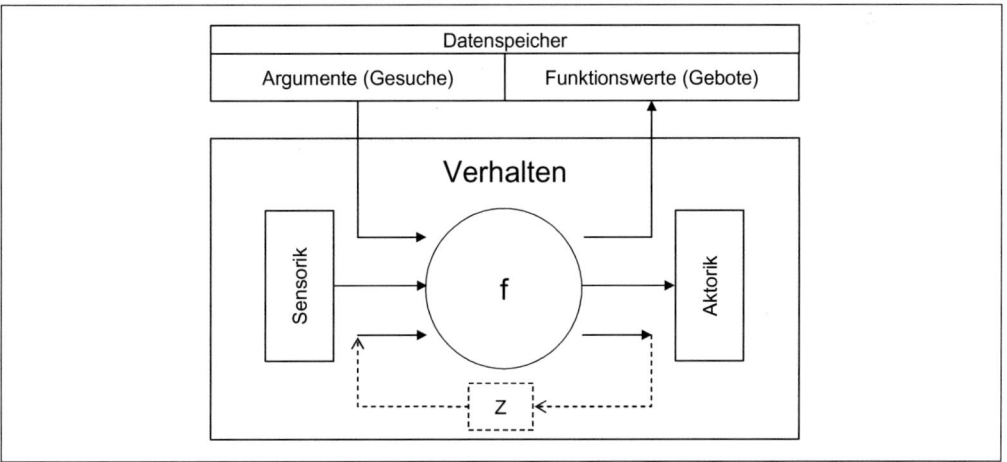

Abbildung 4-11: Komponente Verhalten (KD)

Dieser Datenspeicher ist die einzige Verbindung der Funktion zum restlichen System. Woher die Daten in dem Speicher kommen und was mit den in den Speicher geschriebenen Werten geschieht, ist für die Funktion unerheblich.

Vertragsverwaltung

Die Vertragsverwaltung managt die Organisation der Verträge zwischen den Autonomen Einheiten. Dies umfasst die Initiierung der Vertragsverhandlung (siehe Kooperationstrieb auf Seite 54), die Auswahl der geeigneten Partner für die Ein- und Ausgänge sowie das Aushandeln, Kontrollieren und Kündigen der dazu gehörenden Verträge. Die Vertragsverwaltung setzt somit den Großteil des in Kapitel 4.3 beschriebenen Kooperationsmechanismus der Autonomen Einheiten um.

Um die geeigneten Partner aushandeln zu können, muss die Vertragsverwaltung auf die Gebote und Gesuche der Autonomen Einheit zurückgreifen können. Dafür existiert ein Speicher[7], welcher das Wissen der Autonomen Einheit enthält (siehe Abbildung 4-12). Die Vertragsverwaltung kann das Wissen nur lesen, nicht verändern. Da das Wissen Argumente und Funktionswerte der Funktion beschreibt, muss es durch den Entwickler der Autonomen Einheit erstellt werden und darf sich während der Lebenszeit der Autonomen Einheit nicht ändern.

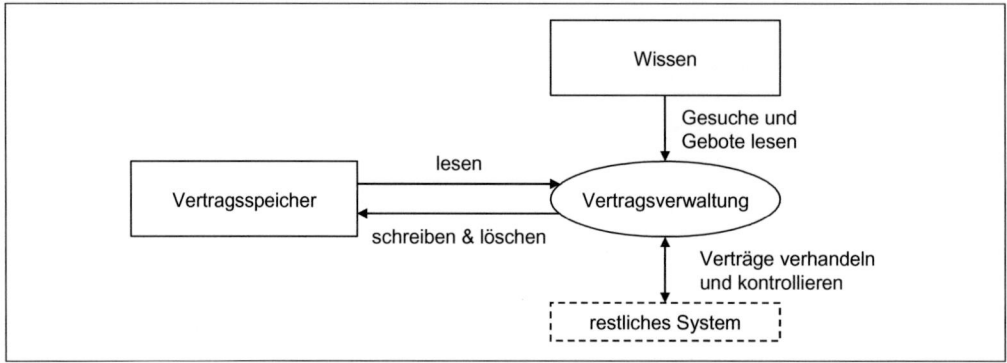

Abbildung 4-12: Komponente Vertragsverwaltung (KD)

Für jedes im Wissen beschriebene Gesuch der Autonomen Einheit versucht die Vertragsverwaltung aktiv ein geeignetes Gebot einer anderen Autonomen Einheit zu finden und zwischen diesen einen Vertrag zu schließen. Ebenso ist die Vertragsverwaltung bereit anderen Autonomen Einheiten ihre Gebote als potentielle Vertragspartner für deren Gesuche anzubieten und ebenfalls einen entsprechenden Vertrag zum Informationsaustausch zu schließen. Diese Verträge werden mit allen ausgehandelten Details in einem eigenen Speicher abgelegt, welchen die Vertragsverwaltung managt.

Vertragserfüllung

Wie es der Name schon sagt, kümmert sich die Vertragserfüllung darum, dass die geschlossenen Verträge erfüllt werden, das heißt, dass die zugehörenden Informationen fließen. So erwartet jedes Gesuch über einen Eingang der Autonomen Einheit Daten von seinem Vertragspartner, die der Funktion als Argument zur Verfügung gestellt werden. Und für jedes Gebot müssen die entsprechenden Funktionswerte über einen Ausgang der Autonomen Einheit an die Vertragspartner gesendet werden. Um diese Aufgaben durchführen zu können, muss die Vertragserfüllung die durch die Vertragsverwaltung geschlossenen Verträge aus dem Vertragsspeicher auslesen. Dann kann sie eingehende Informationen bestimmten Argumenten im Datenspeicher zuordnen und umgekehrt die im Datenspeicher stehenden Funktionswerte über einen Ausgang der Autonomen Einheit an die im Vertrag stehenden Partner senden (siehe Abbildung 4-13). Die Vertragserfüllung verwaltet damit die Ein- und Ausgänge der Autonomen Einheit ins restliche Föderative System.

---

7. Im allgemeinen wird dieser Speicher als das Wissen einer Autonomen Einheit bezeichnet.

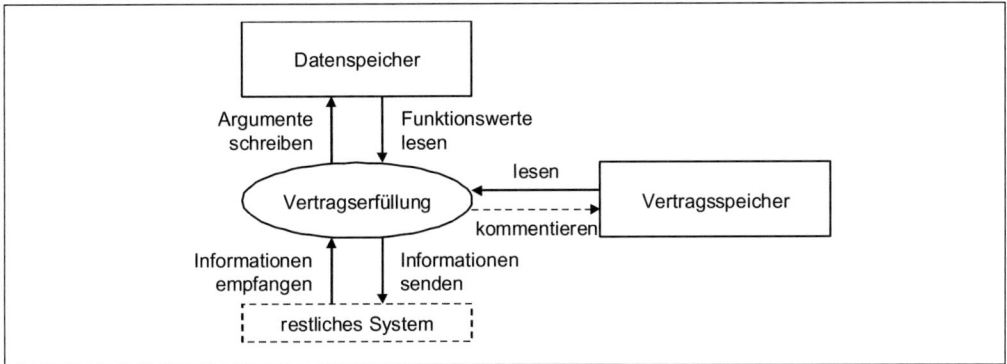

Abbildung 4-13: Komponente Vertragserfüllung (KD)

Wie ein Vertrag im Detail erfüllt werden muss, ist in seinen Parametern genauer festgelegt (siehe Kapitel "Phase 3: Parametrierung" auf Seite 66). Diese muss die Vertragserfüllung auslesen und entsprechend umsetzen.

Die Vertragserfüllung kann die Verträge nicht verwalten, dies ist Aufgabe der Vertragsverwaltung. Es gibt jedoch Situationen, wo die Vertragserfüllung erkennt, dass ein Vertrag nicht mehr erfüllt wird und deswegen gekündigt werden muss. Um diese Information an die Vertragsverwaltung zu übermitteln, ist die Vertragserfüllung in der Lage den Verträge Kommentare hinzuzufügen.

Ist zum Beispiel eine periodische Kommunikation zu diesem Vertrag vereinbart, so sendet die Vertragserfüllung der bietenden Einheit die entsprechenden Funktionswerte mit der vereinbarten Periode aus. Die Vertragserfüllung der suchenden Autonomen Einheit erwartet also das Eintreffen dieser Informationen mit eben dieser Periode. Überschreitet der Abstand zweier Nachrichten die Periode deutlich, so ist dies ein Grund den Vertrag zu kündigen. In diesem Fall kann die Vertragserfüllung bei dem entsprechenden Vertrag ein Flag setzen, welches besagt, dass dieser Vertrag nicht mehr erfüllt wird.

Systemorganisation vs. Funktionserfüllung

In einem Föderativen System laufen grundsätzlich zwei Prozesse ab, die Organisation des Systems (Vertragsverwaltung) und die Erfüllung der Funktion (Vertragserfüllung und Verhalten). Da diese beiden Prozesse relativ unabhängig voneinander sind, lassen sie sich sowohl sequentiell als auch nebenläufig ausführen. Diese beiden Varianten werden im Folgenden diskutiert:

1. Sequentiell: Im System gibt es zwei Modi. Den Konfigurationsmodus, in dem die Autonomen Einheiten ihre Verträge aushandeln, und den Laufzeitmodus, in welchem diese Verträge erfüllt werden. Diese sind dann strikt voneinander getrennt. Im Laufzeitmodus dürfen keine Verträge

ausgehandelt und geschlossen werden (höchstens beendet) und im Konfigurationsmodus findet kein den Verträgen entsprechender Informationsaustausch statt.

2. Parallel: Im System gibt es keine verschiedenen Modi. Die Konfiguration des Systems findet also zur Laufzeit des Systems statt. Sobald ein Vertrag ausgehandelt ist, wird er auch erfüllt.

Dabei ist die zweite Variante deutlich flexibler. Auf eine (von außen erzwungene) Änderung im System kann sofort reagiert werden, während in der ersten Variante gewartet werden muss, bis das System in den Konfigurationsmodus umgeschaltet wird. Des Weiteren gibt es in dieser Variante auch weniger Verwaltungsaufwand, da die Autonomen Einheiten nicht über den gemeinsamen Modus informiert werden müssen.

Die erste Variante hat dagegen einen sehr großen Vorteil bei sicherheitskritischen Systemen, wie es zum Beispiel die Elektronik in einem Kfz darstellt. So kann im Konfigurationsmodus zunächst gewartet werden, bis alle Gesuche den bestmöglichen im System vorhandenen Partner gefunden haben. Erst danach startet der Laufzeitmodus, in welchem die Autonomen Einheiten die geschlossenen Verträge erfüllen. Dadurch wird der potentiellen Gefahr vorgebeugt, dass falls (kurzzeitig) weniger sinnvolle Verträge geschlossen werden, diese auch sofort erfüllt werden. Eine mögliche Variante wäre, dass der Konfigurationsmodus immer kurz nach dem Start eines Fahrzeugs durchgeführt wird. Oder dass er aktiv durch den Nutzer (oder eine Beobachter-Komponente, wie in Kapitel 6.2 vorgestellt) aktiviert wird, wenn dieser eine mögliche Umkonfiguration für sinnvoll hält (zum Beispiel bei einem Fehler oder nach dem Einbau einer neuen Komponente).[8]

Die zweite Variante entspricht jedoch eher dem Prinzip der Selbstorganisation. Denn in selbstorganisierenden Systemen finden Organisation des Systems und Ausführung der Funktion immer gleichzeitig statt. Deshalb wird im Folgenden diese Variante betrachtet. Dementsprechend besitzen die später vorgestellten Implementationen keine Unterscheidung in diese Modi. Diese Festlegung beeinträchtigt jedoch in keiner Weise eine mögliche Verwendung der anderen Variante.

Zusammenfassung

In einer Autonomen Einheit gibt es also drei Komponenten die auf drei verschiedene Speicher zugreifen. Entsprechend der bereits beschriebenen Aufgaben der Komponenten ergibt sich der in Abbildung 4-14 beschriebene Informationsfluss innerhalb einer Autonomen Einheit:

Das Wissen, als Speicher, der die Beschreibung der in der Autonomen Einheit realisierten Funktion enthält, kann durch keine Komponente verändert werden und wird nur von der Vertragsverwaltung ausgelesen. Diese kann anhand der darin enthaltenen Beschreibungen mit geeigneten Partnern Verträge aushandeln. Diese Verträge schreibt die Vertragsverwaltung in den Vertragsspeicher. Beendet die Vertragsverwaltung einen Vertrag, so löscht sie diesen auch aus dem Vertragsspeicher. Die Vertragsverwaltung hat also die alleinige Kontrolle über den Vertragsspeicher.

---

8. Da die zuletzt beschriebene Gefahr besonders dann existiert, solange noch nicht ausreichend Erfahrung im Entwurf Föderativer Systeme besteht, ist es empfehlenswert in diesem Fall auf die erste Variante mit Laufzeit- und Konfigurationsmodus zurückzugreifen. Besteht mehr Erfahrung im Entwurf Föderativer Systeme und kann dadurch ausgeschlossen werden, dass unsinnige Verträge überhaupt geschlossen werden, so sollte dann auf die zweite Variante ohne die Unterscheidung in diese Modi zurückgegriffen werden.

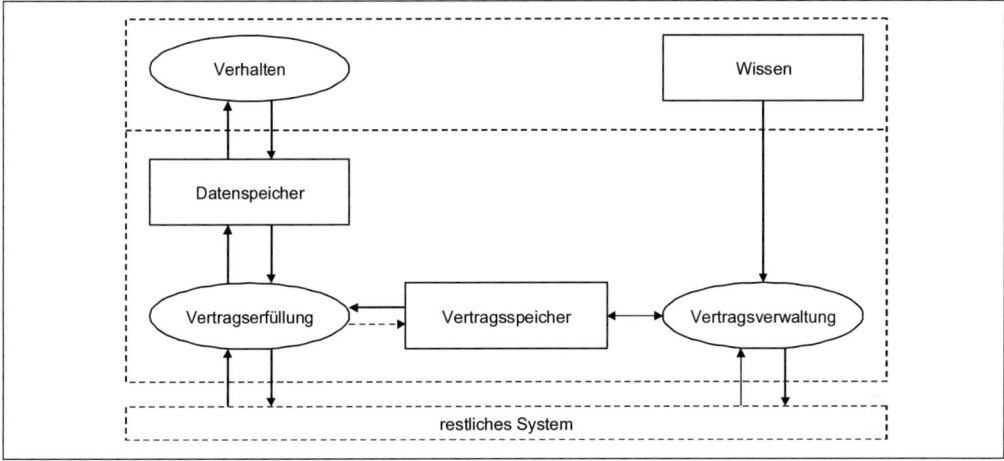

Abbildung 4-14: Aufbau einer Autonomen Einheit (KD)

Wie bereits oben beschrieben, realisiert das Verhalten die Funktion und liest die Argumente bzw. schreibt die Funktionswerte aus bzw. in einen Datenspeicher.

Die Vertragserfüllung arbeitet anhand der geschlossenen Verträge. Dazu liest sie den Vertragsspeicher nur aus. Anhand der aktuellen geschlossenen Verträge kann sie Daten, die vom restlichen System eingehen, Gesuchen zuordnen. Dementsprechend legt sie diese Daten als Argument in den Datenspeicher ab. Analog dazu liest die Vertragsverwaltung Funktionswerte aus dem Datenspeicher und sendet sie entsprechend der geschlossenen Verträge an den oder die Vertragspartner des zugehörigen Gebots.

4.3 Kooperationsmechanismus der Autonomen Einheiten

Mit Kapitel 4.2 ist nun eine der beiden Säulen der Föderativen Architektur, die Autonomen Einheiten, beschrieben. In diesem Kapitel folgt die zweite Säule, der Kooperationsmechanismus der Autonomen Einheiten. Dieser beschreibt, wie aus einer Vielzahl einzelner Autonomer Einheiten ein System mit einer Gesamtfunktionalität werden kann.

Damit die Autonomen Einheiten miteinander kooperieren können, müssen sie einige Aufgaben im System verteilt realisieren. Dazu gehören:

- das Aushandeln einer Kooperation
- die Kontrolle einer Kooperation
- das Beenden einer Kooperation
- das Erfüllen einer Kooperation

Das Aushandeln einer Kooperation basiert auf dem Wissen der Autonomen Einheiten. Dabei spielt jedoch nicht nur das Wissen der an der Kooperation beteiligten Autonomen Einheiten eine Rolle, sondern das Wissen aller Autonomer Einheiten, die als potentielle Kooperationspartner in Frage kommen. Ist eine Kooperation ausgehandelt, so wird sie durch einen Vertrag zum Informationsaustausch fixiert.[9]

Ist ein Vertrag zustande gekommen, so muss er fortlaufend kontrolliert werden. Die Kontrolle besteht in der Überprüfung, ob der jeweilige Kooperationspartner noch die Inhalte der Kooperation erfüllen kann und will. Dies ist zum Beispiel nicht mehr der Fall, wenn die Autonome Einheit sich (auf Grund eines Ausfalls) nicht mehr im System befindet. Auf einen solchen Fall muss die andere Autonome Einheit mit der Beendigung der Kooperation durch Kündigung des Vertrages reagieren.

Die wichtigste Aufgabe ist die Durchführung der Kooperation (Erfüllung des Vertrages), denn die Kooperation soll keinen Selbstzweck darstellen, sondern muss einen praktischen Nutzen haben. Dieser Nutzen ist in der Föderativen Architektur der Informationsaustausch.

4.3.1 Identifizierung von Geboten, Gesuchen und Verträgen

Damit all diese Aufgaben durchführbar sind, muss es eine systemweit eindeutige Identifikation aller Gesuche und Gebote geben. Dies wird wie folgt realisiert:

Axiom 4-17 : Eindeutige Identifikation der Autonomen Einheiten

Jede Autonome Einheit muss systemweit eindeutig identifizierbar sein. Dafür besitzt jede Autonome Einheit eine systemweit eindeutige Identifikationsnummer (ID).[10]

Axiom 4-18 : Eindeutige Identifikation der Gebote und Gesuche

Jedes Gebot und jedes Gesuch muss innerhalb einer Autonomen Einheit eindeutig identifizierbar sein. Dafür besitzt jedes Gebot und jedes Gesuch eine für diese Autonome Einheit eindeutige Identifikationsnummer.

Folgerung 4-19 : Systemweit eindeutige Identifikation der Gebote und Gesuche

Jedes Gebot und jedes Gesuch ist im Föderativen System eindeutig identifizierbar.

Ist ID_{AE} die ID einer Autonomen Einheit und ID_S die ID eines Gesuches dieser Autonomen Einheit, so bezeichnet das Paar

$$(ID_{AE}, ID_S) \tag{4.5}$$

dieses Gesuch systemweit eindeutig. Gleiches gilt ebenso für die Gebote.

---

9. Daher werden oftmals die Begriffe Kooperation und Vertrag synonym verwendet (z. B. Aushandeln einer Kooperation = Aushandeln eines Vertrags).
10. Um dies sicherzustellen, kann zum Beispiel eine zentrale Komponente verschiedene IDs verteilen. Dies hat den Nachteil, dass dadurch die Dezentralität verloren geht. Besser ist es, wenn dies ebenfalls dezentral ausgehandelt wird. Eine Möglichkeit dafür wird in [Gre06] vorgestellt.

Folgerung 4-20 : Eindeutige Bezeichnung jedes Vertrages

Jeder Vertrag ist im Föderativen System eindeutig identifizierbar.

Da nach Definition 4-8 ein Vertrag immer aus einem Gebot und einem Gesuch besteht und diese eine eindeutige Bezeichnung in einem System haben, kann einem Vertrag ebenfalls eine eindeutige Bezeichnung zugeordnet werden. Ist

- $ID_{AE,S}$ die ID einer Autonomen Einheit mit einem Gesuch
- ID_S die ID dieses Gesuchs
- $ID_{AE,B}$ die ID einer Autonomen Einheit mit einem Gebot
- ID_B deren ID dieses Gebots,

dann stellt das Paar

$$((ID_{AE,S}, ID_S), (ID_{AE,B}, ID_B)) \tag{4.6}$$

der eindeutigen Bezeichnungen des Gesuchs und des Gebots eine ebenfalls systemweit eindeutige Bezeichnung des Vertrags zwischen diesem Gesuch und diesem Gebot dar.

Nach Axiom 4-10 kann jedes Gesuch nur einen einzigen Vertrag schließen, weshalb die ID des Gesuchs $(ID_{AE,S}, ID_S)$ zur eindeutigen Identifizierung eines Vertrages genügen würde. Dies hat jedoch den Nachteil, dass dann nicht erkennbar ist, mit welchem Gebot der Vertrag besteht. Wechselt ein Gesuch den Vertragspartner, so würden der alte und der neue Vertrag die gleiche Bezeichnung bekommen. Damit wäre ein Vertrag zwar systemweit, aber nicht zeitlich eindeutig identifizierbar. Aus diesem Grund erscheint die in Formel 4.6 gezeigte Identifizierung eines Vertrages sinnvoller.

4.3.2 Aushandeln eines Vertrags

Eine Kooperation beginnt immer mit der Aushandlung des Vertrags, der Inhalt der Kooperation der Autonomen Einheiten ist. Dabei besteht für jede Autonome Einheit das Ziel, für jedes ihrer Gesuche das am besten passende Gebot des Systems zu finden. Um dieses zu selektieren erfolgt eine mehrstufige Vertragsaushandlung, welche sicher stellt, dass für jedes Gesuch ein Vertrag mit dem besten bekannten Gebot ausgehandelt wird.

Das Aushandeln eines Vertrags besteht aus 3 Phasen:

1. Lookup

2. Vertragsschluss

3. Parametrierung des Vertrags

Die erste Phase, das „Looking up", dient dazu, dass die Autonomen Einheiten untereinander ihre Gebote und Gesuche austauschen. In dieser Anfangsphase wird somit geklärt, welche Gebote und Gesuche füreinander als potentielle Partner in Frage kommen. In der zweiten Phase, dem „Vertragsschluss", können sich eine bietende und eine suchende Autonome Einheit miteinander einigen, dass sie einen Vertrag zum Kommunikationsaustausch eingehen wollen. Die Details dieses Vertrags werden erst in der dritten Phase, der „Parametrierung", ausgehandelt. Im Anschluss wird in die Erfüllung des Vertrags übergegangen.

Phase 1: Looking up

Kooperationstrieb

Jede Vertragsverhandlung wird durch den auf Seite 54 beschriebenen Kooperationstrieb initiiert. Dieser sorgt dafür, dass eine Autonome Einheit sich aktiv für jedes ihrer Gesuche nach besseren Partnern umsieht. Wie in Abbildung 4-15 als Sequenzdiagramm (SD) dargestellt, sendet die Autonome Einheit für jedes Gesuch eine Anfrage an alle anderen Autonomen Einheiten im Föderativen System (Broadcast).

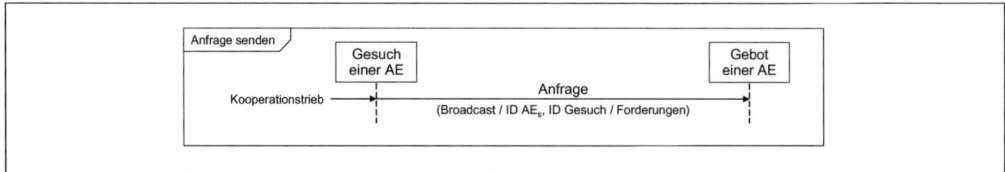

Abbildung 4-15: Anfrage eines Gesuchs an Gebote anderer Autonomer Einheiten (SD)

Diese Anfrage informiert jede andere Autonome Einheit des Systems über das Gesuch dieser Autonomen Einheit. Um dieses eindeutig identifizieren zu können, muss die Nachricht die in Formel 4.5 auf Seite 62 vorgestellte systemweit eindeutige ID dieses Gesuchs als Absender enthalten.

Ein Gesuch wird durch seine Forderungen und Wünsche beschrieben. Um die anderen Autonomen Einheiten des Systems über dieses Gesuch zu informieren, ist es ausreichend nur die Forderungen in der Anfrage zu versenden.

Nach Folgerung 4-16 ist sichergestellt, dass die Verhandlungen zu jedem denkbaren Vertrag durch den Kooperationstrieb initiiert werden. Die Aushandlung jedes möglichen Vertrages beginnt also immer mit der Phase 1.

Potentielle Partner finden

Empfängt eine Autonome Einheit eine Anfrage, muss sie für jedes Gebot entscheiden, ob es zu dem als Absender angegebenen Gesuch passt. Dazu muss sie kontrollieren, ob die Fähigkeiten ihrer Gebote den Forderungen des Gesuchs entsprechen. Deshalb müssen die Forderungen des Gesuchs in der Anfrage enthalten sein. Die Übermittlung der Wünsche ist nicht notwendig, da diese von der bietenden Einheit für diesen Vergleich nicht benötigt werden.

Erfüllt ein Gebot die zugesandten Forderungen mit seinen Fähigkeiten, so antwortet die Autonome Einheit dem Gesuch mit einem „Angebot" (siehe Abbildung 4-16). Besitzt eine Autonome Einheit mehrere passende Gebote, so sendet sie für jedes ein entsprechendes Angebot.

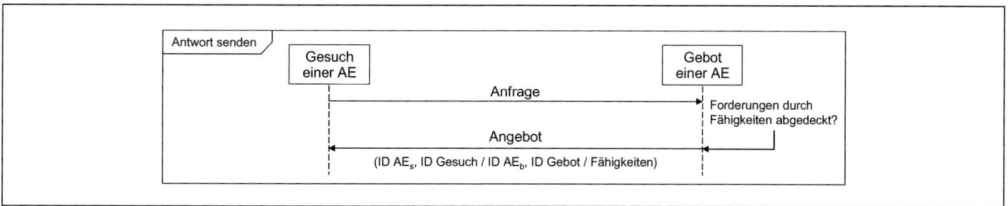

Abbildung 4-16: Angebot eines passenden Gebots (SD)

Mit der Nachricht „Angebot" wird die suchende Autonome Einheit über das passende Gebot informiert. Dazu werden in dieser Nachricht die Fähigkeiten des Gebotes übermittelt. Der Adressat dieser Nachricht ist das Gesuch, von welchem die Anfrage stammt. Um diese Nachricht einem Gebot zuordnen zu können, muss sie die aus Formel 4.5 bekannte, systemweit eindeutige ID des Gebotes als Absender enthalten. Jedes Gebot, für das ein Angebot verschickt wurde, stellt nun einen potentiellen Partner des Gesuchs dar.

Phase 2: Vertragsschluss

Auswahl des besten Gebots

Die Vertragsverhandlungen treten in die nächste Phase, wenn eine Autonome Einheit, die eine Anfrage gesendet hat, von verschiedenen Autonomen Einheiten Angebote empfängt. In diesen Angeboten sind alle im System vorhandenen Gebote beschrieben, welche die Forderungen des Gesuchs mit ihren Fähigkeiten erfüllen. Aus diesen potentiellen Partnern muss sich die Autonome Einheit das Gebot auswählen, welches die Wünsche des Gesuchs am besten erfüllt. Der Autonomen Einheit, die dieses Gebot besitzt, wird dann ein Vertragswunsch zugesandt (siehe Abbildung 4-17). Dieser ist an das Gebot adressiert und enthält als Absender die ID des Gesuchs, damit das Gebot weiß, von wem es einen Vertragswunsch zugesandt bekommt. Um die bietende Autonome Einheit über die Wichtigkeit dieses Vertrages zu informieren, enthält der Vertragswunsch eine Bewertung ihres Vertrages.

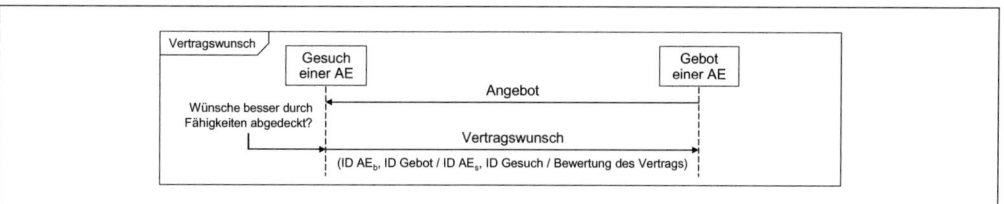

Abbildung 4-17: Vertragswunsch an das ausgewählte Gebot (SD)

Theoretisch findet die Auswahl des zu dem Gesuch am besten passenden Gebots über allen Geboten gleichzeitig statt. Praktisch werden die Angebote auf Grund unterschiedlicher Verarbeitungszeiten nicht alle gleichzeitig eintreffen.

Die Auswahl des am besten geeigneten Gebots findet damit sequentiell statt. Ein eingehendes Angebot wird bewertet und mit der Bewertung für das Gebot, welches bisher als Vertragspartner ausgewählt wurde, verglichen. Ist das Angebot schlechter, wird es nicht weiter beachtet. Die Vertragsverhandlung endet in diesem Fall. Ist es jedoch besser, so wird ihm ein Vertragswunsch zugesendet und dem vorigen Partner gekündigt. Trifft ein weiteres Angebot bei diesem Gesuch ein, wird dieser Vergleich erneut angestellt. Bis das wirklich beste Gebot gefunden ist, kann das Gesuch kurzzeitig mehrere andere Gebote als Vertragspartner haben.

Vertragsannahme

Empfängt eine Autonome Einheit einen Vertragswunsch für ein Gebot, für welches sie zuvor ein Angebot versandt hat[11], so trägt sie den neuen Vertrag ein und antwortet dem Gesuch mit der Vertragsannahme (siehe Abbildung 4-18). Diese Nachricht dient nur als Bestätigung und enthält deswegen keinen Inhalt, sondern nur die ID des Gesuchs als Adresse und die ID des Gebots als Absender.

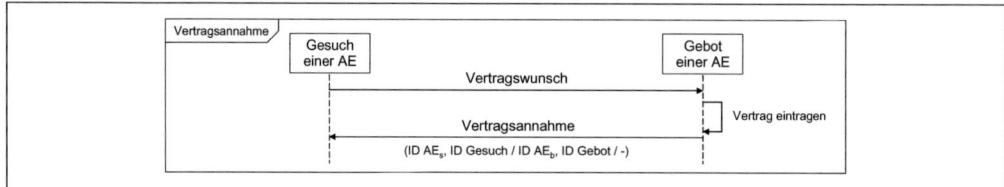

Abbildung 4-18: Annahme des Vertrages (SD)

Phase 3: Parametrierung

Die Verhandlung tritt in diese letzte Phase, wenn die suchende Autonome Einheit eine Vertragsannahme von der Autonomen Einheit empfängt, der sie zuvor einen Vertragswunsch gesandt hat.[12] Beide Autonome Einheiten sind sich damit einig, dass sie miteinander einen Vertrag schließen.

Nun sind nur noch einige spezielle Einstellungen, Parameter genannt, zu diesem Vertrag festzulegen. Welche Parameter es gibt, wird im Konzept der Föderativen Architektur nicht allgemeingültig festgelegt, sondern für eine konkrete Ausprägung einer Föderativen Architektur zusammen mit dem in Kapitel 5.4.2 vorgestellten Referenzbaum.

Derartige Parameter können zum Beispiel folgende Einstellungen sein:

- Sendeart (periodisch, ereignisbasiert, auf Anfrage)
  Zudem muss beim periodischem Senden die Dauer der Periode und beim ereignisbasierten Senden die Art des Ereignisses festgelegt werden.

- Art der Daten (absolut vs. differenziell)

- Normierung der Daten
  Dies ist wichtig, wenn die Wertebereiche der Daten von Gebot und Gesuch nicht übereinstimmen. Welchen Wertebereich das Gesuch verlangt und welchen die Daten des Gebots besitzen,

---

11. Dafür muss eine Autonome Einheit für jedes Gebot alle versandten Angebote speichern, bis entweder ein Vertragswunsch empfangen wurde oder ein Timeout gekommen ist (siehe Kapitel 4.3.5).
12. Ebenso muss eine Autonome Einheit für jedes Gesuch alle versandten Vertragswünsche speichern, bis entweder eine Vertragsannahme eingetroffen ist oder ein Timeout kam (siehe Kapitel 4.3.5).

muss dafür in der Beschreibung des Gebots und des Gesuchs enthalten sein.

– usw.

Diese Aufzählung der Parameter kann beliebig erweitert werden. Wichtig ist nur, dass in der Beschreibung der Gebote und Gesuche die Informationen enthalten sind, dass die entsprechenden Parameter eines Vertrags daraus abgeleitet werden können.

Die Parameter ermittelt die suchende Autonome Einheit. Deren Vertragsverwaltung liest die entsprechenden Eigenschaften des Gebots und des Gesuchs eines Vertrags aus und ermittelt daraus anhand der Bewertungsfunktion die beste Belegung der Parameter.

Beispiel 4-21 : Ermittlung des Parameters „Sendeart"

Die bietende Autonome Einheit kann ihre Daten periodisch (Periode zwischen 100 ms und 1 s) versenden. Die suchende Autonome Einheit benötigt ihre Daten entweder ereignisbasiert (bei Änderung des Wertes) oder periodisch (Periode zwischen 20 ms und 200 ms). Je geringer die Periode, desto besser für sie. Bei einem Vergleich von Gebot und Gesuch ergibt sich, dass die Daten periodisch mit einer Periode von 100 ms ausgetauscht werden. Dies ist die beste Variante für das Gesuch, die das Gebot erfüllen kann.

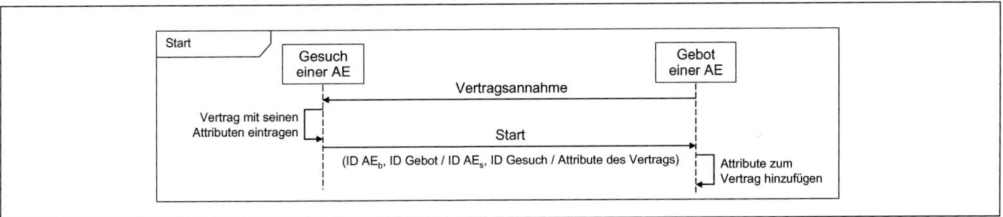

Abbildung 4-19: Startsignal für Vertragserfüllung (SD)

Die suchende Autonome Einheit speichert nun den Vertrag mitsamt seinen Parametern im Vertragsspeicher ab. Danach wird wie in Abbildung 4-19 dargestellt der bietenden Einheit eine Nachricht geschickt, welche die Belegungen der Parameter des Vertrags enthält. Damit kann die bietende Einheit diese in ihrem Vertragsspeicher ablegen.

Nach Empfang des Startsignals kann die Vertragserfüllung beginnen. Beide Autonome Einheiten gehen damit zur Erfüllung des Vertrags über.

4.3.3 Erfüllen eines Vertrags

Wie bereits mehrfach beschrieben, besteht die Kooperation in der Übermittlung von Informationen zwischen zwei durch einen Vertrag gebundenen Autonomen Einheiten. Entsprechend dem Vertrag muss die bietende Autonome Einheit der suchenden Autonomen Einheit die gewünschten Informationen zusenden. Dies geschieht in Form von Daten-Nachrichten, wie in Abbildung 4-20 zu sehen ist.

67

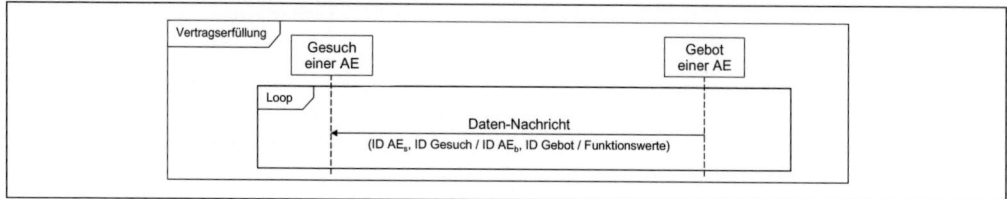

Abbildung 4-20: Kooperation der Einheiten durch Senden der Daten (SD)

Die Kooperation zweier Autonomer Einheiten beginnt, sobald beide Einheiten den Vertrag eingetragen haben und die suchende Autonome Einheit der bietenden Autonomen Einheit die Start-Nachricht zugesendet hat. Mit der Start-Nachricht werden die festgelegten Parameter des Vertrags übermittelt. Vorher ist die Kooperation nicht möglich, da diese Parameter beschreiben, wie die Übertragung der Informationen vonstatten gehen soll.

4.3.4 Beenden eines Vertrags

Eine Kooperation kann aus zwei Gründen beendet werden. Entweder weil einer der Partner den Vertrag nicht mehr erfüllen will oder weil er ihn nicht mehr erfüllen kann. Ersteres ist der Fall, wenn eine Autonome Einheit einen besser passenden Partner für ihr Gesuch gefunden hat[13]. Um den neuen Vertrag eingehen zu können, muss sie quasi gleichzeitig den anderen Vertrag kündigen. In Abbildung 4-21 ist dieser Fall dargestellt. Die suchende Autonome Einheit versendet dazu eine Vertragskündigung, woraufhin beide Partner die Vertragserfüllung einstellen und diesen Vertrag aus ihrem Vertragsspeicher löschen.

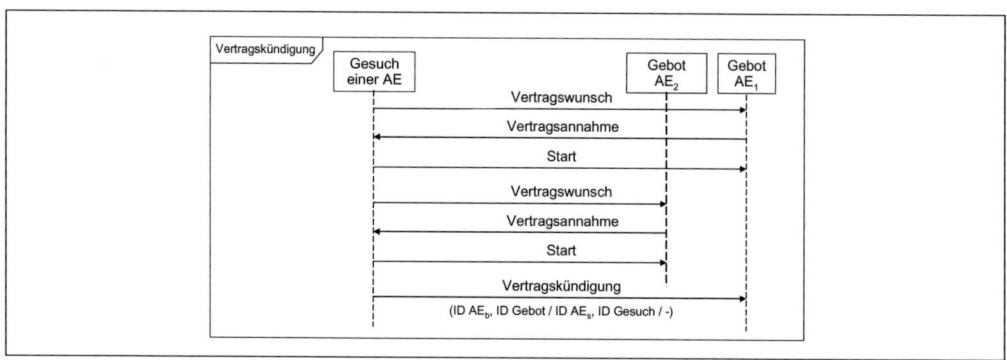

Abbildung 4-21: Kündigung des Vertrags durch die suchende Autonome Einheit (SD)

Ein Vertrag muss ebenfalls beendet werden, wenn eine der beiden Autonomen Einheiten nicht mehr in der Lage ist, diesen zu erfüllen. Zum einen ist dies der Fall, wenn die Autonome Einheit auf Grund einer Eigendiagnose feststellt, dass sie ihre Funktion nicht mehr korrekt ausführen kann. (Dies kann zum Beispiel auf Grund eines Hardwarefehlers bei einer sensorischen oder aktorischen Funktion geschehen.) In diesem Fall muss die Autonome Einheit allen Vertragspartnern eine Kündigung zuschicken und sich selbstständig aus dem Födera-

---

13. Entsprechend Regel 1 und 2 (siehe Axiome 4-10 und 4-11) kann nur ein Gesuch einen besser passenden Partner finden. Ein Gebot bewertet die Vertragspartner nicht.

tiven System entfernen, indem sie jedwede Kommunikation mit anderen Autonomen Einheiten unterlässt bzw. sich selbst deaktiviert.

Zum anderen kann der Fall eintreten, dass eine Autonome Einheit sich nicht mehr im Föderativen System befindet oder von der Kommunikation mit den anderen Autonomen Einheiten abgeschnitten ist. Also zum Beispiel wenn sie physisch vom Kommunikationsmedium getrennt wurde oder gezielt (durch den Nutzer) bzw. durch eine Störung (Ausfall der zugrunde liegenden Recheneinheit) aus dem System entfernt wurde. In einem solchen Fall kann die Autonome Einheit die Kooperation nicht mehr explizit durch eine Kündigung beenden. Vielmehr müssen die Partner den Ausfall der Autonomen Einheit erkennen und selbstständig die Kooperation einstellen. Damit dies möglich ist, müssen alle Partner der Autonomen Einheit in der Lage sein den Ausfall zu detektieren. Dafür ist eine ständige gegenseitige Überwachung der Vertragspartner notwendig, die im folgenden Kapitel vorgestellt wird.

Stellt eine Autonome Einheit das Fehlen eines Vertragspartners fest, so muss sie die Kooperation mit dieser Autonomen Einheit beenden[14]. Dafür löscht sie alle Verträge mit ihr aus dem Vertragsspeicher und sendet dem (Ex-)Partner für jeden Vertrag eine Kündigung zu, woraufhin dieser den Vertrag ebenfalls aus dem Vertragsspeicher löscht.

4.3.5 Kontrolle eines Vertrags

Die Kontrolle eines Vertrags ist notwendig, um Störungen in der Vertragsaushandlung oder -erfüllung erkennen zu können, die der Partner nicht mehr selbst diagnostizieren bzw. melden kann und die zur Einstellung der Kooperation führen müssen. Dabei erstreckt sich die Kontrolle auf drei verschiedene Aspekte:

– Einhaltung der Antwortzeiten während der Vertragsaushandlung

– Einhaltung der vereinbarten Zeiten während der Vertragserfüllung

– Existenz des Vertragspartners

Kontrolle bei der Aushandlung eines Vertrags

Bei der Aushandlung eines Vertrags besteht die Notwendigkeit, dass Antworten innerhalb einer bestimmten Zeit versendet werden (siehe Abbildung 4-22). Die Dauer des Wartens kann mit den hier beschriebenen Zeiten T_A, T_{VW}, T_{VA} und T_S beschränkt werden.

Zeit	Relevant für	Bedeutung
T_A	Gesuch	Zeit zwischen Anfrage und Angebot
T_{VW}	Gebot	Zeit zwischen Angebot und Vertragswunsch
T_{VA}	Gesuch	Zeit zwischen Vertragswunsch und Vertragsannahme
T_S	Gebot	Zeit zwischen Vertragsannahme und Start-Nachricht

Tabelle 4-1: Einzuhaltende Zeiten während der Vertragsaushandlung

---

14. Dies gilt sowohl für Partner der Gebote als auch der Gesuche.

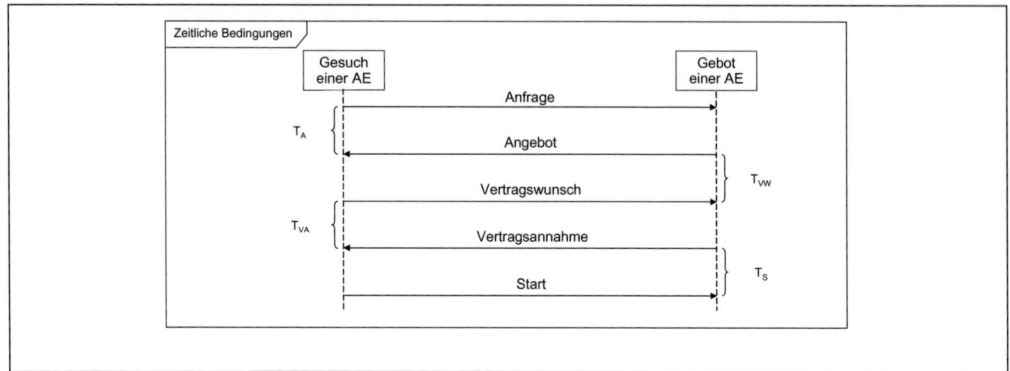

Abbildung 4-22: Zeitliche Bedingungen bei Vertragsverhandlung (SD)

Kontrolle der vereinbarten Zeiten

Ist für die Erfüllung des Vertrags eine periodische Daten-Übermittlung als Parameter eingetragen, so muss auch eine Periode T_P als Präzisierung dieses Parameters hinterlegt sein. Mit dieser Periode sendet das Gebot und erwartet das Gesuch die Daten-Nachrichten. Kann diese Periode nicht eingehalten werden, so muss der Vertrag entsprechend der tatsächlichen Periode von Seiten des Gesuchs neu bewertet werden. Erfüllt die tatsächliche Periode nicht mehr das K.o.-Kriterium (siehe Kapitel 4.3.6), so muss der Vertrag gekündigt werden. Ändert sich nur die Bewertung des Vertrags, so muss eine Kündigung nur durchgeführt werden, wenn ein besserer Vertrag möglich ist.

Kontrolle der Existenz der Vertragspartner

Um auf Fehler, wie zum Beispiel den Ausfall einer Autonomen Einheit reagieren zu können, müssen alle Autonomen Einheiten die Möglichkeit besitzen, zu kontrollieren, ob ihre Vertragspartner noch im System vorhanden sind.

Zeit	Relevant für	Bedeutung
T_P	Gesuch	Periode zum Versenden der Daten-Nachrichten
T_{VB}	Gebot	Periode zum Versenden der Nachrichten zur Vertragskontrolle
T_{VBmax}	Gesuch	Maximale Zeit zwischen zwei Nachrichten von einem Gebot
T_{VS}	Gesuch	Periode zum Versenden der Vertragsbestätigungen (zur Vertragskontrolle)
T_{VSmax}	Gebot	Maximale Zeit zwischen zwei Vertragsbestätigungen eines Gesuchs

Tabelle 4-2: Einzuhaltende Zeiten während der Vertragserfüllung

Am sichersten ist eine gegenseitige Überwachung. Jeder Partner muss sich innerhalb einer festgelegten Zeit beim Vertragspartner melden. Dafür sendet jede Autonome Einheit für jeden Vertrag periodisch Vertragsbestätigungen an ihre Vertragspartner. Eine solche Nachricht besagt, dass die Autonome Einheit vorhanden ist und dass der Vertrag für sie weiterhin gilt.

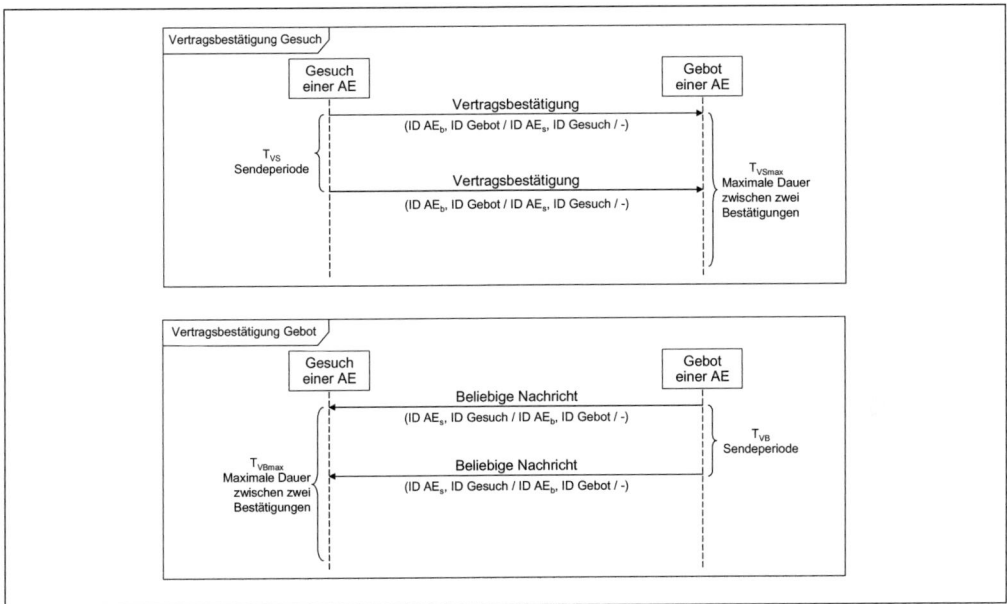

Abbildung 4-23: Periodische Vertragsbestätigungen von Gesuch und Gebot (SD)

Wie in Tabelle 4-2 und Abbildung 4-23 dargestellt, senden Gebot und Gesuch mit einer Periode T_{VB} bzw. T_{VS} eine Nachricht an ihren Vertragspartner. Trifft beim Vertragspartner innerhalb der Zeit T_{VBmax} bzw. T_{VSmax} keine Nachricht ein, so gilt der Sender als nicht mehr existent und der Vertrag wird gekündigt (siehe Kapitel 4.3.4).

Eine sinnvolle Größe für diese Zeiten hängt sehr eng mit der konkreten Implementation zusammen. Sowohl das Kommunikationsmedium als auch die Hardware, auf der die Autonomen Einheiten implementiert sind, spielen dafür eine wesentliche Rolle.

Eine Besonderheit gilt noch für die Vertragsbestätigung der Gebote: Hier ist das Versenden einer eigenen Nachricht zur Vertragsbestätigung nur notwendig, wenn keine periodische Datenübertragung vereinbart wurde oder für die Periode $T_P > T_{VB}$ gilt. Ansonsten trifft oft genug eine Daten-Nachricht ein, so dass die Kontrolle dadurch abgedeckt ist.

4.3.6 Struktur des Wissens und Optimierung der Partnerauswahl

Eine Autonome Einheit sucht für jedes Gesuch das am besten dazu passende Gebot, um mit diesem einen Vertrag abzuschließen. Die Aufgabe, unter allen Geboten der Autonomen Einheiten im Föderativen System das am besten passende herauszufinden, ist eine Optimierung, die jede Autonome Einheit für jedes ihrer Gesuche durchführen muss. Diese Optimierung basiert auf dem Vergleich, wie gut ein Gebot zu einem Gesuch passt. Die Beschreibung dieses Vergleichs hängt damit elementar von der Struktur des Wissens der Autonomen Einheiten ab.

In diesem Kapitel werden verschiedene Varianten für die Struktur des Wissens und der darauf basierenden Optimierung vorgestellt. In den einzelnen Unterkapiteln wird die Struktur sukzessive verfeinert. Die vorgestellten Strukturen und Optimierungsvarianten stellen somit keine Alternativen dar, sondern sind Schritte zur Herleitung der letztgenannten Variante.

K.o.- und Bewertungskriterium

Die Gebote und Gesuche enthalten Meta-Informationen, welche allgemein als Eigenschaften bezeichnet werden. Die Eigenschaften eines Gebots werden auch als Fähigkeiten bezeichnet. Die Eigenschaften eines Gesuchs werden in seine Forderungen und Wünsche unterschieden.

Der Vergleich zwischen Gebot und Gesuch läuft also auf einen Vergleich der Eigenschaften hinaus. Dieser findet in zwei Schritten statt. Im ersten Schritt wird verglichen, ob die Fähigkeiten des Gebotes den Forderungen des Gesuchs entsprechen. Ist dies der Fall, so stellt das Gebot einen potentiellen Partner des Gesuchs dar. Im umgekehrten Fall kommt das Gebot nicht als Partner für das Gesuch in Frage. Deshalb wird die vollständige Überdeckung der Forderung durch die Fähigkeiten auch als das „K.o.-Kriterium" bezeichnet. Im zweiten Schritt wird überprüft, wie gut die Fähigkeiten des Gebots die Wünsche des Gesuchs erfüllen. Dies ist vor allem im Vergleich mit anderen potentiellen Partnern wichtig, damit der Vertrag mit dem Gebot geschlossen wird, welches die Wünsche des Gesuchs am besten erfüllt. Aus diesem Grund wird beim Bewertungskriterium die (partielle) Überdeckung der Wünsche durch die Fähigkeiten untersucht.

Am einfachsten wäre die Optimierung, wenn dem Gesuch die Informationen über alle Gebote vorliegen würden. Mit Hilfe des K.o.-Kriteriums kann es die potentiellen Partner bestimmen. Und auf Grund des Bewertungskriteriums findet es aus diesen das Gebot mit der besten Bewertung und damit den optimalen Partner. In einem realen System liegen einem Gesuch jedoch nicht sofort alle Informationen über alle Gebote des Föderativen Systems vor. Deswegen erfolgt die Optimierung sequenziell. Daher ist es möglich, dass ein zunächst geschlossener Vertrag gekündigt wird, weil die suchende Einheit ein besseres Gebot gefunden hat.

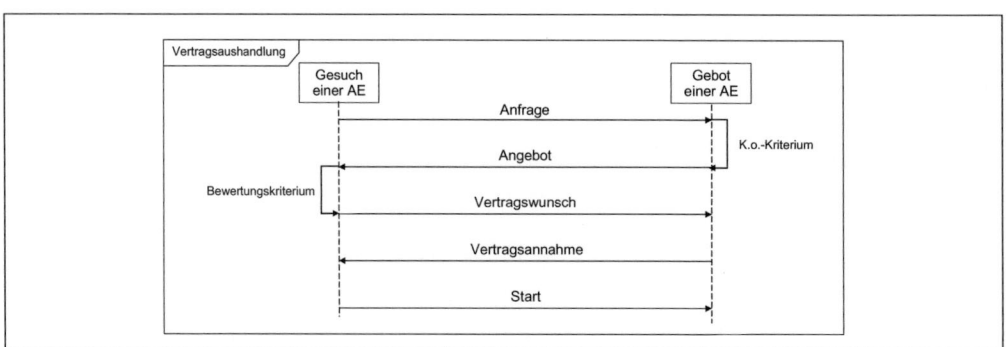

Abbildung 4-24: Durchführung der Vergleichskriterien in der Vertragsverhandlung (SD)

Der Vergleich zwischen Gesuch und Gebot findet anhand des K.o.- und des Bewertungskriteriums während der Vertragsverhandlung statt (siehe Abbildung 4-24). Wie in Kapitel 4.3.2 beschrieben, sendet ein Gesuch eine Anfrage in das System, welche die Forderungen allen Geboten mitteilt. Indem alle Gebote diese Forderungen mit ihren Fähigkeiten vergleichen, wird das K.o.-Kriterium durch alle Gebote parallel kontrolliert. Nur die potentiellen Partner antworten dem Gesuch mit einem Angebot. Dann muss das Gesuch alle diese Angebote sequenziell bewerten. Ist die Bewertung besser als der bisherige Vertragspartner, so wird mit diesem ein Vertrag geschlossen. Ist die Bewertung schlechter, so passiert nichts. Danach wird das nächste bekannte Gebot auf dieselbe Art mit dem Gesuch verglichen. Auf diese Weise wird Stück für Stück jedes Gebot mit dem Gesuch verglichen.

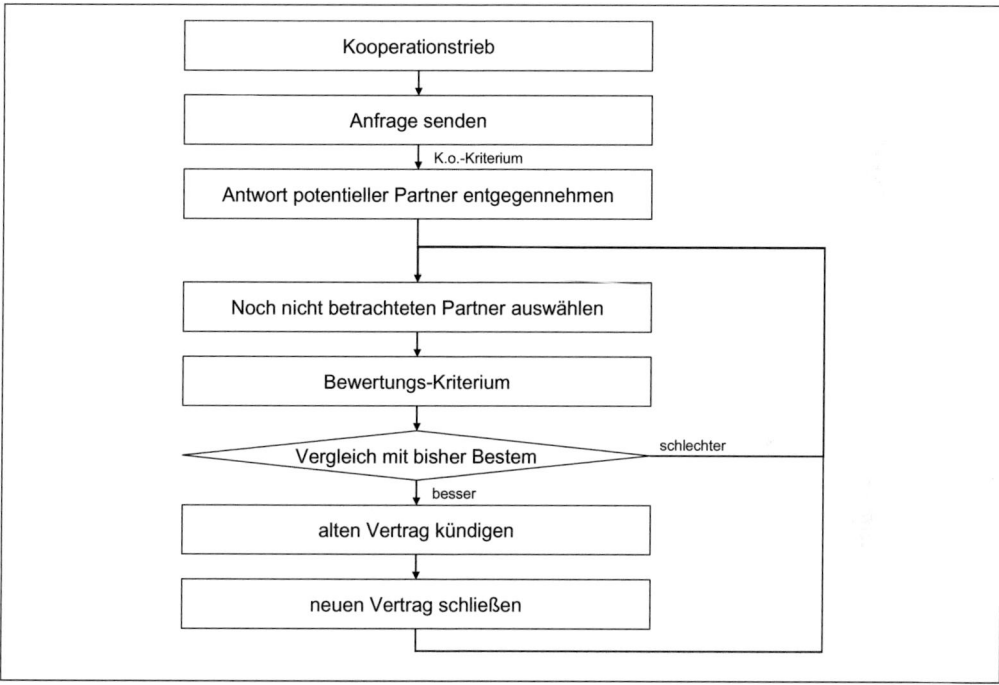

Abbildung 4-25: Optimierungsprozess (FD)

Der sich daraus ergebende Optimierungsprozess ist in Abbildung 4-25 als Flussdiagramm (FD) dargestellt. Dieser garantiert, dass das Gesuch immer mit dem am besten geeigneten (der dem Gesuch bekannten Gebote) einen Vertrag besitzt.

Damit ist der grundlegende Aufbau des Optimierungsprozesses beschrieben. Im Folgenden muss nun geklärt werden, wie die beiden Kriterien genau formuliert sind. Damit einher gehen auch Überlegungen zur Struktur der Gebote und Gesuche.

Optimierung basierend auf Mengen

Wie bereits erklärt, basiert die Optimierung auf dem Vergleich zwischen Gesuch und Gebot. Die Beschreibung der Optimierung hängt damit grundlegend von der Beschreibung der Gesuche und Gebote ab. Bisher ist nur festgelegt, dass diese Eigenschaften der Eingänge (Forderungen, Wünsche) und Ausgänge (Fähigkeiten) benennen.

Die Forderungen, Wünsche und Fähigkeiten sind nur eine simple Auflistung von Merkmalen. Die Eigenschaften der Gebote und Gesuche stellen diese Merkmale dar. Das bedeutet, dass Forderungen, Wünsche und Fähigkeiten als eine Menge (ohne jede Struktur zwischen den Elementen) darstellbar sind. Es gibt also eine Gesamtmenge von Eigenschaften in dem Föderativen System und jede Menge von Forderungen, Wünschen oder Fähigkeiten stellt eine Teilmenge dieser Gesamtmenge aller Eigenschaften dar. Damit sind sowohl das K.o.-Kriterium als auch das Bewertungskriterium durch Mengen und Mengenoperationen beschreibbar.

Definition 4-22 : Eigenschaftsmengen

P ... Menge aller Eigenschaften (Properties) eines Föderativen Systems

D ... Menge der Forderungen (Demands) eines Gesuchs ($D \subseteq P$)

W ... Menge der Wünsche (Wishes) eines Gesuchs ($W \subseteq P$ mit $D \cap W = \emptyset$)

A ... Menge der Fähigkeiten (Abilities) eines Gebots ($A \subseteq P$)

Das K.o.-Kriterium verlangt, dass alle Forderungen des Gesuchs durch die Fähigkeiten des Gebots abgedeckt werden. Dies lässt sich leicht wie folgt ausdrücken:

K.o.-Kriterium: $D \subseteq A$ (4.7)

Alle Forderungen müssen also in der Menge der Fähigkeiten enthalten sein. In der Mengendarstellung in Abbildung 4-26 müssen also die Forderungen des Gesuchs durch die Fähigkeiten des Gebots überdeckt sein.

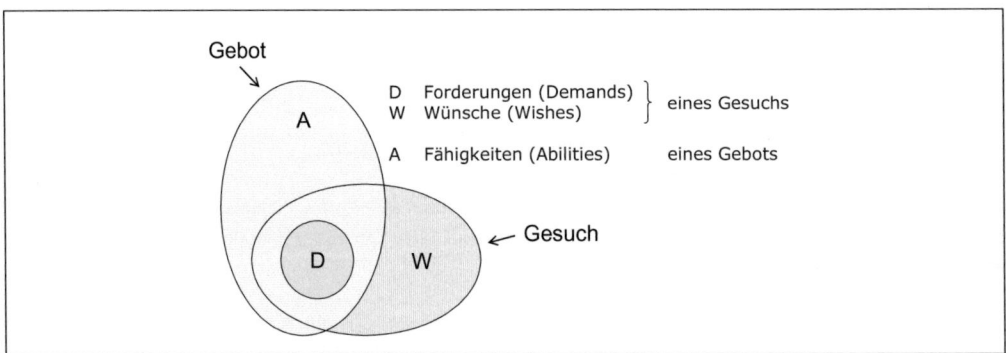

Abbildung 4-26: Gebot und Gesuch als Mengen

Das Bewertungskriterium überprüft, wie gut die Wünsche des Gesuchs durch die Fähigkeiten des Gebotes erfüllt werden. Jeder Wunsch sollte möglichst in der Menge der Fähigkeiten enthalten sein. Eine sinnvolle Bewertung der Gebote ist damit die Anzahl der Wünsche, die durch eine Fähigkeit überdeckt werden. Das

Gebot, das die größte Zahl von Wünschen erfüllt, ist damit am besten passend. Ein Gebot kann damit bezüglich eines Gesuchs wie folgt bewertet werden:

Definition 4-23 : Bewertung eines Gebots bzgl. eines Gesuchs (für Mengen)

Jedes Gebot mit den Fähigkeiten A wird in Bezug auf ein Gesuch S mit den Forderungen D und den Wünschen W wie folgt bewertet: [15]

$$\beta_S(A) := |W \cap A| \tag{4.8}$$

Das Bewertungskriterium lässt sich damit wie folgt ausdrücken:

$$\text{Bewertungskriterium: } \beta_S(A) = |W \cap A| \to max \tag{4.9}$$

Da das K.o.-Kriterium $D \subseteq A$ verlangt, gilt $|(D \cup W) \cap A| = |W \cap A| + |D|$. Deshalb kann das Bewertungskriterium auch als

$$\beta'_S(A) = |(D \cup W) \cap A| \to max \tag{4.10}$$

formuliert werden.

Optimierung basierend auf gewichteten Mengen

Wenn die Optimierung auf Mengen basiert, so gehen in das Bewertungskriterium alle Wünsche gleich stark ein. Flexibler wäre es jedoch, wenn bestimmte Wünsche als wichtiger bewertet werden als andere. Am einfachsten kann dies realisiert werden, indem den Eigenschaften Gewichtungen zugeordnet werden.

Definition 4-24 : Gewichtete Menge

Gegeben sei eine Menge M und eine Abbildung $g : M \to \mathbb{R}$, dann ist

$$(M, g) := \{(m, g(m)) \mid m \in M\}$$

eine gewichtete Menge. g ist die Wichtungsfunktion und $g(m)$ gibt das dem Element m zugeordnete Gewicht an.

Wie bei der mengenbasierten Optimierung lassen sich die Fähigkeiten A der Gebote und die Forderungen D der Gesuche als Mengen beschreiben. Die Wünsche stellen dagegen eine gewichtete Menge (W, g) dar. Dementsprechend ändert sich das K.o.-Kriterium nicht (siehe Formel 4.7), sondern nur das Bewertungskriterium.

Definition 4-25 : Bewertung eines Gebots bzgl. eines Gesuchs (für gewichtete Mengen)

Jedes Gebot mit den Fähigkeiten A wird in Bezug auf ein Gesuch S mit den Forderungen D und den gewichteten Wünschen (W, g) wie folgt bewertet:

$$\beta_S(A) := \sum_{w \in (W \cap A)} g(w) \tag{4.11}$$

---

15. Die Bewertung β_S eines Gebots bzgl. eines Gesuchs ist ein Maß (genauer ein Zählmaß), denn für jedes Gesuch S gilt: $\beta_S(\varnothing) = 0$ und $\beta_S(A_1 \cup A_2) = \beta_S(A_1) + \beta_S(A_2)$.

Das Bewertungskriterium lässt sich dann wie folgt ausdrücken:

$$\text{Bewertungskriterium: } \beta_S(A) = \sum_{w \in (W \cap A)} g(w) \to max \tag{4.12}$$

Da die Wichtungsfunktion g in die reellen Zahlen abbildet, können also auch negative Gewichte vergeben werden. Bekommt eine Eigenschaft ein negatives Gewicht, so bedeutet dies, dass die Eigenschaft möglichst nicht erfüllt sein soll. Denn im Bewertungskriterium senkt deren Erfüllung den Wert des Gebotes. Wird einer Eigenschaft der Wert 0 zugewiesen, so hat die Erfüllung (oder Nichterfüllung) dieser Eigenschaft keinerlei Einfluss auf die Bewertung. [16] Damit ergibt sich folgende äquivalente Darstellung der Bewertungsfunktion:

Folgerung 4-26 : Äquivalente Darstellung der Bewertungsfunktion

Die Wünsche können ebenfalls als eine Wichtung aller Eigenschaften P eines Systems dargestellt werden. Jeder Eigenschaft, die keinen Wunsch des Gebots darstellt, wird das Gewicht 0 zugewiesen. Jeder Wunsch ist also durch die gewichtete Menge aller Eigenschaften (P, g) beschreibbar. Das Bewertungskriterium kann damit äquivalent als

$$\text{Bewertungskriterium: } \beta_S(A) = \sum_{w \in P} g(w) \to max \tag{4.13}$$

dargestellt werden. Ein Wunsch wird damit nur durch g beschrieben.

Optimierung basierend auf einer Baumstruktur

Mit wachsender Anzahl von Eigenschaften wird die Beschreibung der Gebote und Gesuche durch Mengen zunehmend unübersichtlich. Dies kann durch eine strukturierte Beschreibung behoben werden. So lassen sich vielfach Gemeinsamkeiten zwischen den Eigenschaften finden, so dass die Eigenschaften, die diese Gemeinsamkeit besitzen, als eine Untermenge aufgefasst werden können. Eine derart strukturierte Menge kann, wie in Abbildung 4-27 gezeigt, als Baum dargestellt werden.

Gebots- und Gesuchsbäume

Die Gebote und Gesuche lassen sich damit entsprechend der Definition 3-17 auf Seite 39 als gerichtete Bäume darstellen. Diese Bäume geben die hier beschriebene Hierarchie der Klassifikation der Eigenschaften wieder. So stellen die Eigenschaften der ursprünglichen Menge die Blätter dieser Bäume dar. Jeder höher gelegene Knotenpunkt symbolisiert die Menge der darunterliegenden Eigenschaften. Er beschreibt damit die Gemeinsamkeiten aller Eigenschaften, die sich unterhalb dieses Knotenpunkts befinden. Der höchste Knotenpunkt, die Wurzel, eines solchen Baums trägt die Bezeichnung „Gebot" oder „Gesuch". Damit ist der Weg von der Wurzel zu einem Blatt eine schrittweise Spezialisierung.

---

16. Damit können Wünsche als eine Wichtung aller Eigenschaften P eines Systems dargestellt werden. Jeder Eigenschaft, die keinen Wunsch darstellt, wird das Gewicht 0 zugewiesen. Jeder Wunsch ist also durch die gewichtete Menge aller Eigenschaften (P, g) beschreibbar. Das Bewertungskriterium kann damit äquivalent als $\sum_{p \in A} g(p) \to max$ formuliert werden.

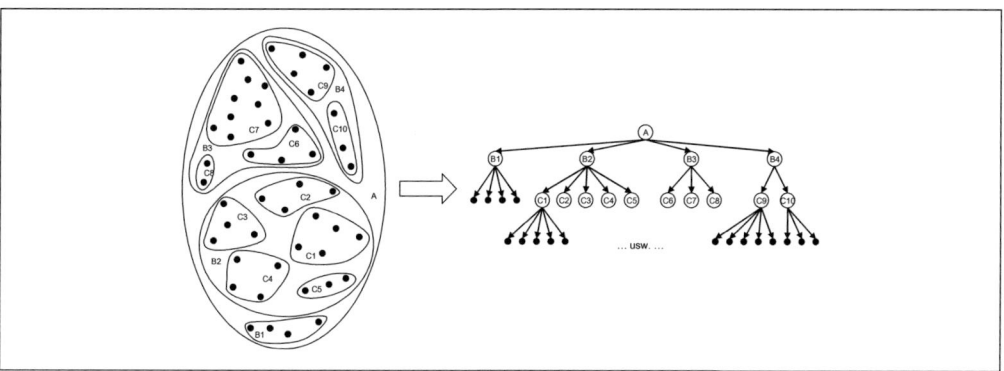

Abbildung 4-27: Menge mit Untermengen als hierarchischer Baum dargestellt

Definition 4-27 : Gebotsbaum

> *Sei P eine Menge von Eigenschaften. Ein Gebotsbaum ist ein Baum $B = (V, E)$ dessen Knotenpunkte $v_i \subseteq P$ Teilmengen der Eigenschaften darstellen, d. h. $V \subseteq Pot(P)$. Dabei gilt, dass die Blätter immer eine einelementige Teilmenge von P sind. Deswegen werden sie zumeist mit der entsprechenden Eigenschaft (der Fähigkeit) identifiziert.*
>
> *Die Kanten des Gebotsbaums geben eine Mengenhierarchie wie folgt wieder: $e = (v_i, v_k) \Rightarrow v_k \subseteq v_i$.*
>
> *Jeder Knotenpunkt des Gesuchsbaums besitzt eine Bezeichnung, die angibt, was dessen Teilmenge charakterisiert. Die Wurzel v_0 eines Gebotsbaums trägt immer die Bezeichnung „Gebot" und es gilt: $\forall v_i \in V : v_i \subseteq v_0$.*

Ein Gebot kann also durch eine solche Baumstruktur, Gebotsbaum genannt, beschrieben werden. Jedes Blatt des Gebotsbaums repräsentiert eine Fähigkeit und der Weg von der Wurzel bis zu diesem Blatt ist eine immer speziellere Beschreibung dieser Fähigkeit.

Prinzipiell sieht die Beschreibung eines Gesuchs ebenso aus. Da jedoch einerseits die Eigenschaften in Forderungen und Wünsche unterschieden und andererseits die Wünsche gewichtet werden, muss ein Gesuchsbaum mehr Informationen enthalten als ein Gebotsbaum.

Definition 4-28 : Gesuchsbaum

> *Ein Gesuchsbaum ist ein Quadrupel $S = (V, E, b, g)$. Dabei stellt (V, E) einen Baum dar, der äquivalent zum Gebotsbaum strukturiert ist, nur mit dem Unterschied, dass die Wurzel immer mit „Gesuch" bezeichnet wird.*
>
> *Dazu kommen die Beschriftung der Kanten mit $b : E \rightarrow \{Muss, Kann\}$ und die Gewichtung der Knotenpunkte des Gesuchs mit $g : V \rightarrow \mathbb{R}$.*

Um die Forderungen von Wünschen unterscheiden zu können, besitzen die Kanten eines Gesuchsbaums entweder die Beschriftung „Muss" oder „Kann". Dies bedeutet, dass der Endknoten einer Kante bei einem Gebot vorhanden sein muss bzw. kann, wenn der Anfangsknoten vorhanden ist. Damit können Forderungen und Wünsche, sowie als ein neues Element auch bedingte Forderungen beschrieben werden:

Definition 4-29 : Forderungen, Wünsche und bedingte Forderungen

Sei P eine Menge von Eigenschaften und $S = (V, E, b, g)$ ein Gesuchsbaum. Für jeden Knoten $v_n \in V$ sei $(e_1, ..., e_n)$ mit $e_i := (v_{i-1}, v_i)$ der Weg von der Wurzel v_0 zu diesem Knoten. Dieser Knoten heißt:

Forderung, wenn $\forall i : b(e_i) = Muss$

Wunsch, wenn $b(e_n) = Kann$

bedingte Forderung, wenn $(b(e_n) = Muss) \wedge (\exists i : b(e_i) = Kann)$[17]

Ist $v_n = \{p\}$ ein Blatt dieses Gesuchsbaums mit der Eigenschaft $p \in P$, so wird auch die entsprechende Eigenschaft dementsprechend als Forderung, Wunsch oder bedingte Forderung bezeichnet.

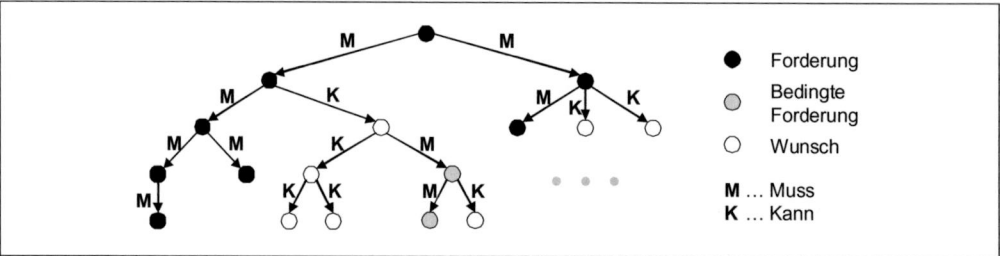

Abbildung 4-28: Ausschnitt eines Gesuchsbaums

Ein Knotenpunkt des Gesuchsbaums ist eine Forderung, wenn alle Kanten von der Wurzel bis zu diesem mit „Muss" bezeichnet sind. Er ist ein Wunsch, wenn die letzte Kante mit „Kann" bezeichnet ist. Ansonsten ist er eine bedingte Forderung, also wenn die letzte Kante mit „Muss" und zwischen Wurzel und diesem Knotenpunkt mindestens eine Kante mit „Kann" bezeichnet ist (siehe Abbildung 4-28).

Entsprechend dem vorhergehenden Kapitel besitzen alle Wünsche einen Wert, der ihre Bedeutung vergleichbar macht. Dies trifft hier ebenfalls auf die bedingten Forderungen zu, da einzig die Forderungen von allen potentiellen Partnern erfüllt werden müssen. Deshalb ist es notwendig allen Knotenpunkten, welche Wünsche und bedingte Forderungen darstellen, eine Gewichtung zuzuweisen. Um die Beschreibung eines Gesuchsbaums zu vereinfachen, wird allen Knotenpunkten ein Gewicht zugeordnet.[18]

---

17. Die Wurzel eines Gesuchsbaums ist (scheinbar) ein Sonderfall, da es keine Kante zu dieser von einem anderen Knotenpunkt gibt. Entsprechend der Definition ist sie jedoch eine Forderung (denn alle (der nicht existenten) Kanten von der Wurzel zu ihr sind mit „Muss" bezeichnet).
18. Da das Gewicht der Knotenpunkte, die Forderungen darstellen, auf alle Bewertungen (siehe Formel 4.15) gleich einfließt, kann dieses 0 betragen.

Vergleich

Der Vergleich eines Gesuchs mit einem Gebot ist bildlich als das Übereinanderlegen des Gebotsbaums über den Gesuchsbaum vorstellbar. Die beiden Wurzeln und alle Knotenpunkte, die in beiden Bäumen enthalten sind, überdecken sich. Dies ist in Abbildung 4-29 dargestellt.

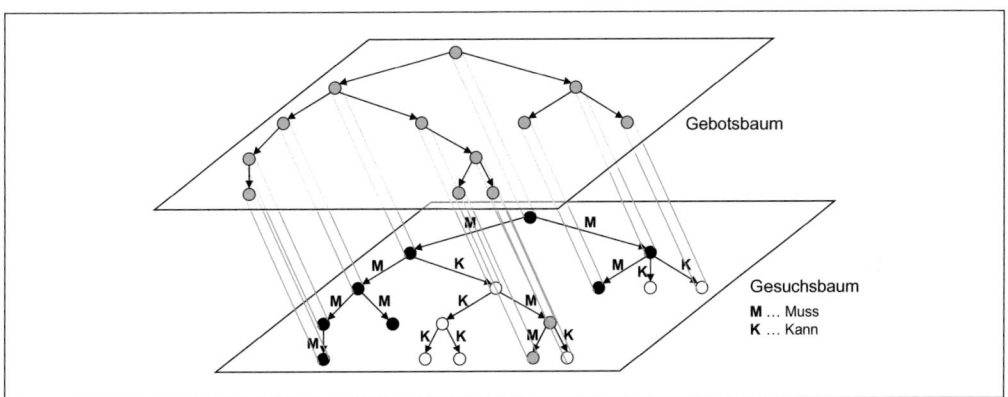

Abbildung 4-29: Vergleich zwischen Gebots- und Gesuchsbaum (K.o.-Kriterium nicht erfüllt)

Das K.o.-Kriterium muss kontrollieren, ob alle Forderungen (inklusive der bedingten Forderungen) des Gesuchs durch das Gebot erfüllt werden. Für jeden Knotenpunkt, der sowohl in dem Gesuchs- als auch in dem Gebotsbaum vorkommt, muss kontrolliert werden, ob alle mit Muss beschrifteten Kanten des Gesuchsbaums, die von diesem Knotenpunkt ausgehen, auch in dem Gebotsbaum vorhanden sind. Für einen Gebotsbaum $B = (V_B, E_B)$ und einen Gesuchsbaum $S = (V_S, E_S, b, g)$ lässt sich das K.o.-Kriterium damit wie folgt formulieren:

$$\text{K.o.-Kriterium:} \qquad \begin{aligned} &\forall e_{ik} = (v_i, v_k) \in E_S: \\ &v_i \in V_B \land b(e_{ik}) = Muss \Rightarrow e_{ik} \in E_B \end{aligned} \qquad (4.14)$$

Beim Vergleich in Abbildung 4-29 erfüllt das Gebot das K.o.-Kriterium nicht, denn eine mit „Muss" bezeichnete Kante (unten links) wird durch das Gebot nicht überdeckt. Dagegen ist in Abbildung 4-30 ein Gebot dargestellt, welches das K.o.-Kriterium des Gesuchs erfüllt, obwohl es „Muss"-Kanten nicht überdeckt[19], da diese zu einer bedingten Forderung gehören. Da die vorhergehende „Kann"-Kante nicht überdeckt wird, ist die Bedingung nicht erfüllt und die nachfolgenden „Muss"-Kanten müssen nicht überdeckt werden. Eine weitere Eigenheit dieses Gebotsbaums ist, dass es den Gesuchsbaum nicht exakt überdeckt. So gibt es Knotenpunkte[20], die keinen im Gesuchsbaum überdecken. Dies sind Fähigkeiten, die das Gesuch nicht benötigt.

---

19. Die gestrichelten Kanten des Gesuchsbaums werden durch den Gebotsbaum nicht überdeckt.
20. Die schraffierten Knotenpunkte des Gebotsbaums überdecken keinen Knotenpunkt des Gesuchsbaums.

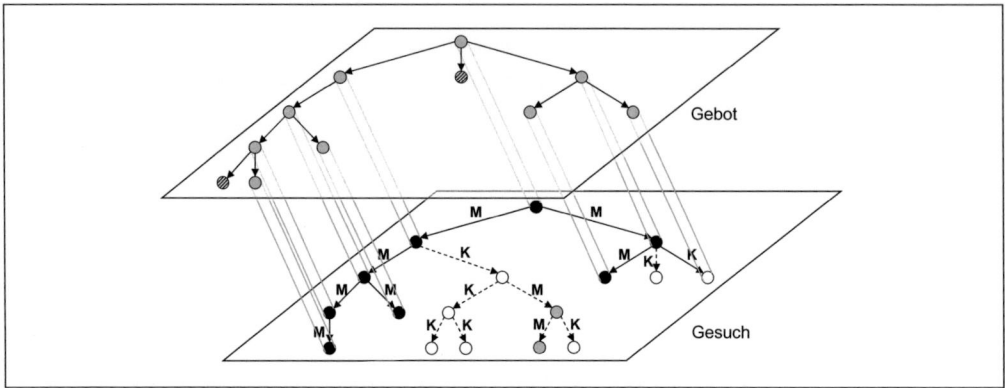

Abbildung 4-30: Vergleich zwischen Gebots- und Gesuchsbaum (K.o.-Kriterium erfüllt)

Das Bewertungskriterium gibt die Gewichtung aller durch ein Gebot erfüllten Wünsche und bedingten Forderungen wieder. Dafür werden die Wichtungen der Knotenpunkte, die durch das Gebot überdeckt werden, addiert:

$$\text{Bewertungskriterium:} \quad \sum_{v \in V_B} g(v) \to max \tag{4.15}$$

Fazit

Wie bereits in der Einleitung vermerkt, stellen die hier vorgestellten Möglichkeiten für die Struktur des Wissens der Autonomen Einheiten und die darauf basierende Optimierung keine konkurrierenden Varianten dar. Im Gegensatz, jede neue Variante beinhaltet die vorhergehende und bringt wichtige neue Aspekte ein. Dementsprechend wird im weiteren Verlauf der Arbeit die zuletzt vorgestellte Variante der Optimierung basierend auf einer Baumstruktur verwendet.

Es ist hier auch anzumerken, dass die Entwicklung der Struktur des Wissens mit dem hier vorgestellten Stand noch nicht abgeschlossen ist. Bei der Arbeit damit haben sich verschiedene Ansätze ergeben, wie diese Struktur sinnvoll weiterentwickelt werden kann. Basierend auf den Erfahrungen aus den verschiedenen Implementationen werden diese Ansätze in Kapitel 7.4.1 näher vorgestellt.

4.3.7 Zusammenfassung

Durchläuft die Verhandlung zweier Autonomer Einheiten zum Zweck der Kooperation alle drei Phasen, so endet sie mit einem Vertrag zwischen den beiden Autonomen Einheiten, der anschließend zum Austausch von Funktionswerten führt (Vertragserfüllung). In Abbildung 4-31 ist der Ablauf einer erfolgreichen Verhandlung eines Vertrages zwischen zwei Autonomen Einheiten zusammengefasst.

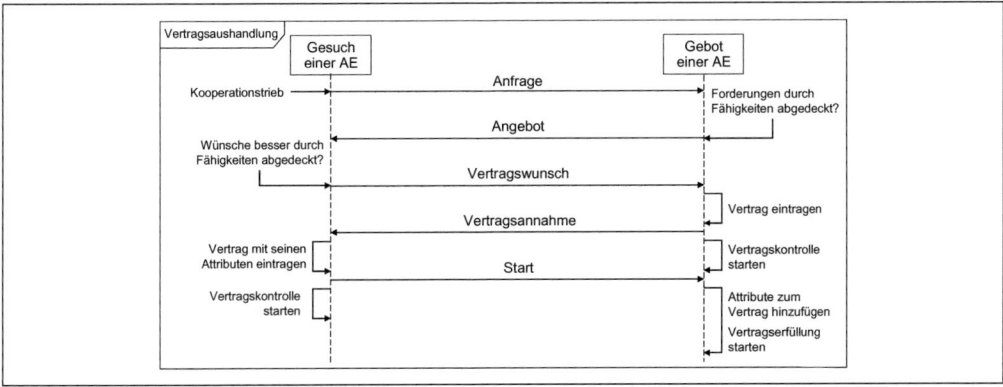

Abbildung 4-31: Aushandlung eines Vertrages (SD)

Die Namen der Nachrichten zur Aushandlung, Erfüllung, Kontrolle und Beendigung von Verträgen sind entsprechend ihrer Bedeutung gewählt. Tabelle 4-3 stellt diese noch einmal in der Übersicht dar:

Name	Zweck / Bedeutung
Anfrage	Bekanntgabe des Gesuchs im System
Angebot	Bekanntgabe des Gebotes dem Gesuch als potentieller Partner
Vertragswunsch	Auswahl des Gebots als Partner durch das Gesuch
Vertragsannahme	Annahme des Vertrags durch das Gebot
Start	Übermittlung der Vertragsparameter, Start der Vertragserfüllung
Daten-Nachricht	Übermittlung der Informationen, entsprechend des Gebots
Vertragsbestätigung	Gegenseitige Bestätigung der Gültigkeit des Vertrags
Vertragskündigung	(Einseitige) Beendigung des Vertrags

Tabelle 4-3: Bedeutung der auftretenden Nachrichten

In Tabelle 4-4 ist zudem noch einmal der Inhalt der Nachrichten aufgeführt. Alle müssen einen Adressaten und einen Absender besitzen. Nur die Anfrage ist als Broadcast an alle Autonomen Einheiten des Föderativen Systems gerichtet. Alle anderen Nachrichten sind als Unicast an genau einen Adressaten gerichtet. Absender und Adressat müssen systemweit eindeutig sein, was nach Folgerung 4-19 durch das in Formel 4.5 beschriebene Paar aus der ID der Autonomen Einheit und der ID des Gebots bzw. des Gesuchs gewährleistet ist. Deshalb setzen sich Adressat und Absender immer aus diesem Paar zusammen.

Name	Adressat	Absender	Inhalt
Anfrage	an alle (Broadcast)	ID AE_s, ID Gesuch	Forderungen und bedingte Forderungen des Gesuchs
Angebot	ID AE_s, ID Gesuch	ID AE_b, ID Gebot	Fähigkeiten des Gebots

Tabelle 4-4: Inhalt der auftretenden Nachrichten

81

Name	Adressat	Absender	Inhalt
Vertragswunsch	ID AE_b, ID Gebot	ID AE_s, ID Gesuch	Bewertung des Gebots
Vertragsannahme	ID AE_s, ID Gesuch	ID AE_b, ID Gebot	-
Start	ID AE_b, ID Gebot	ID AE_s, ID Gesuch	Parameter des Vertrags
Daten-Nachricht	ID AE_s, ID Gesuch	ID AE_b, ID Gebot	Informationen (Funktionswerte)
Vertrags-bestätigung	ID AE_b, ID Gebot	ID AE_s, ID Gesuch	-
	ID AE_s, ID Gesuch	ID AE_b, ID Gebot	-
Vertragskündigung	ID AE_b, ID Gebot	ID AE_s, ID Gesuch	-
	ID AE_s, ID Gesuch	ID AE_b, ID Gebot	-

Tabelle 4-4: Inhalt der auftretenden Nachrichten

Hat die Aushandlung eines Vertrages alle Phasen durchlaufen, so haben am Ende beide Autonome Einheiten diesen Vertrag in ihrem Vertragsspeicher registriert. Entsprechend diesem Vertrag kooperieren sie miteinander. Umgekehrt endet die Kooperation erst, wenn der Vertrag wieder aufgelöst wird. Die hier vorgestellten Mechanismen stellen sicher, dass das Wissen über die Verträge bei allen Autonomen Einheiten konsistent ist.

Folgerung 4-30 : Konsistenz der Verträge

Vertragsverhandlung, Vertragskontrolle und die Vertragsbeendigung stellen sicher, dass es keinen Vertrag gibt, der dauerhaft nur bei einer Autonomen Einheit eingetragen ist.

Besitzt eine Autonome Einheit fehlerhafte Verträge, so sorgt die Vertragskontrolle dafür, dass alle unstimmigen Verträge gekündigt werden. Danach können durch die Vertragsaushandlung die (korrekten) Verträge erneut ausgehandelt werden.

Damit sind alle grundlegenden Bestandteile der Föderativen Architektur, die Autonomen Einheiten und ihr Kooperationsmechanismus, beschrieben. Die Autonomen Einheiten müssen einerseits eine technische Funktion umsetzen und andererseits gegenseitig den Informationsaustausch organisieren. Für jeden Eingang (bzw. Gesuch) einer Funktion sucht die Autonome Einheit aktiv nach einem Ausgang (bzw. Gebot), der die benötigte Information anbieten können. Mit dem am besten geeigneten Partner wird dann ein Vertrag über den Informationsaustausch geschlossen. Die Vertragsaushandlung beruht dabei vor allem auf dem Wissen der Autonomen Einheiten über ihre Gebote und Gesuche, welches in Form von Eigenschaftsbäumen hinterlegt ist.

4.4 Funktion, Topologie und Technologie der Föderativen Architektur

Entsprechend der Definition einer EE-Architektur (Definition 3-8 auf Seite 8) besitzt die Föderative Architektur funktionale, topologische und technologische Aspekte. Im Folgenden werden insbesondere die Konsequenzen aus der Fähigkeit zur Selbstorganisation für die Funktionalität, die Topologie und die Technologie betrachtet.

4.4.1 Funktionaler Aspekt

Das Wesen der Föderativen Architektur ist an der Funktion ausgerichtet. So entspricht eine Autonome Einheit einer Funktion, die um die Fähigkeit der eigenständigen Organisation ihres Informationsbedarfs erweitert ist. Ebenso entspricht der Informationsaustausch der Hintereinanderausführung zweier Funktionen. Aus diesen einzelnen Funktionen bilden die Autonomen Einheiten in ihrer Gesamtheit selbstorganisierend das Funktionsnetz und damit die Funktionalität des Systems. Die Fähigkeit der Selbstorganisation ermöglicht es, dass die Funktionalität eines Föderativen Systems nicht fix ist, sondern sich in Abhängigkeit von den enthaltenen Autonomen Einheiten ändern kann. Die Details sind in Kapitel 4.2 und 4.3 beschrieben.

4.4.2 Topologischer Aspekt

Kommunikationstopologie der Autonomen Einheiten

Im Verlauf der Vertragsverhandlungen muss jede Autonome Einheit eines Föderativen Systems mit jeder anderen Autonomen Einheit dieses Systems kommunizieren. Daraus ergibt sich die Anforderung, dass die Kommunikation zwischen allen Autonomen Einheiten möglich sein muss.

Axiom 4-31 : Kommunikationsaxiom

Jede Autonome Einheit muss mit jeder anderen Autonomen Einheit jederzeit kommunizieren können.

Die hier beschriebene Kommunikationstopologie entspricht einer vollständigen Vernetzung der Autonomen Einheiten. Im Vorgriff auf das folgende Kapitel 4.4.3 "Technologischer Aspekt" lässt sich hier sagen, dass jede Autonome Einheit in einer Recheneinheit realisiert wird und dass diese untereinander durch ein Kommunikationsmedium verbunden sind. Die Autonomen Einheiten sind damit durch eine virtuelle vollständige Vernetzung miteinander verbunden.

Logische Topologie eines Kommunikationsmediums

Für die logische Topologie[21] des Kommunikationsmediums gibt es mehrere Möglichkeiten, welche alle Axiom 4-31 erfüllen. Im Folgenden werden einige Varianten diskutiert.

Naheliegend ist der Einsatz eines Bussystems mit Linientopologie, wie CAN-Bus, da es ein gemeinsames Kommunikationsmedium für alle Teilnehmer darstellt. Insgesamt betrachtet bietet es bei vielen Vorteilen, wie dem geringen Platzbedarf, den entscheidenden Nachteil der beschränkten Bandbreite. Da alle Teilnehmer über dieses eine Medium kommunizieren müssen, ist damit die Anzahl der Teilnehmer (in Abhängigkeit vom Kommunikationsaufwand) praktisch beschränkt.

Um mehr Teilnehmer verwenden zu können, muss eine andere Topologie gewählt werden. Eine Möglichkeit wäre, statt eines Busses mehrere durch Gateways verbundene Busse einzusetzen.[22] Dies ist jedoch nicht die universelle Lösung, die es auf den ersten Blick zu sein scheint. Denn im ungünstigsten Fall muss jede Nach-

---

21. Siehe "Topologischer Aspekt" auf Seite 11ff
22. Kommen dabei verschiedenartige Bussysteme zum Einsatz, so besteht die Notwendigkeit ein einheitliches Transportprotokoll darüber zu legen. Eine derartige Möglichkeit wird in [Bus06] vorgestellt.

richt über alle Busse gesendet werden. Die Erweiterung auf ein derartiges System von Bussen bringt nur dann einen Vorteil, wenn garantiert werden kann, dass der Großteil der Kommunikation nicht über mehrere bzw. alle Busse übertragen werden muss. Mit dem hier vorgestellten Konzept der Föderativen Architektur ist diese Garantie nicht möglich, weshalb für dessen Umsetzung auch andere Lösungen[23] in Betracht gezogen werden müssen.

Andere gängige Topologien beherrschen zwar eine Vielzahl von Teilnehmern, haben dafür aber andere entscheidende Nachteile. So ist die Sterntopologie sehr fehleranfällig, da durch den Ausfall der zentralen Komponente die gesamte Kommunikation unterbunden wird. Das Gleiche gilt auch für die Ringtopologie, welche ebenfalls sehr fehleranfällig ist. Denn wenn eine Komponente ausfällt ist der Ring nur eingeschränkt funktionsfähig. Zudem ist diese Topologie relativ langsam, da eine Nachricht zahlreiche Zwischenstationen passieren muss, bevor sie beim Adressaten angekommen ist.

Eine andere sehr schnelle und sichere Topologie, die beliebig viele Recheneinheiten umfasst, ist die vollständige Vernetzung der Einheiten. Zwischen je zwei Recheneinheiten gibt es ein eigenes Kommunikationsmedium. Diese Variante besitzt jedoch den entscheidenden Nachteil, dass sie große Kosten verursacht und zumeist viel Platz benötigt. Da an beidem in eingebetteten Systemen gespart werden muss, ist diese Variante ebenfalls ungeeignet.

Eine weitere Variante geht auf das erst in jüngerer Zeit beachtete Prinzip der „Small World" zurück. Dieses beschreibt eine Kommunikationsstruktur, die in biologischen und sozialen Netzwerken zu finden ist. Namensgebend war die Eigenschaft, dass trotz der Vielzahl der Elemente nur sehr kleine „Abstände" zwischen den Komponenten derartiger Systeme bestehen.[24] Das Charakteristische an Small-World-Netzwerken ist, dass diese sehr effizient (zwischen je zwei Komponenten besteht eine zügige Kommunikationsmöglichkeit) und gleichzeitig sehr stabil (sehr robust gegenüber dem Ausfall von Teilen des Netzwerks) sind [LaMa01]. Eine solche Struktur bietet sich als Kommunikationsinfrastruktur an, da sie ähnlich wirkungsvoll wie eine vollständige Vernetzung ist, aber deutlich weniger Kosten verursacht und Platz benötigt.

Aus der Föderativen Architektur lässt sich keine logische Topologie explizit ableiten. Die Bewertung ist erst mit der entsprechenden technologischen Umsetzung derselben möglich. Zur besseren Übersicht werden die aufgeführten Varianten in der Tabelle 4-5 auf Seite 85 anhand der Kriterien, die ihre Vor- und Nachteile widerspiegeln, miteinander verglichen. Zusammenfassend lässt sich sagen, dass bei einer geringen Anzahl von Recheneinheiten ein Bussystem im Allgemeinen die günstigste Variante sein wird. Kommen sehr viele

---

23. In der Diplomarbeit von Lohse [CC_Loh06] wurde ein Konzept erarbeitet, wie Autonome Einheiten (ohne feste Hardware-Zuordnung) zur Laufzeit von einer Recheneinheit zu einer anderen verschoben werden können. Darauf basierend besteht die Idee das Konzept der Föderativen Architektur um Installationsverträge, als einen Vertrag zwischen einer Autonomen Einheit und einer Recheneinheit über die Nutzung von Rechen- und Speicherkapazität, zu erweitern.
Mit dieser Erweiterung ist es möglich, in Software realisierte Autonome Einheiten innerhalb eines Föderativen Systems zu verschieben. Diese können dann so positioniert werden, dass die Buslast der verwendeten Busse möglichst gering ist. Diese Optimierung kann dann sogar (in Abhängigkeit der Verträge der Autonomen Einheiten) zur Laufzeit vorgenommen werden.
24. So wurde zum Beispiel experimentell festgestellt, dass zwei beliebige Menschen sich über maximal sechs Bekanntschaftsbeziehungen kennen. Das Netzwerk der Bekanntschaften, welches aus über 6 Milliarden Knoten (der Menschheit) besteht, ist damit unerwartet effizient. Ebenso ist es sehr stabil, denn selbst wenn ein Mensch daraus stirbt, so ändert sich der Abstand zu einem anderen Menschen nur unwesentlich. [Buch02]

	Totale Verkabelung	Bussystem	Ring	Stern	Verbundene Bussysteme	Small-World-Netz
Bild						
Platz / Verkabelungs-aufwand	Sehr hoch, ½*n*(n-1) Verbindungen notwendig	Sehr gering, nur eine (lange) Verbindung notwendig	Linear zur Anzahl der RE, n Verbindungen notwendig	Linear zur Anzahl der RE, n Verbindungen notwendig	Gering, wenige (lange) Verbindungen notwendig	Linear zur Anzahl der RE, ca. 3n Verbindungen sinnvoll
Anzahl der Teilnehmer	Unbeschränkt	Beschränkt durch die Bandbreite des gewählten Busses	Unbeschränkt	Beschränkt durch die Leistungsfähigkeit der zentralen RE	Unbeschränkt	Unbeschränkt
Effizienz	Sehr hoch, nur ein Schritt	Hoch, nur ein Schritt, Wartezeiten möglich	Niedrig, bis zu ½*n Schritte notwendig	Hoch, immer genau zwei Schritte notwendig	Mittel, Anzahl der Schritte maximal proportional zur Anzahl der Busse	Relativ hoch, je nach Dichte max. 2 oder 3 Schritte notwendig
Stabilität, Fehler-toleranz	Hoch, bei Ausfall maximal eine Verbindung unterbrochen	Mittel, bei Unterbrechung Ausfall von bis zu ¼*n² Verbindungen	Niedrig, Totalausfall bei Ausfall einer Recheneinheit	Niedrig, Totalausfall bei Ausfall der zentralen RE	Mittel, bei Unterbrechung Ausfall von bis zu ¼*n² Verbindungen	Sehr hoch, Bei Ausfall einer Verbindung, Nutzung einer anderen Route
Preisbildende Faktoren	Hoher Platz- & Kabelbedarf	Beschränkte Buslast und Teilnehmerzahl	Jede RE muss sie nicht betreffende Nachrichten weiterleiten	Sehr leistungsfähige zentrale RE	Zusätzliche Gateway-Knoten nötig	Mittlerer Platz- & Kabelbedarf, jede RE muss sie nicht betreffende Nachrichten weiterleiten

Tabelle 4-5: Vergleich der verschiedenen Topologien einer Kommunikationsinfrastruktur

85

Recheneinheiten zum Einsatz, bietet sich eine Vernetzung nach dem Prinzip der Small World an, da dieses auf Grund seiner Stabilität und gleichzeitigen Effizienz das Prinzip der Föderativen Architektur als eine hoch flexible Architektur auf Ebene der Infrastruktur sehr gut ergänzt.

Physische Topologie

Die physische Topologie der Recheneinheiten und des Kommunikationsmediums kann aus dem Konzept der Föderativen Architektur nicht abgeleitet werden. Diese muss für jedes konkrete Föderative System individuell bestimmt werden.

4.4.3 Technologischer Aspekt

Der technologische Aspekt einer EE-Architektur beschreibt mit welcher Technologie die bisher beschriebenen Konzepte realisiert werden. Bei der Föderativen Architektur umfasst dies die Implementierung der Autonomen Einheiten, sowie die Infrastruktur zur Kommunikation und zur Energieversorgung.

Implementierung der Autonomen Einheiten

Da jede Autonome Einheit eine physische Realisierung braucht, gilt für deren Implementierung:

Axiom 4-32 : Zuordnung der Autonomen Einheiten zu Recheneinheiten

> *Jede Autonome Einheit muss einer Recheneinheit zugeordnet werden, welche die zur Ausführung notwendige Hardware bereit stellt. Jeder Recheneinheit dürfen mehrere Autonome Einheiten zugeordnet sein.*

Autonome Einheiten sind von ihrer Konzeption her nicht an eine spezielle Hardwaretechnologie gebunden. So können diese rein in Software implementiert werden. Derartige Einheiten benötigen für ihre Ausführung zwar eine Hardware (Recheneinheit), diese ist jedoch kein Bestandteil der Autonomen Einheit. So können mehrere Autonome Einheiten auf einer Hardware gemeinsam ausgeführt werden. Eine Ausnahme davon stellen die Autonomen Einheiten dar, die Sensorik oder Aktorik realisieren. Hier ist die dafür benötigte Hardware ein fester Bestandteil der Autonomen Einheit.

Prinzipiell können Autonome Einheiten sowohl in Software als auch in Hardware realisiert werden. Eine Möglichkeit wäre ein Framework (siehe Kapitel 5.4.1) in Form eines ASIC in Hardware aufzubauen, auf dem ein freier Speicher für das Wissen und ein Mikrocontroller für die Funktionalität vorhanden sind. Dann kann jede Autonome Einheit als eigene Recheneinheit realisiert werden. Ebenso können alle Autonomen Einheiten in Software umgesetzt werden und allesamt auf einer einzigen Recheneinheit laufen.

Vor dem Hintergrund der aktuellen Technologieentwicklung im Fahrzeugbau, erscheint die Realisierung der Autonomen Einheiten in Software auf PC oder spezialisierten Mikrocontrollern (µC) der vorgezeichnete Weg hierfür. Sinnvollerweise sollten Recheneinheiten zum Einsatz kommen, welche deren parallele Ausführung ermöglichen. Dadurch werden deutlich weniger Recheneinheiten als Autonome Einheiten benötigt.

Infrastruktur zur Kommunikation

Nach Axiom 4-31 muss die Kommunikation zwischen allen Autonomen Einheiten gewährleistet werden. Da nach Axiom 4-32 in einer Recheneinheit mehrere Autonome Einheiten realisiert werden können, muss jede Recheneinheit die Kommunikation zwischen diesen ermöglichen.

Folgerung 4-33 :

Jede Recheneinheit muss die Kommunikation zwischen den auf ihr installierten Autonomen Einheiten gewährleisten.

Des Weiteren muss eine Kommunikationsinfrastruktur zwischen den Recheneinheiten existieren, damit Axiom 4-31 erfüllt ist. Deren technische Realisierung muss sich nach der topologischen Struktur (siehe Kapitel "Topologischer Aspekt") richten.

Die Kommunikationsinfrastruktur muss einerseits gewährleisten, dass die Aushandlung der Verträge (siehe Axiom 4-31) möglich ist. Und andererseits, dass die in Kapitel 4.3.3 beschriebene Daten-Nachricht auch gesendet werden kann. Um dies zu garantieren muss eine Vorschrift existieren, wie die Nachrichten zur Vertragsaushandlung und zur Vertragserfüllung kodiert sind. Diese Vorschrift basiert auf der systemweit eindeutigen Identifikation eines Gebots bzw. eines Vertrags (Formel 4.6). Als Erweiterung zum bestehenden Konzept der Föderativen Architektur ist angedacht, dass die Kodierung der Nachrichten zwischen den Vertragspartnern selbstständig ausgehandelt wird (siehe dazu Kapitel 7.4.2).

Auf Grund der beschränkten Bandbreite eines Kommunikationsmediums erscheint es problematisch, dass erst zur Laufzeit bekannt ist, welche Nachrichten überhaupt versendet werden müssen. So besteht beim CAN-Bus die Gefahr, dass dieser ausgelastet ist und Nachrichten mit geringer Priorität nicht mehr gesendet werden können. Deshalb muss bei dessen Einsatz gewährleistet sein, dass die Buslast nicht zu hoch ist und somit jede Nachricht (trotz der Priorisierung beim Buszugriff) auch tatsächlich versandt werden kann. Bei zeitgetriggerten Busprotokollen (TTP, FlexRay) hingegen hat jede Nachricht ein garantiertes Zeitfenster, in welchem sie gesendet wird. Allerdings ist es für den Einsatz dieser Protokolle notwendig, dass die Organisation der Zeitfenster zur Laufzeit von den Busteilnehmern selbstständig vorgenommen werden kann.

Allerdings kann die notwendige Bandbreite entsprechend Folgerung 4-12 anhand der Anzahl der Gesuche des Systems abgeschätzt werden. Somit kann von vornherein die maximale Buslast kalkuliert werden. Oder bei zeitgetriggerten Bussystemen für jedes Gesuch ein Timeslot vorgehalten werden. Allerdings wird damit die Flexibilität eingeschränkt, jederzeit weitere Autonome Einheiten in das Föderative System zu integrieren. Um dies gewährleisten zu können, muss eine andere Kommunikationstopologie zum Einsatz kommen (Kombination aus Bussystemen mit einer selbstorganisierenden Verteilung, Small-World-Netz, ..., siehe Kapitel 4.4.2).

Infrastruktur zur Energieversorgung

Außer einer Infrastruktur zur Kommunikation benötigen die Recheneinheiten selbstverständlich auch eine Infrastruktur zur Energieversorgung. Da sich dafür jedoch keine architekturspezifischen Anforderungen ableiten lassen, soll in dieser Arbeit darauf nicht näher eingegangen werden. Zur Energieversorgung kann ein heutzutage genutztes 14 V-Bordnetz ebenso verwendet werden, wie ein geplantes 48 V-Bordnetz (siehe Kapitel "Technologischer Aspekt" auf Seite 10).

4.5 Zusammenfassung

In diesem Kapitel wurde eine Architektur vorgestellt, die basierend auf einer funktionsorientierten Sichtweise das Prinzip der Selbstorganisation in Elektrik-Elektronik-Systeme überträgt. Kern dieser neuartigen Architektur sind die Autonomen Einheiten und deren Kooperationsmechanismus.

Jede Autonome Einheit realisiert eine Teilfunktion des Systems. Damit diese Funktion sinnvoll wirken kann, sucht die Autonome Einheit Informationen, die die Funktion als Argumente verwenden kann. Andererseits gibt sie die Funktionswerte an andere Autonome Einheiten weiter, wenn deren Funktion diese als Argument benötigt. So schließen Autonome Einheiten gegenseitig Verträge zum Informationsaustausch. Auf diese Weise organisieren die Autonomen Einheiten eines Systems den Informationsfluss selbstständig. Auf Grund der vorhandenen Teilfunktionen und des selbstorganisierten Informationsflusses entsteht die Gesamtfunktionalität des Föderativen Systems aus der (lokalen) Kooperation der Autonomen Einheiten.

Wie in Abbildung 4-32 dargestellt, lässt sich ein Föderatives System auf drei verschiedenen Ebenen darstellen. Am abstraktesten ist die funktionale Ebene. Diese zeigt das realisierte Funktionsnetz. Dessen Komponenten sind die Teilfunktionen des Systems, welche durch Hintereinanderausführung miteinander verbunden sind. Durch diese gerichteten Beziehungen wird der Informationsfluss im Föderativen System beschrieben. Im Gegensatz dazu ist die technische Ebene sehr nah an der Implementierung. Diese beschreibt das Netzwerk der Recheneinheiten eines Föderativen Systems und die Infrastruktur zwischen den Recheneinheiten. Im Unterschied zu aktuellen EE-Systemen (im Kraftfahrzeug) besteht zwischen diesen beiden Ebenen kein direkter Zusammenhang. Stattdessen befindet sich dazwischen die föderative Ebene. Diese stellt das Netzwerk der Autonomen Einheiten des Systems dar. Da jede Autonome Einheit mit jeder anderen potentiell in Verhandlungen steht, wird dieses Netz durch einen vollständigen Graphen dargestellt.

Zwischen der funktionalen und der föderativen Ebene besteht ein eineindeutiger Zusammenhang. Jeder Teilfunktion ist genau eine Autonome Einheit zugeordnet (siehe Definition 4-3 auf Seite 46). Damit entspricht ein Netzwerk aus Autonomen Einheiten und den zwischen ihnen geschlossenen Verträgen genau dem Funktionsnetz. Zwischen der föderativen und der technischen Ebene besteht ein eindeutiger Zusammenhang. Jede Autonome Einheit muss in einer Recheneinheit umgesetzt werden. Es dürfen jedoch mehrere Autonome Einheiten in einer Recheneinheit realisiert sein (siehe Axiom 4-32 auf Seite 86).

Um das Konzept einer selbstorganisierenden EE-Architektur abzurunden, müssen zwei wichtige Fragen geklärt werden:

1. Wie kann ein EE-System anhand der Föderativen Architektur so entwickelt werden, dass dieses das gewünschte Systemverhalten besitzt?

2. Wie kann geprüft werden, ob das sich selbst organisierende System wie gewünscht und korrekt funktioniert?

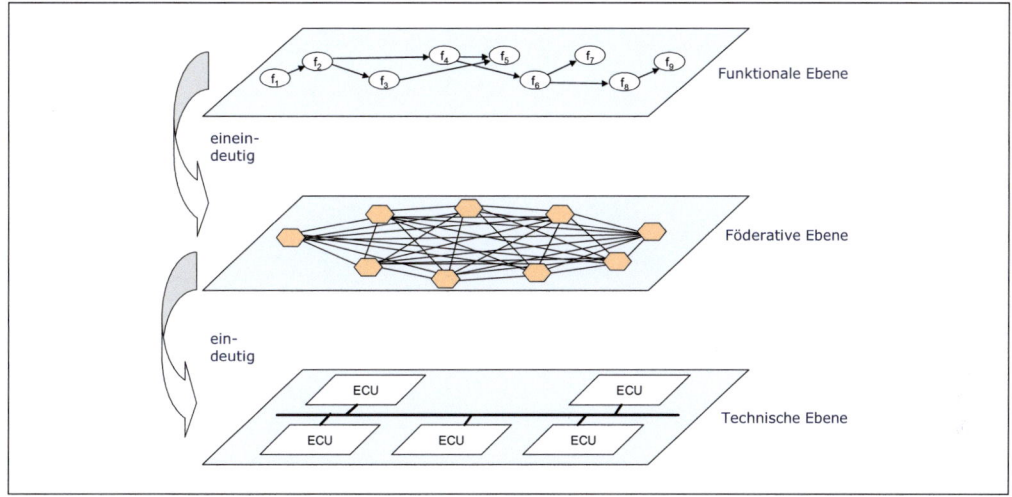

Abbildung 4-32: Beziehung zwischen den drei Ebenen eines Föderativen Systems

Diesen Fragen wird in den beiden folgenden Kapiteln nachgegangen. **Kapitel 5 "Entwicklung von Systemen der Föderativen Architektur"** stellt einen Ansatz vor, wie Föderative Systeme entwickelt werden können. Und in **Kapitel 6 "Kontrolle von Systemen der Föderativen Architektur"** werden verschiedene Möglichkeiten vorgestellt, um Föderative Systeme zu prüfen. In **Kapitel 7 "Implementation von Systemen der Föderativen Architektur"** folgen erste Beispielimplementationen von Föderativen Systemen.

89

5 Entwicklung von Systemen der Föderativen Architektur

Wie bereits im Kapitel 3.1.1 beschrieben und in Definition 3-8 festgelegt wurde, gehört zur Beschreibung einer EE-Architektur auch der Entwurf dazu. In diesem Kapitel wird ein Entwicklungskonzept vorgestellt, mit dem Systeme nach der Föderativen Architektur entworfen werden können.

Die Herausforderung liegt in der Tatsache, dass alle natürlichen selbstorganisierenden Systeme nicht gezielt entworfen wurden. Bei allen Beispielen aus Kapitel 3.2 ist klar ersichtlich, dass immer bestimmte Objekte existieren, die auf Grund gegebener Gesetzmäßigkeiten (physikalisch, chemisch, sozial, von Menschen erdacht, ...) miteinander in Interaktion stehen. Darauf basierend entsteht ein emergentes Verhalten des gesamten Systems. Bei natürlichen Systemen gibt es keinen Entwickler, der dieses Verhalten des Systems gezielt so entworfen hat. Es ist von Menschen lediglich entdeckt worden. Dies ist auch bei künstlicher Selbstorganisation, wie zum Beispiel den zellulären Automaten (siehe Seite 30ff.), der Fall.

Im Gegensatz dazu müssen Föderative Systeme gezielt entworfen werden. Das Systemverhalten wird vorher geplant und die Komponenten müssen so entwickelt werden, dass sie dieses Systemverhalten auch generieren. Dies ist ein wesentlicher Unterschied zu den bestehenden selbstorganisierenden Systemen. Für die Ausarbeitung eines Entwicklungsprozess für Föderative Systeme ist es somit nicht möglich auf eine existierende Methodik zurückzugreifen.

5.1 Grundidee für die Entwicklung

Damit die Entwicklung selbstorganisierender technischer Systeme praktisch realisierbar ist, muss ein derartiges Entwicklungskonzept zwei Ziele erreichen:

Ziel 1

> *Alle Autonomen Einheiten organisieren gemeinsam das gewünschte Systemverhalten.*

Ziel 1 beschreibt den wesentlichen Aspekt der selbstorganisierenden Systeme, dass das Verhalten eines Systems durch seine Komponenten organisiert wird. Damit wird vermieden, dass der Entwicklungsprozess bereits jede Organisationsform vordenkt oder (noch schlimmer) vorgibt, so dass praktisch keine Selbstorganisation des Systems mehr stattfindet.

Ziel 2

> *Jede Autonome Einheit des Föderativen Systems muss unter der Prämisse einer gemeinsamen Sprache, der gleichen Kommunikationsstruktur, u. ä. unabhängig vom restlichen System entworfen werden.*

Ziel 2 beschreibt hingegen die wesentliche Anforderung an den Entwurf Föderativer Systeme, damit diese auch praktisch entworfen werden können. Ist dieses Ziel nicht einhaltbar, kann ein Föderatives System nur als ein Gesamtwerk entworfen werden. Jede Autonome Einheit muss dann unter Beachtung der anderen Autonomen Einheiten entworfen werden. Dadurch steigt die Entwurfskomplexität extrem. Des Weiteren wäre das Prinzip der Selbstorganisation nicht tatsächlich umgesetzt, da alle Strukturen des Systems bereits in dessen Entwurf durchdacht werden müssten.

Die beschriebenen Ziele erscheinen auf den ersten Blick widersprüchlich. Denn um sicherzustellen, dass das gewünschte Verhalten entsteht, müssen (scheinbar) alle Autonomen Einheiten zusammen als ein Ganzes entworfen werden. Einen möglichen Ausweg aus dieser Unvereinbarkeit bietet folgende These an:

These

> *Eine formalisierte intuitive Beschreibung des Wissens der Autonomen Einheiten über ihre Funktion ergibt die erwartete Systemstruktur.*[1]

Die These basiert auf folgender Überlegung: Wenn eine Menge von Steuergeräten[2] gegeben ist, so ist ein Mensch in der Lage die Steuergeräte so miteinander zu verknüpfen, dass eine sinnvolle Gesamtfunktion entsteht. Die Verknüpfung beruht dabei auf der Analyse, welche Informationen ein Steuergerät zum Funktionieren benötigt und wer ihm diese Informationen liefern kann.

In diesem Kapitel wird nun ein Entwicklungskonzept vorgestellt, welches basierend auf dieser These den systematischen Entwurf von Föderativen Systemen ermöglicht. Damit ist jedoch noch nichts über die Gültigkeit der These ausgesagt. Eine Aussage darüber kann erst durch die Auswertung von Implementationen verschiedener Föderativer Systeme getroffen werden. Erste Implementationen werden im Kapitel 7 vorgestellt. Die darauf basierende Bewertung der These erfolgt im Kapitel 8.2.2 auf Seite 165.

5.2 Vorgehensweise

Die Vorgehensweise zur Entwicklung eines Föderativen Systems richtet sich nach den bereits vorgestellten Ebenen der Föderativen Architektur (siehe Abbildung 4-32). So wird zuerst die funktionale Ebene, danach die föderative Ebene und zuletzt die Steuergeräte-Ebene durchlaufen (siehe Abbildung 5-1).

Jede Ebene ist in Analyse und Entwurf unterteilt. Die Vorgehensweise ähnelt dem Wasserfallmodell. Dementsprechend ist es hier möglich und sinnvoll bei auftretenden Problemen wieder eine Stufe nach oben zu gehen (vom Entwurf zur Analyse bzw. von einer Ebene zur höheren Ebene). Im Folgenden werden die einzelnen Teile näher vorgestellt.

5.3 Entwicklung auf funktionaler Ebene

Auf der funktionalen Ebene muss zunächst geklärt und beschrieben werden, welche Funktionalität das System besitzen soll.

5.3.1 Funktionale Analyse: Systemfunktionalität bestimmen

In der funktionalen Analyse muss zunächst die gewünschte Funktionalität des zu entwerfenden Föderativen Systems bestimmt werden. Dafür werden alle kundenwahrnehmbaren Fahrzeugfunktionen (auch Features

---

1. Oder anders: Wenn für ein Feature alle notwendigen Funktionen im System vorhanden sind und das Wissen der Autonomen Einheiten, die diese Funktionen realisieren, intuitiv beschrieben ist, so entsteht dieses Feature.
2. Steuergeräte eines herkömmlichen EE-Systems, die wie Autonome Einheiten eine Funktion realisieren, die Verknüpfungen zwischen den Funktionen werden jedoch nicht ausgehandelt, sondern sind von vornherein festgelegt (siehe Kapitel 3.1.2).

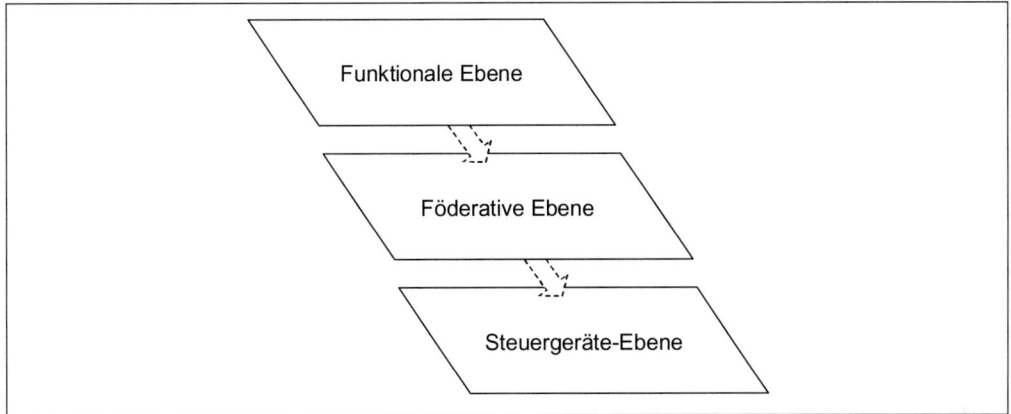

Abbildung 5-1: Ebenen zur Entwicklung eines Föderativen Systems

genannt), die durch das System realisiert werden sollen, benannt und kurz beschrieben. Dadurch wird festgelegt, welche Funktionen das zu entwerfende System besitzen soll. Die allgemeine Formulierung genügt, da dies lediglich zur groben Strukturierung dient.[3]

5.3.2 Funktionaler Entwurf: Teilfunktionen bestimmen

Im funktionalen Entwurf muss jedes der Features durch eine oder mehrere miteinander verknüpfte Teilfunktionen beschrieben werden. Für jedes Feature ist also zu bestimmen, welche Funktionen dafür in das System zu integrieren sind.

Diese Funktionen sind dann zu konzipieren. Dafür muss für jede Funktion geklärt werden, welche Informationen diese als Argumente braucht, welche Informationen sie als Werte ausgibt und wie die Funktionswerte aus den Argumenten bestimmt werden. Für jede dieser Teilfunktionen muss deshalb hier eine formale Beschreibung erstellt werden. [4]

In das System können durchaus weitere Funktionen hinzugefügt werden. Nur die zur Realisierung der Features notwendigen Funktionen müssen enthalten sein. (So kann z. B. die Funktion „Blinken" nicht ohne Lampe durchgeführt werden. Aber es können durchaus auch andere Lampen im System vorhanden sein.)[5]

5.4 Entwicklung auf föderativer Ebene

Jede der im funktionalen Entwurf beschriebenen Funktionen muss nun (wie in Abbildung 5-2 dargestellt) in einer Autonomen Einheit realisiert werden. Da alle Autonomen Einheiten einen identischen Aufbau haben

---

3. Als Beispiel ist dazu die Entwicklung eines Lichtszenarios als Föderatives Systems im Anhang in Kapitel A.2.1 auf Seite 190 aufgeführt.
4. Die Art der formalen Beschreibung der Funktion ist frei wählbar. Dies kann durch ein Zustandsdiagramm, einen Funktionsgraphen, o. ä. geschehen.
5. Als Beispiel ist das Lichtszenario im Anhang in Kapitel A.2.2 auf Seite 190 fortgeführt.

und sich nur in ihrem Verhalten und Wissen unterscheiden, ist es für die Entwicklung sinnvoll ein Framework für Autonome Einheiten einzuführen. Dieses Framework beschreibt die Struktur der Autonomen Einheiten und enthält alle Komponenten, außer dem Verhalten und dem Wissen. Wird in diesem Framework die Funktion als Verhalten implementiert und das Wissen über diese Funktion entsprechend eingetragen, entsteht eine Autonome Einheit (siehe Kapitel 4.2.3).

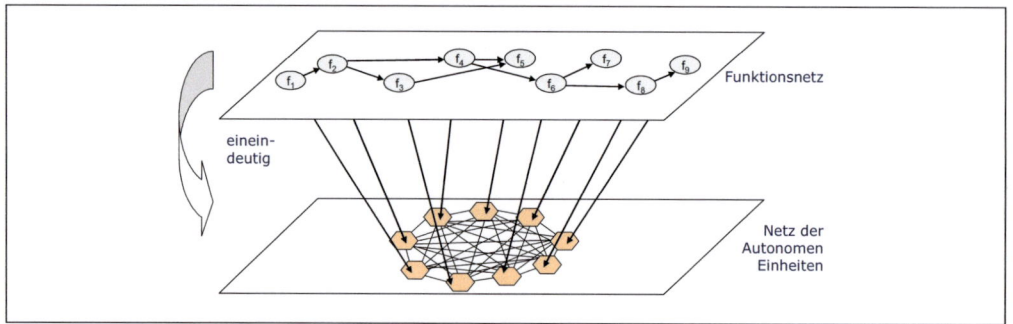

Abbildung 5-2:   Eineindeutige Zuordnung zwischen Funktionen und Autonomen Einheiten

Die Schwierigkeit im Entwurf einer Autonomen Einheit liegt dabei in der Beschreibung des Wissens. Denn dieses muss so gestaltet werden, dass (unter Beachtung des Wissens der anderen Autonomen Einheiten) die Verträge im System so ausgehandelt werden, dass die gewünschte Systemfunktionalität entsteht. Die Beschreibung des Wissens der Autonomen Einheiten darf dabei jedoch nicht in Abhängigkeit von den anderen Autonomen Einheiten geschehen. Es muss stattdessen ein Konzept geben, wonach jede Autonome Einheit für sich entworfen werden kann und trotzdem das Wissen so gestaltet ist, dass die Verträge so entstehen, dass die richtigen Informationen ausgetauscht werden.

5.4.1 Vorbereitung: Framework für Autonome Einheiten

Alle Autonomen Einheiten sind in ihrem Aufbau gleich. Des Weiteren sind die Komponenten Vertragsverwaltung und Vertragserfüllung für jede Autonome Einheit identisch. Da zum Entwurfszeitpunkt sowohl der Daten- als auch der Vertragsspeicher leer sind, unterscheiden sich Autonome Einheiten im Entwurf nur in ihrem Verhalten und dem zugehörigen Wissen. Damit lässt sich der Entwurf der Autonomen Einheiten durch ein Framework, welches die gemeinsamen Komponenten und die Struktur zusammenfasst, deutlich vereinfachen.

Definition 5-1 : Application Framework (Anwendungsrahmen) [RePo02]

Nach [RePo02] ist ein Framework (Rahmenwerk) eine Konfiguration von Klassen, die ein Lösungsschema für eine Problemstellung vergegenständlichen. Ein Application Framework (Anwendungsrahmen) ist eine spezielle Form, welche die Grundstruktur und den Steuerfluss einer vollständigen Anwendung enthält. Es liefert eine generische Lösung für eine Klasse von Anwendungsproblemen, die aber in den meisten Fällen noch anwendungsspezifisch durch Ableitung spezialisiert oder durch Parametrisierung ergänzt werden muss.

Ein Framework für Autonome Einheiten ist also ein Anwendungsrahmen, welcher die Struktur und den Informationsfluss einer Autonomen Einheit enthält. Es besteht aus den gleichen Bestandteilen, wie jede Autonome Einheit. Nur die Komponenten Verhalten und Wissen, die wie oben beschrieben eine konkrete Autonome Einheit individuell charakterisieren, sind durch leere und damit sinnfreie Hüllen ersetzt. Das Verhalten des Frameworks wird daher als „Dummy-Verhalten" bezeichnet und realisiert eine Funktion ohne Argumente und Funktionswerte[6]. Das Wissen im Framework enthält dementsprechend auch keine Gebote und Gesuche und ist deswegen leer. In Abbildung 5-3 ist der Aufbau eines Frameworks für Autonome Einheiten dargestellt.

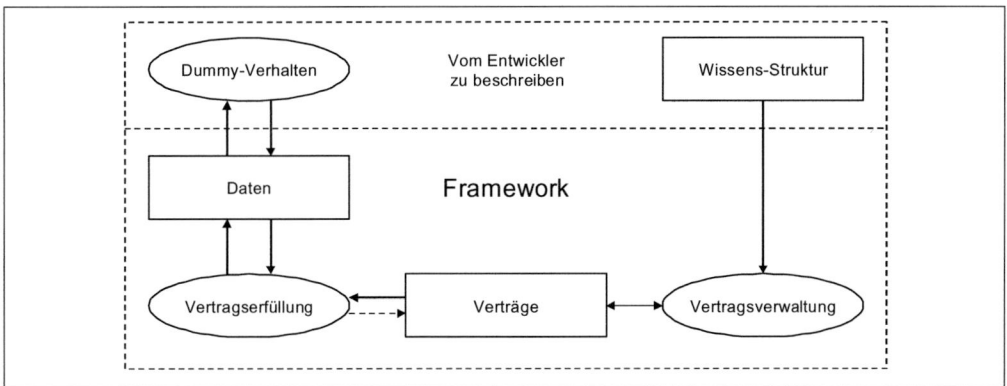

Abbildung 5-3: Framework einer Autonomen Einheit (KD)

Definition 5-2 : Framework einer Autonomen Einheit

Das Framework einer Autonomen Einheit ist ein Rahmenprogramm, welches das Aushandeln und Verwalten aller Gebote und Gesuche und der damit verbundenen Verträge einer AE übernimmt. Es ist für jede AE identisch und muss für jede AE noch um die Funktion und deren Beschreibung ergänzt werden.

Der Entwurf einer Autonomen Einheit für ein Föderatives System wird durch ein Framework deutlich vereinfacht. So muss nicht mehr jede Autonome Einheit in allen Details einzeln realisiert werden, sondern jede Autonome Einheit entsteht aus dem Framework. Um dieses in eine Autonome Einheit umzuwandeln, muss sein Dummy-Verhalten durch ein Verhalten mit einer sinnvollen Funktion ersetzt und das Wissen entsprechend dieser Funktion gefüllt werden.

5.4.2 Föderative Analyse: Der Referenzbaum

Die Struktur des Wissens wurde bereits im Kapitel 4.3.6 näher vorgestellt. Die Gebote und Gesuche der Autonomen Einheiten werden in Form von Bäumen beschrieben. Damit ist die Syntax des Wissens festgelegt. Nun muss aber dafür gesorgt werden, dass dessen Semantik auch bei allen Einheiten im System gleich ist. Dafür gibt es zwei Möglichkeiten: Entweder wird für alle Eigenschaften eine Referenz hinterlegt, wie diese zu

---

6. Dies ist mathematisch betrachtet möglich. Eine solche Funktion ist als eine Abbildung der leeren Menge in die leere Menge darstellbar. Selbstverständlich ist eine solche Funktion praktisch bedeutungslos und wird deshalb nie in einer Autonomen Einheit umgesetzt werden.

beschreiben sind. Um ein Gebot/Gesuch zu beschreiben, muss dann nur jedes kontrolliert werden, ob die jeweilige Eigenschaft existiert oder nicht. Die andere Möglichkeit ist, alle Eigenschaften frei zu beschreiben und mit Hilfe einer Ontologie (z. B. eines Begriffssystems) die entsprechenden semantischen Verknüpfungen (Synonyme, Homonyme, Spezialisierung, ...) herzustellen [CC_AFS05, StSt04].

Referenzbaum

In dieser Arbeit wurde die Beschreibung durch eine Referenz umgesetzt. Allen Gebots- und Gesuchsbäumen liegt somit ein Referenzbaum zu Grunde. Jede Eigenschaft, die zur Beschreibung der Informationen, die über diese Gebote und Gesuche ausgetauscht werden, benötigt wird, muss in diesem Referenzbaum enthalten sein. Jede Eigenschaft stellt dabei ein Blatt des Referenzbaums dar und alle höherliegenden Knoten entsprechen Klassifikationen dieser Eigenschaften (siehe dazu Kapitel "Gebots- und Gesuchsbäume" auf Seite 76f).

Der Referenzbaum enthält strukturelle Vorgaben an die Gebots- und Gesuchsbäume. Diese Vorgaben müssen beim Entwurf der Gebote und Gesuche eingehalten werden (siehe Kapitel "Föderativer Entwurf: Beschreibung des Wissens" auf Seite 98). Des Weiteren können in einem Referenzbaum auch bestimmte Zusammenhänge als Bedingungen formuliert werden, die dann in den Gebots- und Gesuchsbäumen eingehalten werden müssen. Aufbauend auf den Definitionen von Gebots- (Definition 4-27) und Gesuchsbaum (Definition 4-28), kann ein Referenzbaum wie folgt definiert werden:

Definition 5-3 : Referenzbaum

Für eine Menge P von Eigenschaften wird das Quadrupel (V, E, C, G) als Referenzbaum bezeichnet, wenn gilt:

1. *$V \subseteq Pot(P)$ ist die Menge der Knotenpunkte, die Wurzel $v_0 \in V$ dieses Baums trägt die Bezeichnung „Referenzbaum" und umfasst alle Eigenschaften $v_0 = P$.*

2. *$E \subseteq V \times V$ ist die Menge der Kanten mit $e = (v_i, v_k) \Rightarrow v_k \subseteq v_i$*

3. *C ist eine Menge von Bedingungen, jede Bedingung $c \in C$ besteht aus zwei Aussagen $c = (c_S, c_B)$, welche für die entsprechenden Knoten entweder in Gesuchs- oder in Gebotsbäumen gelten müssen.*

4. *$G \subseteq V \times C$ stellt die Zuordnung dar, welche Knoten die Bedingungen erfüllen müssen.*

Beispiel 5-4 : Bedingung in einem Referenzbaum

Um zum Beispiel vorzugeben, dass von vier möglichen Eigenschaften nur genau eine in einem Gebotsbaum auftreten darf, kann die Relation „genau eins" eingeführt werden, welche einem Knoten des Referenzbaums zugeordnet wird. Dies soll bedeuten, dass wenn dieser Knoten in einem Gebot auftritt, genau einer der nachfolgenden Knoten des Referenzbaums auftreten muss. Für ein Gesuch bedeutet dies, dass von diesem Knoten maximal eine Kante mit der Beschriftung „Muss" ausgehen darf. Eine derartige Vorgabe mit dazu passendem Gebot und passenden Gesuchen ist in Abbildung 5-4 dargestellt (der nicht relevante Teil eingegraut).

Die entsprechende Bedingung für den Referenzbaum lautet dann:

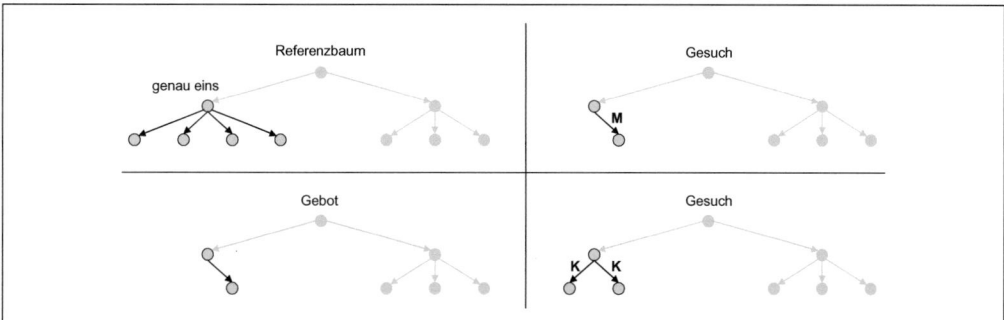

Abbildung 5-4: Referenzbaum mit Vorgabe und passendem Gebot und Gesuchen

$$c = (c_S, c_B) \in C \ mit \tag{5.1}$$

mit der Bedingung für Gebotsbäume:

$$c_B(v, V_B, E_B) =$$
$$v \in V_B \Rightarrow \exists v_i : (v, v_i) \in E_B \wedge \forall (v, v_j) \in E_B : v_i = v_j \tag{5.2}$$

und der Bedingung für Gesuchsbäume:

$$c_S(v, V_S, E_S) = \tag{5.3}$$
$$v \in V_S \Rightarrow \exists v_i : (v, v_i) \in E_S \wedge ((b(v, v_i) = Muss) \Rightarrow \forall (v, v_j) \in E_B : v_i = v_j)$$

Selbstverständlich sind auch andere Bedingungen denkbar. Bei der Formulierung einer Bedingung muss immer die Konsequenz sowohl für die Gebots- als auch die Gesuchsbäume klar formuliert sein.

Entwicklung des Referenzbaums

Bevor der Entwurf der Autonomen Einheiten beginnen kann, muss also ein dafür geeigneter Referenzbaum vorhanden sein. Dieser muss zu Beginn des Systementwurfs erstellt werden. Jede Eigenschaft, von der die Entwickler denken, dass sie benötigt wird, muss in diesen Referenzbaum integriert werden. Wenn zwischen diesen Eigenschaften bestimmte Zusammenhänge existieren, die in den Gebots- und Gesuchsbäumen zu respektieren sind, so müssen diese in Form von Bedingungen in den Referenzbaum mit eingebracht werden.[7]

Wird festgestellt, dass eine Eigenschaft zur Beschreibung fehlt, so ist es natürlich auch möglich, diese nachträglich in den Referenzbaum einzufügen. Danach muss bei allen bisher beschriebenen Geboten und Gesuchen kontrolliert werden, ob sie diese Eigenschaft besitzen oder nicht.

Ausprägung einer Föderativen Architektur

Ist ein Referenzbaum ausgearbeitet, so impliziert dieser eine konkrete Ausprägung der Föderativen Architektur. Denn mit diesem Referenzbaum lassen sich nur Föderative Systeme erstellen, die dieser Ausprägung ent-

---

7. Als Beispiel ist das Lichtszenario im Anhang in Kapitel A.2.3 auf Seite 191 fortgeführt.

sprechen. Entwickelt zum Beispiel ein Fahrzeughersteller einen Referenzbaum, so ist mit diesem das Wissen aller Autonomen Einheiten seiner Fahrzeuge beschreibbar. Es ist jedoch davon auszugehen, dass dieser Referenzbaum nicht auf Fahrzeuge anderer Hersteller oder sogar vollkommen andere EE-Systeme übertragen werden kann. Jeder Hersteller setzt somit eine eigene Ausprägung der Föderativen Architektur ein.

5.4.3 Föderativer Entwurf: Beschreibung des Wissens

Entwurf der Gebote und Gesuche

Für den Entwurf einer Autonomen Einheit existiert also ein Referenzbaum, an dem sich die Beschreibung der Gebots- und Gesuchsbäume orientiert. Soll ein Gebot oder ein Gesuch beschrieben werden, so muss für jede Eigenschaft überlegt werden, ob diese zur Beschreibung der Information zutrifft oder nicht. Knoten im Referenzbaum, die eine Klasse von Eigenschaften darstellen, müssen dann übernommen werden, wenn mindestens eine der darunterliegenden Eigenschaften aufgeführt wird. Damit wird für jede zutreffende Eigenschaft aus dem Referenzbaum der gesamte Pfad von der Wurzel bis zum Blatt in den zu entwickelnden Gebots- oder Gesuchsbaum übernommen. Damit gilt folgender Zusammenhang:

Axiom 5-5 : Ableitung der Gebots- und Gesuchsbäume aus dem Referenzbaum

Sei (V, E, C, G) der Referenzbaum, dann gilt für alle Gebotsbäume (V_B, E_B) sowie für alle Gesuchsbäume (V_S, E_S, b, g) :

$$V_B \subseteq V \text{ und } E_B \subseteq E$$
$$V_S \subseteq V \text{ und } E_S \subseteq E$$
$$\forall c \in C \ \forall (v, c) \in G : \begin{array}{l} c_S(v, V_S, E_S) = Wahr \\ c_B(v, V_B, E_B) = Wahr \end{array}$$

Wobei natürlich die Gebots- und Gesuchsbäume immer noch zusammenhängende Bäume sein und den Definitionen 4-27 und 4-28 entsprechen müssen. [8]

3er-Vergleich

Um bei der Beschreibung der Gebote und Gesuche die Eigenschaften der Informationen klarer erkennen zu können, hat sich die Methode des 3er-Vergleichs bewährt. Dabei gibt es zwei Gebote und ein Gesuch, die so ausgewählt sind, dass ein Gebot genau die Information anbietet, die das Gesuch benötigt. Das zusätzliche Gebot bietet eine Information, die der anderen ähnelt, aber nicht gleich ist. Die Frage ist dann, welche Eigenschaften es ausmachen, dass das Gesuch mit dem richtigen Gebot einen Vertrag schließt.

Dieses Verfahren kann auch auf zwei Gesuche und ein Gebot angewendet werden. Dann können die Unterschiede jedoch nur hinsichtlich des K.o.-Kriteriums überprüft werden, da ein Gebot mit mehreren Gesuchen Verträge eingehen darf. Dazu genügt es meist ein Gesuch und ein Gebot zu betrachten, die auf keinen Fall

---

8. Als Beispiel ist das Lichtszenario im Anhang in Kapitel A.2.4 auf Seite 191 fortgeführt.

einen Vertrag miteinander schließen sollen. Die entsprechende (negierte) Eigenschaft muss dann als Forderung des Gesuchs aufgenommen werden.

Die Anwendung dieses Verfahrens beim Entwurf einer Autonomen Einheit ist kein Widerspruch zu Ziel 2, da die zum Vergleich herangezogenen Gebote und Gesuche rein fiktiv sein können.

Dieses Verfahren ist sowohl für den konkreten Entwurf eines Gebots oder Gesuchs wichtig, aber auch um die Eigenschaften zu ermitteln, die auf jeden Fall im Referenzbaum enthalten sein müssen. Denn wenn zwei Gebote verschiedene Informationen anbieten, so muss auch durch den Referenzbaum die Möglichkeit bestehen diese unterschiedlich zu beschreiben. Es muss also mindestens eine Eigenschaft im Referenzbaum geben, die das eine Gebot hat und das andere nicht, besser wären zwei oder mehr.

5.5 Entwicklung auf Steuergeräte-Ebene

5.5.1 Steuergeräte-Analyse: Hardware-Auswahl

Nachdem die Autonomen Einheiten auf der vorangegangenen Ebene festgelegt und beschrieben wurden, müssen nun die Grundlagen zur Ausführung dieser Autonomen Einheiten festgelegt und beschrieben werden. Dies ist zum einen die notwendige Hardware und zum anderen aber auch die grundlegende Software, wie Betriebssystem und Treiber. Die Föderative Architektur hat keine konkreten Vorgaben an diese. Die verwendete Hardware muss nur leistungsfähig genug sein. Und wenn mehrere Autonome Einheiten in einer Recheneinheit zusammen operieren sollen, so muss ein Betriebssystem oder eine äquivalente Schicht zu deren Verwaltung vorhanden sein.[9]

Entsprechend der ausgewählten Hardware und dem verwendetem Betriebssystem muss das Framework der Autonomen Einheiten angepasst werden, damit es korrekt funktioniert. Des Weiteren müssen auch einige Parameter, wie die Anfrageperiode (Kooperationstrieb, siehe Kapitel 4.3.2), die Kontrollzeiten (siehe Kapitel 4.3.5) u. a., festgelegt werden. Damit diese systemweit einheitlich sind, müssen sie direkt im Framework festgeschrieben sein.

5.5.2 Steuergeräte-Entwurf: Partitionierung und Implementierung

Jede Autonome Einheit muss in einem Steuergerät realisiert werden. Wobei in einem Steuergerät durchaus mehrere Autonome Einheiten realisiert werden können (siehe Axiom 4-32 auf Seite 86). Die Steuergeräte dienen lediglich als Recheneinheiten, welche die notwendigen Hardwareressourcen zur Ausführung der Autonomen Einheiten bereit stellen.

Für die Zuordnung gilt nur die Rahmenbedingung, dass aktorische und sensorische Autonome Einheiten Steuergeräten mit entsprechender Aktorik und Sensorik zugewiesen werden müssen. Ansonsten wird die Zuordnung durch Optimierungs- und Machbarkeitskriterien (bzgl. Rechen- und Speicherressourcen der Steuergeräte, Buslast, ...) gestaltet. Diese Zuordnung ist derzeit noch Aufgabe des Entwicklungsingenieurs. Es

---

9. So hat Wolf in [CC_Wolf08] mehrere Autonome Einheiten auf einem PC mit Hilfe eines Betriebssystems und eines SocketServers implementiert (siehe Kapitel 7.1.3).

gibt jedoch Überlegungen für eine Fortsetzung des Konzepts der Selbstorganisation dahin, dass diese Zuordnung ebenfalls durch alle Autonomen Einheiten des Systems selbstständig vorgenommen wird. Dafür notwendige Überlegungen wurden bereits von Lohse in [CC_Loh06] vorgenommen.

5.6 Zusammenfassung

Die Entwicklung eines Systems nach der Föderativen Architektur findet auf allen drei Ebenen, der funktionalen, der föderativen und der Steuergeräte-Ebene, statt. Wie in Abbildung 5-5 dargestellt, unterteilen sich diese Ebenen jeweils in eine Analyse- und eine Entwurfsphase.

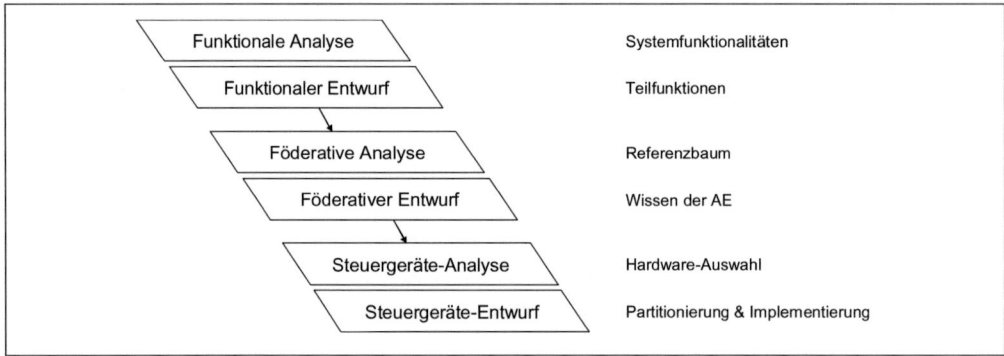

Abbildung 5-5: Vorgehensweise bei der Entwicklung eines Föderativen Systems

Verteilter Systementwurf

Eine wichtige Eigenschaft im vorgestellten Entwicklungskonzept ist, dass die Entwurfsphasen verteilt stattfinden können. In der Analysephase werden allgemeine Festlegungen getroffen, die dann in der Entwurfsphase einzuhalten sind. Das heißt, der Entwurf der Teilfunktionen, des Wissens und die endgültige Implementierung kann an andere herausgegeben werden. So ist es möglich, dass jede Autonome Einheit durch einen anderen Entwickler entworfen werden kann.

Dies passt gut zum derzeitigen Entwurf aktueller EE-Systeme (siehe Kapitel "Entwurf" auf Seite 13ff). Dabei gibt es einen Fahrzeughersteller (OEM, Original Equipment Manufacturer), der das gesamte System plant und dann den Entwurf der Steuergeräte des EE-Systems an verschiedene Zulieferer hinausgibt. Dieses Prinzip kann mit dem vorgestellten Entwurf beibehalten werden. Der OEM muss die Gesamtfunktionalität vorgeben, sich um die Gestalt des Referenzbaums kümmern und das Framework festlegen.

Vergleich mit Entwurf aktueller EE-Systeme

Zwischen dem Entwurf eines Föderativen Systems und dem eines herkömmlichen EE-Systems gibt es einen wesentlichen Unterschied. Beim Entwurf eines herkömmlichen EE-Systems müssen dessen Komponenten (die Steuergeräte) und deren Verbindungen zum Informationsaustausch (K-Matrix) beschrieben werden. Es ist also eine Menge von Komponenten zusammen mit einer Struktur (den Kommunikationsbeziehungen) zu entwerfen. Im Gegensatz dazu besteht der Entwurf eines Föderativen Systems aus der Beschreibung der Komponenten (der Autonomen Einheiten). Hier ist also lediglich eine Menge von Komponenten zu beschreiben. Die Struktur nicht, diese wird später aus den Komponenten heraus gebildet.

Fazit

Um Föderative Systeme entwerfen zu können, muss jede Autonome Einheit einzeln ohne Kenntnis über die anderen Autonomen Einheiten entworfen werden, aber alle zusammen müssen dennoch das gewünschte Systemverhalten realisieren. Dieser Widerspruch wurde mit der These gelöst, dass die menschlich intuitive Beschreibung des Wissens der Autonomen Einheiten (also die Beschreibung der funktionalen Schnittstellen) eine sinnvolle Systemstruktur nach sich zieht.

Stellt sich diese These als falsch heraus, besteht derzeit kein äquivalenter Ansatz zur Entwicklung Föderativer Systeme. Der einzige derzeit bekannte Ausweg wäre das Ziel 2 aufzugeben und alle Autonomen Einheiten eines Systems gemeinsam zu entwerfen.[10] Damit wird die Entwurfskomplexität heutiger Systeme jedoch deutlich übertroffen, da jede mögliche Vertragskombination zwischen den Autonomen Einheiten durch den Entwickler bereits vorgedacht werden muss. Stellt sich diese These jedoch als gültig heraus, so ergeben sich aus diesem einfachen Entwurf komplexer selbstorganisierender Systeme vielfältige Vorteile. Dann ist es möglich, alle Systeme zu entwerfen, indem sie auf den Entwurf einer Menge von Teilfunktionen reduziert werden.

Die Korrektheit dieser These wird in dieser Arbeit nicht abschließend nachgewiesen. Im Rahmen dieser Arbeit wurden verschiedene EE-Systeme erfolgreich entworfen (siehe Kapitel 7), was für die Gültigkeit der These spricht. Allerdings ist deren Komplexität beim Funktionsumfang, den Randbedingungen und damit der Anzahl der Autonomen Einheiten deutlich geringer als bei einem Föderativen System eines realen Fahrzeugs. Damit können diese Beispiele als Indiz aber nicht als Beleg für die Gültigkeit der These gelten.

---

10. Im Ausblick in Kapitel 9.5 wird eine weitere Möglichkeit vorgestellt. Diese basiert darauf die Föderative Architektur um Rückkopplungsmechanismen und evolutionäre Strategien zu erweitern. Eine nicht ausreichende Beschreibung der Gebote und Gesuche durch den Entwickler kann durch diese Mechanismen im Gesamtsystem weiterentwickelt werden.

6 Kontrolle von Systemen der Föderativen Architektur

Im Unterschied zu zentral organisierten Systemen ist die Struktur selbstorganisierter Systeme nicht von vornherein festgelegt. Diese wird erst durch das System selbst ausgebildet. Damit stellen sich bei der Verifikation technischer selbstorganisierter Systeme folgende Fragen:

- Sind die Teilfunktionen korrekt implementiert?
- Wird die Systemstruktur korrekt ausgebildet?
- Wird die gewünschte Systemfunktionalität realisiert?

Die erste Frage betrifft alle technischen Systeme gleichermaßen. Es ist zu klären, ob die gewünschte Teilfunktion korrekt implementiert wurde. Dies ist die grundlegende Voraussetzung, damit die korrekte Systemfunktionalität erreicht werden kann. Dies erfordert eine Kontrolle auf der Ebene der Steuergeräte.

Die zweite Frage setzt sich mit der Problematik auseinander, ob der Mechanismus der Selbstorganisation korrekt umgesetzt ist. Dies ist ebenfalls eine grundlegende Voraussetzung, damit die gewünschte Systemfunktionalität erreicht werden kann. Dabei darf aber nicht auf eine konkrete Systemstruktur kontrolliert werden. Stattdessen muss die Kontrolle darin bestehen, ob der Kooperationsmechanismus so wie in Kapitel 4 beschrieben realisiert wurde. Dies erfordert also eine Kontrolle auf der föderativen Ebene.

Viele für sich korrekte Teilfunktionen ergeben nicht zwangsläufig ein korrekt funktionierendes Gesamtsystem. Daher ist die Frage nach der korrekten Gesamtfunktionalität notwendig. Insbesondere bei selbstorganisierten technischen Systemen ist diese Frage wichtig. Denn ob die Selbstorganisation ein gewünschtes Systemverhalten hervorbringt, kann nicht anhand der Systemstruktur, sondern nur anhand des Systemverhaltens kontrolliert werden. Damit ist eine Kontrolle auf der funktionalen Ebene notwendig.

6.1 Kontrolle auf Steuergeräte-Ebene

Die Kontrolle der korrekten Implementierung ist ein bekanntes Problem bei der Entwicklung moderner Elektroniksysteme. Insbesondere bei sicherheitsrelevanten Systemen, wie dem eines Fahrzeugs, besitzt das Testen bereits heute eine sehr große Bedeutung. Dafür kommen sehr verschiedene Techniken zum Einsatz, wie Code-Review, Software-in-the-loop, Hardware-in-the-loop, usw.

Ein wesentlicher Vorteil bei der Absicherung Föderativer Systeme ist die strikte Unabhängigkeit der Autonomen Einheiten. Diese besitzen klare Schnittstellen zueinander und sind in der Ausführung ihrer Funktion autark. Dadurch kann die Umsetzung einer Autonomen Einheit in einem Steuergerät sehr gut als Black Box und unabhängig von der tatsächlich vorhandenen Umgebung getestet werden.

Die große Herausforderung besteht vor allem in der Vielzahl der möglichen Zustände, die praktisch nicht vollständig geprüft werden können. Mit Hilfe von Testautomatisierungstools, wie zum Beispiel ECU-TEST der Firma TraceTronic [WWW_TT], ist es möglich Testfälle generisch zu beschreiben und diese automatisiert durchzuführen. Dadurch kann eine große Abdeckung an sinnvollen Tests erreicht werden.

Dieses Thema ist sehr umfangreich und wird in eigenen Publikationen behandelt. Daher wird an dieser Stelle nicht weiter darauf eingegangen, sondern auf bestehende Techniken, wie Äquivalenzklassenbildung, Grenzwerttests, Negativtests, Code-Review, risikoorientiertes Testen, modellbasiertes Testen, u. v. m. in der entsprechenden Literatur verwiesen (z. B. [Deu07], [Spi08], ...).

6.2 Kontrolle auf föderativer Ebene

Um die Interaktion der Autonomen Einheiten eines Föderativen Systems zu verifizieren, muss die verteilte Aushandlung der Verträge zwischen den Autonomen Einheiten formal beschrieben werden. Mit dieser Beschreibung kann dann ein systemexterner Beobachter entscheiden, ob das Föderative System korrekt entstanden ist.

6.2.1 Formale Beschreibung eines Föderativen Systems

Auf Grund des selbstorganisierenden Charakters der Föderativen Architektur ist es nicht möglich die Beschreibung der Föderativen Systeme mit Hilfe der konventionellen Architekturbeschreibungssprachen (siehe Kapitel 3.3.1) durchzuführen. Deswegen wird im Folgenden basierend auf Kapitel 4 die dafür notwendige Theorie entwickelt.

Beschreibung der verteilten Aushandlung der Kommunikationsverträge

Zu Beginn müssen als elementare Begriffe die Mengen der Autonomen Einheiten, der Gesuche und der Gebote eines Föderativen Systems definiert werden:

Definition 6-1 : Begriffsklärung

> *In einem Föderativen System gelten folgende Bezeichnungen:*
>
> $Æ$ *... die Menge der Autonomen Einheiten des Föderativen Systems*
>
> $\mathcal{B}$ *... die Menge aller möglichen Gebote des Föderativen Systems*
>
> $\mathcal{S}$ *... die Menge aller möglichen Gesuche des Föderativen Systems.*

Werden nur die funktionalen Schnittstellen einer Autonomen Einheit betrachtet, so lassen diese sich anhand ihrer Gebote und Gesuche beschreiben. Damit kann eine (auf ihre Funktionalität abstrahierte) Autonome Einheit wie folgt beschrieben werden:

Folgerung 6-2 :

> *Jede Autonome Einheit* $æ := (f_{æ}, \mathcal{S}_{æ}, \mathcal{B}_{æ}) \in Æ$ *wird durch eine Funktion* $f_{æ}$*, die Menge ihrer Gesuche* $\mathcal{S}_{æ} \subseteq \mathcal{S}$ *und die Menge ihrer Gebote* $\mathcal{B}_{æ} \subseteq \mathcal{B}$ *beschrieben. Damit gilt die folgende Identität:*

$$\forall æ_1, æ_2 \in Æ : æ_1 = æ_2 \Leftrightarrow (f_{æ_1} = f_{æ_2}) \wedge (\mathcal{S}_{æ_1} = \mathcal{S}_{æ_2}) \wedge (\mathcal{B}_{æ_1} = \mathcal{B}_{æ_2}). \tag{6.1}$$

Definition 6-3 : Gesuche und Gebote eines Föderativen Systems

> *In einem Föderativen System mit der Menge* $Æ$ *von Autonomen Einheiten bestimmen sich die Mengen der darin vorhandenen Gebote und Gesuche wie folgt:*

$$\mathcal{B}_{\text{Æ}} := \bigcup_{\text{æ} \subset \text{Æ}} \mathcal{B}_{\text{æ}} \tag{6.2}$$

$$\mathcal{S}_{\text{Æ}} := \bigcup_{\text{æ} \subset \text{Æ}} \mathcal{S}_{\text{æ}} \tag{6.3}$$

Jede Autonome Einheit versucht jedem ihrer Gesuche ein Gebot zuzuordnen, welche durch einen Vertrag aneinander gebunden sind. Jede Autonome Einheit speichert alle Verträge, die sie über ihre Gebote und Gesuche abschließt. Im Folgenden werden als Verträge einer Autonomen Einheit nur die Verträge ihrer Gesuche betrachtet. Dies genügt, da dadurch alle Verträge genau einer Autonomen Einheit zugeordnet sind.

Definition 6-4 : Verträge einer Autonomen Einheit

Die Verträge einer Autonomen Einheit sind Zuordnungen ihrer Gesuche zu den Geboten des Föderativen Systems. Die Verträge $\mathcal{V}_{\text{æ}}$ einer Autonomen Einheit $\text{æ} \in \text{Æ}$ stellen damit folgende partielle[1] Abbildung dar:[2]

$$\mathcal{V}_{\text{æ}} : \mathcal{S}_{\text{æ}} \to \text{Æ} \times \mathcal{B}_{\text{Æ}}$$

Zwischen einem Gesuch $S \in \mathcal{S}_{\text{æ}_1}$ einer Autonomen Einheit $\text{æ}_1 \in \text{Æ}$ und einem Gebot $B \in \mathcal{B}_{\text{æ}_2}$ einer Autonomen Einheit $\text{æ}_2 \in \text{Æ}$ besteht ein Vertrag, wenn Gesuch und Gebot das K.o.- und das Bewertungskriterium erfüllen. Dann gilt: $\mathcal{V}_{\text{æ}_1}(S) = (\text{æ}_2, B)$.

Der Definition 4-27 auf Seite 77 entsprechend wird jedes Gebot $B \in \mathcal{B}$ als ein Baum beschrieben ($B = (V_B, E_B)$). Und nach Definition 4-28 wird jedes Gesuch $S \in \mathcal{S}$ als ein gewichteter und beschrifteter Baum dargestellt ($S = (V_S, E_S, g, b)$). Darauf aufbauend wurde das K.o.-Kriterium (siehe Formel 4.14 auf Seite 79) wie folgt beschrieben:

K.o.-Kriterium:
$$\forall e_{ik} = (v_i, v_k) \in E_S : \\ v_i \in V_B \wedge b(e_{ik}) = Muss \Rightarrow e_{ik} \in E_B \tag{6.4}$$

Auf alle Gebote, die dem K.o.-Kriterium entsprechen, wird danach anhand der Gewichtung g des Gesuchs das Bewertungskriterium (siehe Formel 4.15 auf Seite 80) angewandt:

Bewertungskriterium:
$$\sum_{v \in V_B} g(v) \to max \tag{6.5}$$

Jedes Gebot, welches diesen beiden Kriterien entspricht, kommt als Vertragspartner für das betrachtete Gesuch in Frage. Wenn es mehrere gibt, so entscheidet der Zufall (bzw. eine nicht planbare Größe, wie die Antwortschnelligkeit) darüber, welches Gebot ausgewählt wird.[3]

---

1. Bei einer partiellen Funktion p ist es im Unterschied zur normalen Funktion erlaubt einem Argument x keinen Funktionswert zuzuweisen. Dies wird üblicherweise mit $p(x) = \bot$ bezeichnet.

2. Umgekehrt stellen die Gebotsverträge (Verträge der Gebote) eine Zuordnung der Gebote der Autonomen Einheit zu den Gesuchen des Föderativen Systems dar. Die Verträge $\mathcal{V}_{\text{æ}}^{\mathcal{B}}$ einer Autonomen Einheit $\text{æ} \in \text{Æ}$ stellen damit folgende partielle Abbildung dar: $\mathcal{V}_{\text{æ}}^{\mathcal{B}} : \mathcal{B}_{\text{æ}} \to \mathcal{P}ot(\text{Æ} \times \mathcal{S}_{\text{Æ}})$. Dabei gilt: $\mathcal{V}_{\text{æ}}^{\mathcal{B}}(B) = \{(\text{æ}_i, S) | \text{æ}_i \in \text{Æ} \wedge \text{æ} \in \mathcal{S}_{\text{æ}_i} \wedge (\mathcal{V}_{\text{æ}_i}(S) = (\text{æ}, B))\}$

Zentrale Beschreibung der Aushandlung der Kommunikationsverträge

Der Observer ist eine zusätzliche Komponente, welche die Autonomen Einheiten und ihre Kommunikation beobachtet. Ihm liegt das Wissen über alle Gebote und alle Gesuche des Systems vor. Dadurch ist der Observer in der Lage unabhängig von den Autonomen Einheiten und ihrer Vertragsaushandlung zu analysieren, welche Verträge geschlossen werden können. Dazu ermittelt der Observer für jedes Gesuch das oder die Gebote, welche entsprechend K.o.-Kriterium und Bewertungskriterium ausgewählt werden können.

Definition 6-5 : Vertragsmöglichkeiten

Die Funktion $\mathcal{V} : \mathcal{S}_{\!\!\!\!E} \to \mathcal{P}ot(\!E \times \mathcal{B}_{\!\!\!\!E})$ beschreibt die Vertragsmöglichkeiten in einem Föderativen System. Sie gibt für jedes Gesuch an, mit welchen Geboten ein Vertrag geschlossen werden kann.
(Die genaue Beschreibung dieser Funktion folgt in Definition 6-8.)

Die Vorgehensweise muss ähnlich der der Autonomen Einheiten bei der Auswahl ihrer Vertragspartner sein. Der Observer, der alle Gebote und alle Gesuche aller Autonomen Einheiten des Föderativen Systems kennt, muss für jedes Gesuch das (oder die) bestmögliche(n) Gebot(e) herausfinden. Dafür gelten prinzipiell dieselben Kriterien. In einem ersten Schritt muss kontrolliert werden, welche Gebote zu dem Gesuch passen. Dies geschieht mit folgender Funktion:

Definition 6-6 : K.o.-Funktion

Die Funktion $KO : \mathcal{S}_{\!\!\!\!E} \to \mathcal{P}ot(\mathcal{B}_{\!\!\!\!E})$ ordnet jedem Gesuch $S \in \mathcal{S}_{\!\!\!\!E}$ mit $S = (V_S, E_S, g_S, b_S)$ die Menge der Gebote $B \in \mathcal{B}_{\!\!\!\!E}$ mit $B = (V_B, E_B)$ zu, die für dieses als potentielle Partner in Frage kommen. Diese Funktion wird wie folgt bestimmt:

$$KO(S) := \{B \in \mathcal{B}_{\!\!\!\!E} \big| \forall (e_{ik} = (v_i, v_k)) \in E_S :$$
$$v_i \in V_B \wedge (b(e_{ik}) = Muss) \Rightarrow e_{ik} \in E_B\} \tag{6.6}$$

Der zweite Schritt muss dann für jedes Gesuch das Gebot aus den potentiellen Kandidaten auswählen, welches die höchste Bewertung erhält. Dafür wird die folgende Funktion benötigt:

Definition 6-7 : Wichtungsfunktion

Die Funktion $W : \mathcal{S}_{\!\!\!\!E} \times \mathcal{B}_{\!\!\!\!E} \to \mathbb{R}$ ordnet einem Gesuch $S \in \mathcal{S}_{\!\!\!\!E}$ mit $S = (V_S, E_S, g_S, b_S)$ und einem Gebot $B \in \mathcal{B}_{\!\!\!\!E}$ mit $B = (V_B, E_B)$ eine Bewertung zu. Diese Funktion wird wie folgt bestimmt:

$$W(S, B) := \sum_{v \in V_B} g_S(v) \tag{6.7}$$

Damit lässt sich nun beschreiben, wie Verträge durch einen Observer, der das gesamte System betrachtet, erkannt werden können. Da es möglich ist, dass ein Gebot mehrfach auftritt bzw. verschiedene Gebote die gleiche Bewertung von einem Gesuch erhalten, können durchaus mehrere Gebote optimal im Sinne des Bewertungskriteriums sein.

---

3. Aus Sicht eines Gesuchs können Gebote gleichwertig sein, wenn es egal ist, welches das Gesuch bedient.

Definition 6-8 : Vertragsmöglichkeiten (Fortsetzung von Definition 6-5)

Die Vertragsmöglichkeiten $\mathcal{V} : \mathcal{S}_{Æ} \rightarrow \mathcal{P}ot(Æ \times \mathcal{B}_{Æ})$ *eines Föderativen Systems lassen sich wie folgt bestimmen:*

$$\mathcal{V}(S) := \{(æ, B) | B \in \mathcal{B}_{æ} \wedge B \in KO(S) \wedge \tag{6.8}$$

$$\forall C \in KO(S) : W(S, C) \le W(S, B)\}$$

Der externe Observer ist damit in der Lage für jedes Gesuch festzustellen, welche Gebote bei der Vertragsverhandlung das K.o.-Kriterium bestehen und hinsichtlich des Bewertungskriteriums optimal sind. Aus der Betrachtung von außen gibt es damit im Wesentlichen drei qualitativ verschiedene Möglichkeiten.

1. $|\mathcal{V}(S)| = 0$, das heißt, dass $\mathcal{V}(S) = \varnothing$. Es gibt kein einziges Gebot im gesamten System, das den Forderungen des Gesuchs S genügt. Der externe Observer erwartet somit, dass dieses Gesuch bei der internen Vertragsaushandlung leer ausgeht.

2. $|\mathcal{V}(S)| = 1$, das heißt, dass es genau ein Gebot im System gibt, welches am besten für dieses Gesuch geeignet ist. Der externe Observer erwartet also dass dieses Gebot bei der internen Vertragsaushandlung als Vertragspartner des Gesuchs S ausgewählt wird.

3. $|\mathcal{V}(S)| \ge 2$, das heißt, dass es mehrere verschiedene Gebote im System gibt, die allesamt gleich gut für dieses Gesuch geeignet sind. Der externe Observer erwartet also, dass eines dieser Gebote ausgewählt wird. Welches ist dabei für den Observer nicht vorhersagbar.

Folgerung 6-9 : Vertragsmöglichkeiten sind optimale Partner

Jedes Gebot, das als Vertragsmöglichkeit für ein Gesuch durch den externen Observer erkannt wird, erfüllt KO- (Formel 6.4) und Bewertungskriterium (Formel 6.5), ist also ein optimaler Partner für das Gesuch.

Beweis:

Für jedes Gebot $(æ, B)$ *mit* $B \in \mathcal{B}_{æ}$, *welches als Vertragsmöglichkeit für ein Gesuch* S *erkannt wird (also* $(æ, B) \in \mathcal{V}(S)$)*, gilt* $B \in KO(S)$, *das Gebot erfüllt das K.o.-Kriterium des Gesuchs.*

Außerdem gilt $\forall C \in KO(S) : W(S, C) \le W(S, B)$, *woraus folgt, dass* $W(S, B)$ *maximal für alle Gebote, die das K.o.-Kriterium erfüllen, ist. Das Bewertungskriterium muss also ebenfalls gelten.*

Satz 6-10 : Konsistenz zwischen Vertragsaushandlung und Beobachtung

Hat eine Autonome Einheit $æ \in Æ$ *für ein Gesuch* $S \in \mathcal{S}_{æ}$ *alle Gebote des Föderativen Systems geprüft, so gelten folgende Aussagen für das Gesuch:*

1. *Der Observer hat keine Vertragsmöglichkeit gdw. die Autonome Einheit keinen Vertragspartner gefunden hat.*

$$\mathcal{V}(S) = \varnothing \Leftrightarrow V_{æ}(S) = \bot \text{ (nicht definiert)} \tag{6.9}$$

2. *Der Observer hat mindestens eine Vertragsmöglichkeit ermittelt gdw. die Autonome Einheit einen Vertrag geschlossen hat, welcher zu den vom Observer ermittelten Vertragsmöglichkeiten gehört.*

$$\mathcal{V}(S) \ne \varnothing \Leftrightarrow \exists(æ_B, B) : V_{æ}(S) = (æ_B, B)$$

$$\Leftrightarrow V_{æ}(S) \in \mathcal{V}(S) \tag{6.10}$$

Der Beweis besteht aus Umformungen und basiert darauf, dass die Mengen KO und W dem K.o.- bzw. dem Bewertungskriterium entsprechen.

Beweis:

Aussage 1: $\mathcal{V}(S) = \varnothing \Leftrightarrow \mathcal{V}_{\text{æ}}(S) = \bot$ *(nicht definiert)*

$$\mathcal{V}(S) = \varnothing$$

$$\Leftrightarrow \neg \exists B \in \mathcal{B}_{\text{Æ}} : B \in KO(S) \wedge \forall C \in KO(S) : W(S, C) \leq W(S, B)$$

$$\Leftrightarrow \neg \exists B \in \mathcal{B}_{\text{Æ}} : B \in KO(S)$$

$$\Leftrightarrow \neg \exists B \in \mathcal{B}_{\text{Æ}} : \forall (e_{ik} = (v_i, v_k)) \in E_S :$$

$$v_i \in V_B \wedge (b(e_{ik}) = Muss) \Rightarrow e_{ik} \in E_B \}$$

$$\Leftrightarrow \neg \exists B \in \mathcal{B}_{\text{Æ}} \text{ welches KO-Kriterium für S erfüllt}$$

$$\Leftrightarrow \mathcal{V}_{\text{æ}}(S) = \bot$$

Aussage 2a: $\mathcal{V}(S) \neq \varnothing \Leftrightarrow \exists(\text{æ}_B, B) : \mathcal{V}_{\text{æ}}(S) = (\text{æ}_B, B)$

Dies gilt durch Negation der Aussage 1.

Aussage 2b: $\mathcal{V}_{\text{æ}}(S) = (\text{æ}_B, B) \Leftrightarrow \mathcal{V}_{\text{æ}}(S) \in \mathcal{V}(S)$

$$\mathcal{V}_{\text{æ}}(S) = (\text{æ}_B, B)$$

$$\Leftrightarrow (\text{æ}_B, B) \text{ erfüllen K.o.- \& Bewertungskriterium für S}$$

$$\Leftrightarrow \begin{cases} \text{K.o.-Krit.: } \forall (e_{ik} = (v_i, v_k)) \in E_S : \\ \qquad v_i \in V_B \wedge (b(e_{ik}) = Muss) \Rightarrow e_{ik} \in E_B \} \\ \\ \text{Bew.-Krit.: } \sum_{v \in V_B} g_S(v) \text{ maximal über K.o.-Kriterium erfüllende} \end{cases}$$

$$\Leftrightarrow \begin{cases} \text{K.o.-Krit.: } B \in KO(S) \\ \\ \text{Bew.-Krit.: } \sum_{v \in V_B} g_S(v) = W(S, B) \text{ maximal über } KO(S) \end{cases}$$

$$\Leftrightarrow B \in KO(S) \wedge (\forall C \in KO(S) : W(S, C) \leq W(S, B))$$

$$\Leftrightarrow (\text{æ}_B, B) \in \mathcal{V}(S)$$

$$\Leftrightarrow \mathcal{V}_{\text{æ}}(S) \in \mathcal{V}(S)$$

Damit ist nachgewiesen, dass das von außen wahrgenommene Bild der Kooperation der Autonomen Einheiten auch der tatsächlichen Kooperation entspricht. Wenn eine Autonome Einheit einen Vertrag mit einer anderen Autonomen Einheit ausgehandelt hat, so ist dies auch zwangsläufig von außen erkennbar. Auch umgekehrt gilt, wenn ein Observer einen Vertrag erkennt ($|\mathcal{V}(S)| = 1$), dann muss dieser auch von der entsprechenden Autonomen Einheit ausgehandelt werden.

6.2.2 Kontrolle der Verträge

Idee

Wie das vorhergehende Kapitel, insbesondere Satz 6-10, gezeigt haben, ist es möglich die dezentrale Aushandlung der Verträge zwischen den Autonomen Einheiten des Föderativen Systems durch eine zentrale Komponente nachzuvollziehen. Die Idee zur Kontrolle der Verträge besteht deswegen darin, dem Föderativen System einen Beobachter hinzuzufügen, der die Aushandlung der Verträge zur Laufzeit überwacht.

Konzeption eines Vertrags-Observers

Der Vertrags-Observer arbeitet nach folgendem Prinzip:

1. Gebote und Gesuche aller Autonomen Einheiten in Erfahrung bringen
   Alle Autonomen Einheiten des Föderativen Systems übermitteln dem Observer die Beschreibungsbäume ihrer Gebote und Gesuche.[4]

2. Vertragsmöglichkeiten berechnen
   Entsprechend Definition 6-8 berechnet der Observer die Vertragsmöglichkeiten für jedes Gesuch.

3. Verträge der Autonomen Einheiten in Erfahrung bringen
   Alle Autonomen Einheiten übersenden ihre geschlossenen Verträge dem Observer. Dies kann auf Anfrage durch den Observer geschehen oder sobald eine neuer Vertrag geschlossen bzw. ein bestehender gekündigt wurde.[5]

4. Verträge mit Vertragsmöglichkeiten vergleichen
   Der Vertrags-Observer kann dann entsprechend Satz 6-10 kontrollieren, ob diese Verträge im Föderativen System korrekt ausgehandelt worden sind.

5. Konsequenzen
   Wenn nicht alle Verträge korrekt ausgehandelt wurden, kann der Observer zum Beispiel das Umschalten in den Laufzeitmodus verhindern.

Es muss dafür gesorgt werden, dass der Vertrags-Observer auf dem aktuellen Stand (Schritte 1 und 3) bleibt. Das heißt, dass der Observer die Autonomen Einheiten auf Wegfall und Hinzukommen und die Verträge auf ihre Einhaltung überwachen muss. Ändert sich etwas an den Informationen (in Schritt 1 und 3), so müssen die nachfolgenden Schritte erneut durchgeführt werden.

---

4. Das Mithören der Vertragsverhandlungen durch den Observer genügt dafür nicht, da dieser dann auf die korrekte Wirkweise der Autonomen Einheiten angewiesen und somit weniger mächtig wäre.
5. Wenn alle Verträge über das allgemeine Kommunikationsmedium verhandelt werden, so kann sich der Observer durch Mithören dieser Verhandlungen über die im System geschlossenen Verträge informieren. Dies funktioniert nicht, wenn auf einer Recheneinheit mehrere Autonome Einheiten installiert sind, die somit nicht über das allgemeine Kommunikationsmedium kommunizieren müssen.

Rahmenbedingungen

Der Vertrags-Observer muss derart in das System integriert sein, dass alle Autonomen Einheiten ihm das Wissen ihrer Gebote und Gesuche und ihren Vertragsstatus zukommen lassen können. Der Vertrags-Observer wirkt (im Wesentlichen) nur beobachtend auf das System, kann also weder in die Vertragsaushandlung noch in deren Durchführung (den Informationsaustausch) eingreifen. Stellt der Observer Fehler in der Vertragsaushandlung fest, so kann er dies dem Nutzer mitteilen bzw. gleich die Ausführung des Systems bzw. der fehlerhaften Autonomen Einheiten unterbinden.

6.3 Kontrolle auf funktionaler Ebene

Die zentrale Bedeutung der Verifikation der Systemfunktionalität Föderativer Systeme basiert auf der Erkenntnis, dass ein durch Selbstorganisation entstandenes System nicht durch die entstandene Systemstruktur, sondern durch seine Funktionalität kontrolliert werden muss. Denn das Ziel ist nicht eine gewünschte Struktur, sondern ein gewünschtes Verhalten.

Die Korrektheit des Systemverhaltens muss durch einen Vergleich mit dem gewünschten Verhalten nachgewiesen werden. Daher liegt ein Schwerpunkt der folgenden Seiten auf der Beschreibung des gewünschten Verhaltens mit Hilfe temporaler Logik. Das gewünschte Verhalten kann dabei sowohl mit einem funktionalen Modell des Föderativen Systems als auch mit einem realen System verglichen werden.

6.3.1 Formale Beschreibung des gewünschten Verhaltens

Um das gewünschte Verhalten eines Systems zu beschreiben, müssen die Erwartungen an dieses formal notiert werden. Diese Erwartungen können am besten in der Form von Regeln festgehalten werden. Diese Regeln werden mit Hilfe einer Logik notiert. Da bei dem Systemverhalten die Zeit eine große Rolle spielt, muss dementsprechend eine temporale Logik dafür verwendet werden. Das erwartete Gesamtverhalten eines Systems wird also durch eine Vielzahl von temporallogischen Regeln beschrieben, von denen erwartet wird, dass sie alle jederzeit wahr sind.

Im Folgenden wird die Linear-Time Temporal Logic (LTL) für unendliche und endliche Spuren vorgestellt. Darauf aufbauend wird die hier verwendete Real-Time-LTL (RTLTL) nach [Deu07] eingeführt.

Linear-Time Temporal Logic

Die Linear-Time Temporal Logic (kurz: LTL) erweitert die Aussagenlogik um den Aspekt der Zeit (siehe auch [Deu07], [HuRy04] oder [Krö87]). Es gibt also verschiedene Zeitpunkte, zu denen die Bewertung der Variablen unterschiedlich ausfallen kann. Dafür werden folgende Annahmen getroffen: Die Menge der Zeitpunkte ist unendlich groß, diskret und linear geordnet mit einem kleinsten Element.

Definition 6-11 : Syntax von LTL

Äquivalent zur Aussagenlogik gilt folgender induktiver Aufbau:

1. Jede Variable $v \in V$ ist eine LTL-Formel.

2. Sind φ und ψ Formeln, so sind $\neg\varphi$ und $(\varphi \vee \psi)$ ebenfalls LTL-Formeln.

Zusätzlich gilt folgende Regel:

3. Sind φ und ψ Formeln, so sind $X\varphi$ und $\varphi U\psi$ ebenfalls LTL-Formeln.

Die Aussagenlogik wird also um weitere Operatoren erweitert, die Aussagen über diesen Zeitstrahl hinweg ermöglichen. Dies sind der neXt-Operator $X\varphi$ („Im nächsten Zeitpunkt gilt φ") und der Until-Operator $\varphi U\psi$ („Es gibt in Zukunft einen Zeitpunkt, an dem ψ gilt und bis dahin gilt φ.").

Weitere Operatoren können als Abkürzungen für Teilformeln definiert werden:

$$F\varphi \text{ für } True\,U\varphi \text{ („Irgendwann in Zukunft gilt } \varphi\text{")} \tag{6.11}$$

$$G\varphi \text{ für } \neg(F\neg\varphi) \text{ („}\varphi \text{ gilt in Zukunft immer")} \tag{6.12}$$

Die Semantik einer Formel in der Aussagenlogik basiert auf einer Bewertungsfunktion. Hier muss nun noch bedacht werden, dass die Bewertungsfunktion zu jedem Zeitpunkt anders aussehen kann. Es gibt also eine zeitliche Folge von Zuständen, wobei in jedem Zustand die Bewertung der Variablen anders ausfallen kann.

Definition 6-12 : Unendliche Spur

Eine unendliche Spur ist eine unendliche Folge von Zuständen $\eta = z_0, z_1, z_2, \dots$. In jedem Zustand werden alle Variablen bewertet. Jeder Zustand ist also eine Bewertungsfunktion $z_i : V \rightarrow \{wahr, falsch\}$.

Ist $\eta = z_0, z_1, \dots$ eine unendliche Spur, dann ist $\eta^i = z_i, z_{i+1}, z_{i+2}, \dots$ der i-te Suffix von η.

Die Semantik einer LTL-Formel für eine spezifische unendliche Spur ist damit wie folgt definiert:

Definition 6-13 : Infinite Spursemantik von LTL

1. $\eta \models v$ gdw. $z_0(v) = true$ mit Variable $v \in V$

2. $\eta \models \neg\varphi$ gdw. $\eta \not\models \varphi$

3. $\eta \models \varphi \vee \psi$ gdw. $\eta \models \varphi$ oder $\eta \models \psi$

4. $\eta \models X\varphi$ gdw. $\eta^1 \models \varphi$

5. $\eta \models \varphi U\psi$ gdw. es gibt ein i mit $i \geq 0$ so dass $\eta^i \models \psi$ gilt und für alle j mit $0 \leq j < i$ gilt $\eta^j \models \varphi$

Wie zuvor beschrieben, ist LTL nur für unendliche Spuren definiert. Für einen praktischen Einsatz ist es jedoch notwendig mit endlichen Spuren arbeiten zu können.

Linear-Time Temporal Logic für endliche Spuren

In der Praxis treten zumeist endliche Spuren auf, so dass eine entsprechende Anpassung notwendig ist. Verschiedene Varianten dafür werden zum Beispiel in [Deu07] diskutiert. Im Folgenden soll dies durch die Anpassung des neXt-Operators geschehen.

Definition 6-14 : Endliche Spur

Eine endliche Spur ist eine endliche Folge von Zuständen $\eta = z_0, z_1, ..., z_n$ mit $n \in \mathbb{N}$. In jedem Zustand werden alle Variablen bewertet. Jeder Zustand ist also eine Bewertungsfunktion $z_i : V \rightarrow \{wahr, falsch\}$.

Ist $\eta = z_0, z_1, ..., z_n$ eine endliche Spur und $i < n$, dann ist $\eta^i = z_i, z_{i+1}, ..., z_n$ der i-te Suffix von η. Ist $i \geq n$ so gilt $\eta^i = \varepsilon$.[6]

Definition 6-15 : Finite Spursemantik von LTL

Die Semantik auf Basis endlicher Spuren ist fast identisch zur Semantik der unendlichen Spuren, bis auf Regel 4, welche durch folgende Regel ersetzt wird:

$$\eta \models X\varphi \ gdw. \ \eta^1 \models \varphi \ und \ \eta^1 \not\models \varepsilon$$

Im Unterschied zu unendlichen Spuren ist bei endlichen Spuren $\neg X\varphi$ nicht äquivalent zu $X\neg\varphi$. Deshalb muss als Dualität für den neXt-Operator ein weiterer, der „weak next"-Operator Y eingeführt werden: $Y\varphi = \neg X\neg\varphi$

Real-Time LTL

Mit der LTL besteht die Möglichkeit zu sagen, dass eine Formel irgendwann gültig sein muss. Die Real-Time LTL (RTLTL) (siehe [Deu07]) erweitert die LTL um die Möglichkeit diskrete obere und untere Zeitgrenzen anzugeben. Dafür werden zwei weitere Operatoren eingeführt:

Definition 6-16 : Syntax von RTLTL

Die Syntax von RTLTL entspricht der von LTL (siehe Definition 6-11), nur dass diese um die Operatoren X_a und $U_{a,b}$ erweitert wird. Deshalb gilt:

1. Ist φ eine LTL-Formel, so ist φ auch eine RTLTL-Formel.

2. Sind φ und ψ RTLTL-Formeln und $a, b \in \mathbb{N}$ mit $a \leq b$, so sind $X_a\varphi$ und $\varphi U_{a,b}\psi$ ebenfalls RTLTL-Formeln.

Dabei besagt $X_a\varphi$, dass in a Zuständen die Formel φ gelten wird. Und $\varphi U_{a,b}\psi$ besagt, dass in a bis b Zuständen die Formel ψ und bis dahin φ gelten wird. Dementsprechend muss die Semantik erweitert werden:

---

6. ε wird als Bezeichnung für das leere Wort verwendet.

Definition 6-17 : Finite Spursemantik von RTLTL

Die Spursemantik von RTLTL entspricht der finiten Spursemantik von LTL (siehe Definition 6-15), erweitert um folgende Regeln:

1. $\eta \models X_a \varphi$ *gdw.* $\eta^a \models \varphi$ *und* $\eta^a \not\models \varepsilon$

2. $\eta \models \varphi U \psi$ *gdw. es gibt ein i mit $0 \leq a \leq i \leq b$ so dass $\eta^i \models \psi$ gilt und für alle j mit $0 \leq j < i$ gilt $\eta^j \models \varphi$*

Von der Mächtigkeit der Beschreibung her unterscheiden LTL und RTLTL sich nicht, denn mit beiden Logiken können die gleichen Aussagen gemacht werden. RTLTL vereinfacht nur bestimmte Ausdrücke. Jede RTLTL-Formel lässt sich mit Hilfe des neXt-Operators X in eine LTL-Formel umwandeln. Dies kann wie folgt rekursiv beschrieben werden:

$$X_0 \varphi \equiv \varphi$$

neXt-Operator: $\qquad\qquad\qquad\qquad\qquad\qquad\qquad\qquad\qquad\qquad$ (6.13)

$$X_{a+1} \varphi \equiv X X_a \varphi$$

$$\varphi U_{a+1, b+1} \psi \equiv \varphi \wedge X(\varphi U_{a, b} \psi)$$

Until-Operator: $\qquad \varphi U_{0, b+1} \psi \equiv \psi \vee (\varphi \wedge X(\varphi U_{0, b} \psi))$ $\qquad\qquad$ (6.14)

$$\varphi U_{0, 0} \psi \equiv \psi$$

Weitere Operatoren lassen sich aus den bisher definierten RTLTL-Operatoren X_a, $U_{a, b}$ bilden:

$Y_a \varphi$ für $\neg X_a \neg \varphi$ (weiche Verneinung) $\qquad\qquad\qquad\qquad\qquad\qquad$ (6.15)

$F_{a, b} \varphi$ für $true\, U_{a, b} \varphi$ (irgendwann zwischen a und b gilt φ) $\qquad\qquad$ (6.16)

$G_{a, b} \varphi$ für $\neg F_{a, b} \neg \varphi$ (zwischen a und b gilt immer φ) $\qquad\qquad\qquad$ (6.17)

Basieren die betrachteten endlichen Spuren auf einer zeitlichen Taktung, also konstant gleichen Abständen zwischen den Zuständen, so können die Operatoren X, U, F und G auch mit zeitlichen Indizee angegeben werden. Beträgt dieser Takt 1 ms, so bedeutet $X_{500} \varphi$, dass in 500 ms φ gelten muss. Stattdessen kann auch $X_{0,5s} \varphi$ geschrieben werden.

Zusammenfassung

Das Soll-Verhalten eines Systems kann mit Hilfe von Aussagen in RTLTL beschrieben werden. Damit sind sowohl Aussagen in Aussagenlogik als auch Aussagen über zeitliche Zusammenhänge formulierbar.

Mit diesen Regeln können die Funktionalitäten beschrieben werden. Dies werden vermutlich vor allem kausale Zusammenhänge („Wenn Sensor = x, dann Aktor = y" oder „Wenn Sensor = x, dann gilt in 50 ms Aktor = y") sein. Denn bei zeitlich allgemein gehaltenen Aussagen, wie den Sicherheitseigenschaften („Zu keinem Zeitpunkt liegt Fehler z vor") oder den Lebendigkeitseigenschaften („Es gilt immer Wert = z") besteht das Problem, dass diese niemals positiv entscheidbar sind. Denn wenn der Fehler bisher nicht eingetreten ist, so kann er immer noch später eintreten. Solche Aussagen dürfen also immer nur über eine endliche Zeit gemacht werden, damit alle beschriebenen Zusammenhänge in endlicher Zeit kontrollierbar sind.

6.3.2 Funktionsnetze als funktionales Modell eines Föderativen Systems

Da jede Autonome Einheit eine Funktion beinhaltet und die Verträge zum Informationsaustausch zwischen diesen Funktionen dienen, wird durch diese Vertragsstruktur ein Funktionsnetz impliziert. Dieses Funktionsnetz repräsentiert das Verhalten des aktuellen Systems. In diesem Kapitel wird eine im Rahmen dieser Arbeit entwickelte Möglichkeit zur Beschreibung derartiger Funktionsnetze vorgestellt.

Verknüpfung von Funktionen

Die in den Grundlagen (Kapitel 3.3.4) vorgestellte Beschreibung eines Funktionsnetzes ist zwar intuitiv, aber nicht exakt. Damit ist diese Beschreibung der Funktionen eines EE-Systems und ihr Zusammenspiel für einen Menschen gut verständlich, aber für eine algorithmische Verarbeitung zu ungenau. Die wesentliche Ursache dieser Ungenauigkeit besteht darin, dass die Funktionen sowohl mehrdimensionale Argumente als auch mehrdimensionale Funktionswerte besitzen können. Mit der Beschreibung eines Funktionsnetzes durch einen gerichteten Graphen, wie oben vorgestellt, ist jedoch nicht eindeutig beschrieben, wie eine Hintereinanderausführung zweier Funktionen interpretiert werden soll.

Hintereinanderausführung

Da die Definition der Hintereinanderausführung in Definition 3-22 auf Seite 42 nur sehr ungenau ist, wird hier zunächst die (eindimensionale) Hintereinanderausführung und darauf aufbauend die mehrdimensionale Hintereinanderausführung eingeführt. Als Hilfsmittel zur Beschreibung wird zuvor noch die Projektion definiert:

Definition 6-18 : Projektion

Eine Projektion ist eine Funktion $\pi_i^{\,n} : \mathbb{N}^n \to \mathbb{N}$*, die aus einem n-Tupel den i-ten Wert ausgibt.*

$$\pi_i^{\,n} \begin{pmatrix} x_1 \\ \dots \\ x_i \\ \dots \\ x_n \end{pmatrix} = x_i$$

Definition 6-19 : Eindimensionale Hintereinanderausführung (Konkatenation)

Gegeben sind die Funktionen $f : \mathbb{N} \to \mathbb{N}$ *und* $g : \mathbb{N} \to \mathbb{N}$*. Die Funktion* $g \circ f : \mathbb{N} \to \mathbb{N}$ *mit*

$$g \circ f(x) := g(f(x))$$

ist die (eindimensionale) Hintereinanderausführung (Konkatenation) der Funktionen g *und* f*.*

Definition 6-20 : Mehrdimensionale Hintereinanderausführung (Konkatenation)

Gegeben sind die mehrdimensionalen Funktionen $f: \mathbb{N}^i \to \mathbb{N}^n$ *und* $g: \mathbb{N}^n \to \mathbb{N}^m$. *Die Funktion* $g \circ_n f: \mathbb{N}^i \to \mathbb{N}^m$ *mit*

$$g \circ_n f := g(\pi_1^{\ n} \circ f, \dots, \pi_n^{\ n} \circ f)$$

ist die n-dimensionale Konkatenation der Funktionen g und f.

Ist die Dimension im entsprechenden Kontext beliebig, so wird von einer mehrdimensionalen Konkatenation gesprochen. Diese wird mit der Operation $\circ$ *abgekürzt, die tatsächliche Dimension n ergibt sich aus den verknüpften Funktionen[7].*

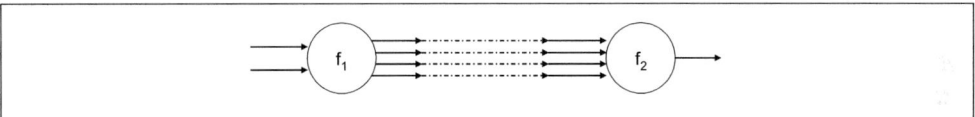

Abbildung 6-1: 4-dimensionale Konkatenation

Damit ist es möglich zwei mehrdimensionale Funktionen hintereinander auszuführen, wenn die Dimension der Funktionswerte mit der der Argumente übereinstimmt. Dabei ist der j-te Funktionswert der zuerst ausgeführten Funktion das j-te Argument der danach ausgeführten Funktion (siehe Abbildung 6-1).

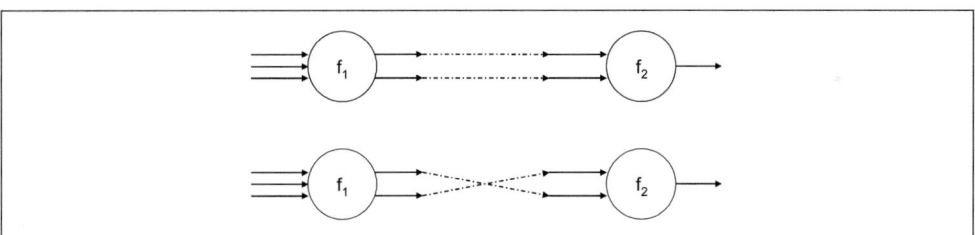

Abbildung 6-2: Mögliche Hintereinanderausführungen mehrdimensionaler Funktionen

Sortierfunktion

Bei der Hintereinanderausführung mehrdimensionaler Funktionen in einem Funktionsnetz gibt es verschiedene Anforderungen:

1. Jedem Argument muss jeder Funktionswert zugeordnet werden können (siehe Abbildung 6-2).

2. Es müssen Funktionen hintereinander ausgeführt werden können, bei denen die Anzahl der Funktionswerte mit der Anzahl der Argumente nicht übereinstimmt (siehe Abbildung 6-3).

3. Eine Funktion kann Argumente haben, denen kein Funktionswert der anderen Funktion zugeordnet ist (siehe ebenfalls Abbildung 6-3).

---

7. Ein- und mehrdimensionale Hintereinanderausführung werden damit (auch im Sinne der Definition 3-22 auf Seite 42) zusammengefasst.

Abbildung 6-3: Wie können verschieden dimensionale Funktionen hintereinander ausgeführt werden?

Diese Probleme können gelöst werden, indem eine Hilfsfunktion eingeführt wird. Diese lässt die Funktionswerte der zuerst ausgeführten Funktion unverändert, sondern sortiert nur deren Reihenfolge. Deshalb wird diese Funktion Sortierfunktion genannt. Weiterhin kann diese Funktion auch Funktionswerte vervielfältigen oder blockieren. Dadurch kann ein Funktionswert der zuerst ausgeführten Funktion der folgenden mehrfach oder gar nicht als Argument dienen.

Definition 6-21 : Einfache Sortierfunktion

Die Sortierfunktion $s : \mathbb{N}^m \to \mathbb{N}^n$ besteht aus n Projektionen $\pi_{z_i}^{\ m} : \mathbb{N}^m \to \mathbb{N}$ mit $z_i \in \{1, \ldots, m\}$.

$$s = \begin{pmatrix} \pi_{z_1}^{\ m} \\ \pi_{z_2}^{\ m} \\ \ldots \\ \pi_{z_n}^{\ m} \end{pmatrix} \text{beschreibbar mit} \begin{bmatrix} z_1 \\ z_2 \\ \ldots \\ z_n \end{bmatrix}$$

Diese Sortierfunktion bewirkt eine Umsortierung und Vervielfältigung (bzw. Auslassung) der Elemente ihres Eingangsvektors. Die Sortierfunktion nimmt keinerlei Einfluss auf die Werte selbst.

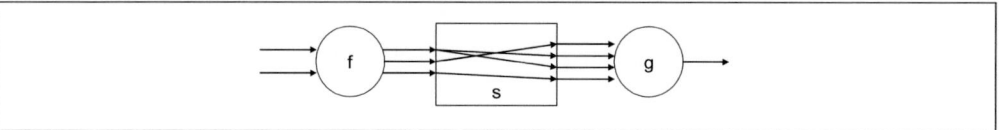

Abbildung 6-4: Sortierfunktion zwischen der Hintereinanderausführung von f und g

Beispiel 6-22 : Sortierfunktion

In dem in Abbildung 6-4 dargestellten Beispiel sind zwei Funktionen $f : \mathbb{N}^2 \to \mathbb{N}^3$ und $g : \mathbb{N}^4 \to \mathbb{N}$ dargestellt, welche hintereinander ausgeführt werden sollen. Die hier dargestellte Sortierfunktion hat nebenstehende Form.

$$s = \begin{bmatrix} \pi_2^{\ 3} \\ \pi_1^{\ 3} \\ \pi_1^{\ 3} \\ \pi_3^{\ 3} \end{bmatrix} \cong \begin{bmatrix} 2 \\ 1 \\ 1 \\ 3 \end{bmatrix}$$

Um die dritte Anforderung zu erfüllen, muss die Sortierfunktion noch etwas erweitert werden. Dafür wird eine konstante Funktion $c_\perp^{\ m}$ benötigt, die jedem Eingangswert $\perp$ zuordnet.

Definition 6-23 : nil-Funktion

Sei $c_\perp{}^m : (\mathbb{N} \cup \{\perp\})^m \to \{\perp\}$ *eine konstante Funktion, die jedem m-dimensionalen Tupel das* $\perp$ *zuordnet. Entsprechend der Verwendung in Definition 4-4 auf Seite 48 symbolisiert dieses Zeichen die Bedeutung „es liegt kein Wert vor".*

Definition 6-24 : Erweiterte Sortierfunktion

Die erweiterte Sortierfunktion $s : (\mathbb{N} \cup \{\perp\})^m \to (\mathbb{N} \cup \{\perp\})^n$ *besteht aus n Projektionen oder konstanten Funktionen* $c_\perp{}^m$. *Die Schreibweise lässt sich genauso vereinfachen wie in Definition 6-21. Für die konstante Funktion wird statt einer Zahl das Symbol* $\perp$ *geschrieben.[8]*

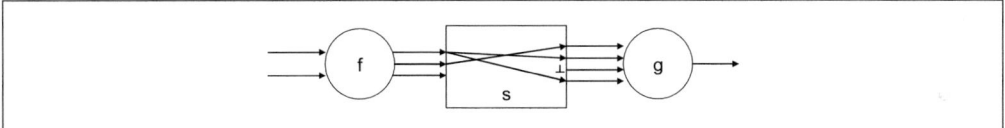

Abbildung 6-5: Erweiterte Sortierfunktion

Beispiel 6-25 : Erweiterte Sortierfunktion

In Abbildung 6-5 ist die Hintereinanderausführung der Funktionen $f : \mathbb{N}^2 \to \mathbb{N}^3$ *und* $g : \mathbb{N}^4 \to \mathbb{N}$ *mit einer erweiterten Sortierfunktion dargestellt. Diese lässt sich wie folgt beschreiben:*

$$
s = \begin{bmatrix} \pi_2{}^3 \\ \pi_1{}^3 \\ c_\perp{}^3 \\ \pi_1{}^3 \end{bmatrix} \cong \begin{bmatrix} 2 \\ 1 \\ \perp \\ 1 \end{bmatrix}
$$

Durch Einbindung einer erweiterten Sortierfunktion bei der Hintereinanderausführung zweier Funktionen können die zu Beginn erläuterten Probleme (Umsortierung, verschiedene Dimensionen, nicht vorhandener Funktionswert) gelöst werden.

Parallelität

Damit ist die Hintereinanderausführung beliebiger mehrdimensionaler Funktionen formal beschreibbar. Dies reicht jedoch nicht, um ein Funktionsnetz zu beschreiben. Dies liegt vor allem daran, dass (laut Definition der Hintereinanderausführung) eine Funktion nur nach genau einer anderen ausgeführt werden kann. Eine dritte Funktion hat darin nichts zu suchen. Andererseits soll in den zu beschreibenden EE-Systemen oftmals eine Funktion die Funktionswerte von zwei oder mehr verschiedenen Funktionen als Argument bekommen.

---

8. Dies funktioniert bei Funktionsnetzen von Föderativen Systemen problemlos, da entsprechend der Definition 4-4 auf Seite 48 jede Funktion einer Autonomen Einheit über jeden Eingang auch das Argument $\perp$ akzeptieren muss.

Um diesen Konflikt zu lösen, wird eine weitere Operation, die Parallelität (auch Kreuzprodukt), eingeführt. Mit dieser Operation können die verschiedenen Funktionen, die einer anderen Funktion vorangestellt werden sollen, zuvor zu einer Funktion vereinigt werden.

Definition 6-26 : Parallelität

Gegeben sind die mehrdimensionalen Funktionen $f: \mathbb{N}^i \to \mathbb{N}^j$ *und* $g: \mathbb{N}^n \to \mathbb{N}^m$. *Die Funktion* $h: \mathbb{N}^{i+n} \to \mathbb{N}^{j+m}$ *mit*

$$h(x) = \begin{pmatrix} f \\ g \end{pmatrix} \begin{pmatrix} x_1 \\ \cdots \\ x_{i+n} \end{pmatrix} = \begin{pmatrix} f\begin{pmatrix} x_1 \\ \cdots \\ x_i \end{pmatrix} \\ g\begin{pmatrix} x_{i+1} \\ \cdots \\ x_{i+n} \end{pmatrix} \end{pmatrix}$$

ist die parallele Ausführung der Funktionen f und g.

Dies wird auch mit $h = (f, g)$ *bezeichnet.*

Die Parallelität verknüpft also zwei Funktionen so zu einer neuen Funktion, dass sie nebeneinander ablaufen (ohne Beeinflussung). Damit kann eine andere Funktion, die Funktionswerte von diesen beiden Funktionen benötigt, die Funktionswerte von der parallelen Verknüpfung dieser Funktionen beziehen.

Beschreibung mit Hintereinanderausführung, Sortierfunktion und Parallelität

Damit gibt es zwei Operationen, die Hintereinanderausführung und die Parallelität, die über Funktionen agieren können und durch die neue Funktionen entstehen. Mit Hilfe dieser beiden Operationen und den Sortierfunktionen als Hilfsfunktionen ist es prinzipiell möglich Funktionsnetze zu konstruieren und zu beschreiben.[9] Dies soll im Folgenden näher erläutert werden.

Der bereits erwähnte Fall, dass eine Funktion ihre Argumente von den Funktionswerten zweier anderer Funktionen bekommt, diese Funktion also hinter den beiden anderen Funktionen ausgeführt wird, kann wie im folgenden Beispiel beschrieben werden.

---

9. Da aktuelle Steuergeräte wertdiskret arbeiten, sind die Ein- und Ausgangswerte immer durch natürliche Zahlen darstellbar. Dies unterstreichen Erkenntnisse der Berechenbarkeitstheorie, wonach jedem Programm eines solchen Steuergerätes immer eine Funktion über den natürlichen Zahlen zugeordnet werden kann, die äquivalent arbeitet [Fel93]. Auch praktisch ist dies relevant, da Daten in Mikrocontrollern im Allgemeinen als natürliche Zahlen codiert werden. Der Einfachheit halber kann eine zu realisierende Funktion der Autonomen Einheiten also als eine Funktion über den natürlichen Zahlen dargestellt werden. Eine Funktion wie in Formel 4.4 auf Seite 48 mit n Ein-, m Ausgängen, p Sensor-, q Aktorwerten und l inneren Zuständen lässt sich dann wie folgt darstellen: $f: \mathbb{N}^{n+p+l} \to \mathbb{N}^{m+q+l}$

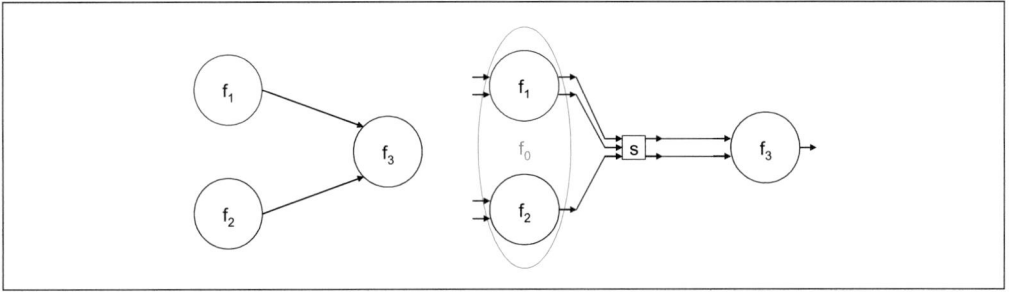

Abbildung 6-6: Beispiel 6-27, links vereinfacht, rechts detailliert

Beispiel 6-27 :

Gegeben seien die Funktionen $f_1 : \mathbb{N}^2 \to \mathbb{N}^2$, $f_2 : \mathbb{N}^2 \to \mathbb{N}^1$ und $f_3 : \mathbb{N}^2 \to \mathbb{N}^1$. Dabei soll das erste Argument von f_3 der erste Funktionswert von f_1 und das zweite Argument der Funktionswert von f_2 sein. Dies kann wie folgt beschrieben werden:

$$f_3 \circ s \circ (f_1, f_2) \; mit \; s = \begin{bmatrix} 1 \\ 3 \end{bmatrix}$$

Dabei ist s die Sortierfunktion $s : \mathbb{N}^3 \to \mathbb{N}^2$, die das erste Argument auf den ersten Funktionswert und das dritte Argument auf den zweiten Funktionswert abbildet. Dies ist in Abbildung 6-6 dargestellt, wobei $f_0 = (f_1, f_2)$ durch die parallele Ausführung von f_1 und f_2 entsteht. f_3 wird mit der Sortierfunktion s dazwischen nach f_0 ausgeführt, woraus $f_3 \circ s \circ f_0 = f_3 \circ s \circ (f_1, f_2)$ folgt.

Der umgekehrte Fall, dass zwei verschiedene Funktionen hinter einer anderen Funktion ausgeführt werden, lässt sich ebenso beschreiben. Dies wird anhand des folgenden Beispiels erläutert.

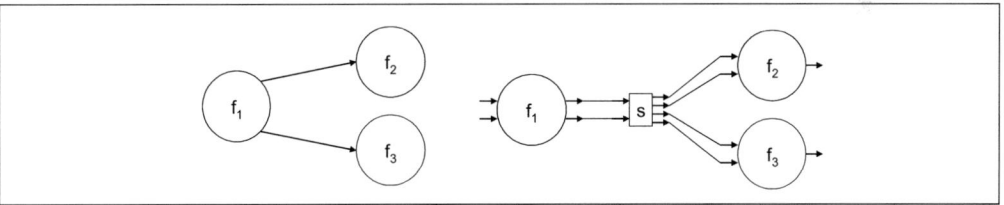

Abbildung 6-7: Beispiel 6-28, links vereinfacht, rechts detailliert

Beispiel 6-28 :

Gegeben seien $f_1 : \mathbb{N}^2 \to \mathbb{N}^2$, $f_2 : \mathbb{N}^2 \to \mathbb{N}^1$ und $f_3 : \mathbb{N}^2 \to \mathbb{N}^1$. Dabei sollen die Argumente von f_2 und f_3 die Funktionswerte von f_1 sein. Dies kann wie folgt beschrieben werden:

$(f_2, f_3) \circ s \circ f_1 \; mit \; s = \begin{bmatrix} 1 \\ 2 \\ 1 \\ 2 \end{bmatrix}$

Dabei ist $s : \mathbb{N}^2 \to \mathbb{N}^4$ die Sortierfunktion, die die Zuordnung der Funktionswerte zu den Argumenten beschreibt.

Problemfälle

Leider ist mit der Hintereinanderausführung und der Parallelität von Funktionen nicht all das beschreibbar, was wünschenswert wäre. So können Funktionsnetze, die einen Kreis enthalten (siehe Abbildung 6-8), damit nicht beschrieben werden. Deswegen muss die Beschreibung der Funktionsnetze etwas verändert werden.

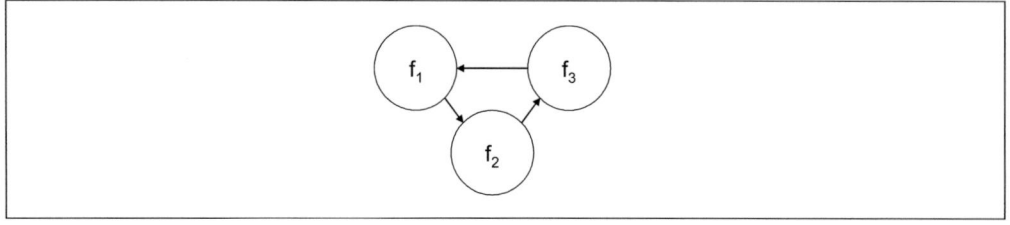

Abbildung 6-8: Kreis

Halbfunktionen

Hinter der Idee der Halbfunktionen steht die Beobachtung, dass bei einem Funktionsnetz die sensorischen Funktionen nur Werte ausgeben, also eine Informationsquelle sind, und die aktorischen Funktionen nur Werte annehmen, also eine Informationssenke sind. Dies liegt an der Tatsache, dass sensorische und aktorische Funktionen über die Systemgrenze hinweg arbeiten, dies aber im Funktionsnetz nicht mit erfasst wird. Um dies zu beschreiben, wird das Konzept der Halbfunktionen eingeführt.

Definition 6-29 : Halbfunktion

> *Eine Funktion $f : \mathbb{N}^n \to \mathbb{N}^m$ kann in eine sensorische Halbfunktion $f]$ und eine aktorische Halbfunktion $[f$ zerlegt werden. Eine sensorische Halbfunktion entspricht den Ausgängen der Funktion, also $\mathbb{N}^m$ und eine aktorische Halbfunktion den Eingängen der Funktion $\mathbb{N}^n$.*

Bei einer sensorischen[10] Halbfunktion werden nur die Ausgänge der Funktion betrachtet, eventuelle Eingänge bleiben außen vor. Umgekehrt ist es bei einer aktorischen[11] Halbfunktion. Bei dieser werden die Eingänge betrachtet, während die Ausgänge ausgeblendet werden.

Definition 6-30 : Beziehung zwischen einer Funktion und ihren Halbfunktionen

> *Sei f eine Funktion. Dann gilt folgende Identität: $f], [f = f$*

Die Zerlegung einer Funktion in eine sensorische und eine aktorische Halbfunktion ändert an ihrer Interpretation als Funktion nichts. Diese Zerlegung ermöglicht lediglich eine getrennte Darstellung der Ein- und Ausgänge einer Funktion. Dabei gilt, dass eine Funktion identisch zur parallelen Verknüpfung ihrer sensorischen und aktorischen Halbfunktionen ist. Damit kann zum Beispiel ein Kreis als Hintereinanderausführung von Funktionen und Halbfunktionen beschrieben werden (siehe Abbildung 6-9).

---

10. Diese Halbfunktion wird als sensorisch bezeichnet, da sie als Informationsquelle für das System fungiert. Sensoren bestehen nur aus einer sensorischen Halbfunktion.
11. Diese Halbfunktion wird als aktorisch bezeichnet, da sie als Informationssenke für das System fungiert. Aktoren bestehen nur aus einer aktorischen Halbfunktion.

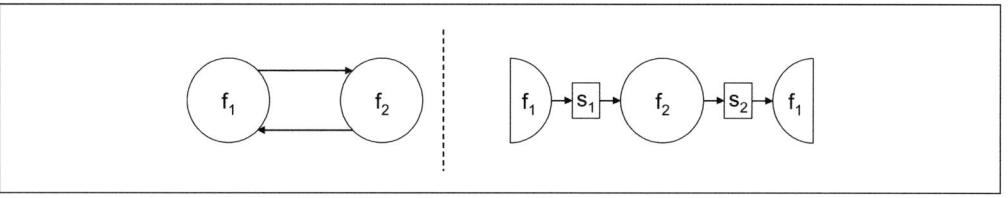

Abbildung 6-9: Darstellung eines Kreises durch Halbfunktionen

Die Einführung der Halbfunktionen ermöglicht eine ganz andere Darstellung eines Funktionsnetzes. Dafür ist es jedoch notwendig die Hintereinanderausführung und Parallelität mit Halbfunktionen zu definieren:

Definition 6-31 : Operationen über Halbfunktionen, Teil 1

Seien $f, g \in F$ Funktionen. Die Hintereinanderausführung und Parallelität von Halbfunktionen ist dann wie folgt definiert:

$$([f) \circ g := [(f \circ g)$$
$$f \circ (g]) := (f \circ g)]$$
$$(f], g]) := (f, g)]$$
$$([f, [g) := [(f, g)$$

Durch diese Operationen bleiben sensorische Halbfunktionen immer sensorisch und aktorische immer aktorisch. Um aus sensorischen und aktorischen Halbfunktionen ein Funktionsnetz erstellen zu können, müssen diese miteinander verknüpft werden.

Definition 6-32 : Operation über Halbfunktionen, Teil 2

Seien $f, g \in F$ Funktionen, sowie $s \in S$ eine Sortierfunktion. Die Hintereinanderausführung von sensorischen und aktorischen Halbfunktionen ist wie folgt definiert:

$$([f) \circ (g]) := [(f \circ g)]$$
$$([f) \circ s \circ (g]) := [(f \circ s \circ g)]$$

Die Hintereinanderausführung von aktorischen Halbfunktionen und sensorischen Halbfunktionen ergibt ein Funktionsnetz, wie es bisher betrachtet wurde. Ein Funktionsnetz besteht also im Folgenden immer aus einer Verknüpfung von Halbfunktionen und Funktionen und hat folgende Form:

Folgerung 6-33 : Funktionsnetz mit Halbfunktionen

Jedes Funktionsnetz kann in der Form $[f]$ dargestellt werden.

Mit der Möglichkeit eine Funktion in ihre zwei Halbfunktionen zu zerlegen und den Operationen Hintereinanderausführung und Parallelität lassen sich nun Kreise sehr gut darstellen.

Beispiel 6-34 : Kreis aus einer Funktion

Der einfachste denkbare Kreis besteht nur aus einer Funktion, bei der ein Funktionswert wieder als Argument einfließt: $[f_1 \circ s \circ f_1]$ mit $s = [1]$ Siehe dazu Abbildung 6-10, wobei dieser Kreis links intuitiv und rechts entsprechend der vorgestellten Notation dargestellt ist.

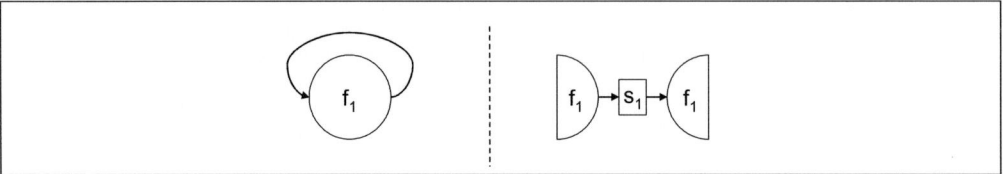

Abbildung 6-10: Kreis aus einer Funktion

In Abbildung 6-9 ist ein Kreis aus zwei Funktionen dargestellt. Links steht wieder die intuitive Darstellung und rechts die der formalen Beschreibung entsprechende. Dies lässt sich mit den Funktionen $f_1, f_2 : \mathbb{N} \to \mathbb{N}$ wie folgt beschreiben:

$$[f_1 \circ s_2 \circ f_2 \circ s_1 \circ f_1] \text{ mit } s_1 = s_2 = [1]$$

Beschreibung des Funktionsnetzes

In Definition 3-23 auf Seite 42 wurde ein Funktionsnetz als ein gerichteter Graph definiert, dessen Knoten die einzelnen Funktionen sind und eine gerichtete Kante zwischen diesen die Hintereinanderausführung der beiden Funktionen bedeutet. Dass diese Definition zwar anschaulich, aber nicht formal korrekt ist, wurde im vorangegangenen Teil dieses Kapitels dargelegt.

In diesem Kapitel soll deshalb die Definition des Begriffs Funktionsnetz herausgearbeitet werden. Klar ist, dass ein Funktionsnetz aus einer Menge F von Funktionen und einer Struktur besteht. Die Struktur gibt dabei wieder, welche Funktionen miteinander verknüpft sind, welche Funktionswerte also bei einer anderen Funktion als Argumente verwendet werden. Wie diese Struktur beschrieben und das Funktionsnetz definiert werden kann, soll im Folgenden herausgearbeitet werden.

Definition 6-35 : Darstellung eines Funktionsnetzes

Sei F eine Menge von Funktionen. Ein Funktionsnetz lässt sich als eine Menge (bzw. parallele Verknüpfung) von Inneren von Verknüpfungen der (Halb-)Funktionen aus F darstellen. Dabei darf keine aktorische Halbfunktion mehrfach verwendet werden.

In einem Funktionsnetz darf also keine aktorische Halbfunktion mehrfach auftreten. Da eine Funktion entsprechend Folgerung 6-30 als zwei parallele Halbfunktionen $f = f]$, $[f$ dargestellt werden kann, darf eine Funktion damit ebenfalls nicht mehrfach auftreten. Selbstverständlich dürfen mehrere gleiche Funktionen aber unter verschiedenem Bezeichner verwendet werden.

Satz 6-36 : Konstruktion einer möglichen Darstellung eines Funktionsnetzes

Für jedes Funktionsnetz lässt sich anhand folgender Vorschrift eine Darstellung konstruieren:
Sei F die Menge der Funktionen des Funktionsnetzes.

1. *Führe für jede Funktion $f \in F$ die folgenden Schritte durch.*

2. *Hat f (einen oder mehrere) Vorgänger[12], so folgen die Schritte 3 und 4. Sonst geschieht nichts.*

3. *Verknüpfe die sensorischen Halbfunktionen aller Vorgänger parallel miteinander.*

4. *Verbinde die aktorische Halbfunktion von f damit durch Hintereinanderausführung und eine geeignete Sortierfunktion.*

Mit dieser Konstruktion wird das Funktionsnetz nur durch Halbfunktionen beschrieben. Außerdem wird sichergestellt, dass jede aktorische Halbfunktion auch nur einmal auftreten kann. Dadurch entsteht eine der Definition 6-35 entsprechende Darstellung des Funktionsnetzes.

Beispiel 6-37 : Beispiel für Konstruktion eines Funktionsnetzes

Gegeben seien die Funktionen $f_1 : \mathbb{N} \to \mathbb{N}$, $f_2 : \mathbb{N}^2 \to \mathbb{N}$, $f_3 : \mathbb{N} \to \mathbb{N}$, $f_4 : \mathbb{N} \to \mathbb{N}^2$ und $f_5 : \mathbb{N}^2 \to \mathbb{N}$. Das in Abbildung 6-11 links dargestellte Funktionsnetz lässt sich nach Definition 6-35 mit den Sortierfunktionen $s_3 = s_4 = [1]$ und $s_2 = s_5 = \begin{bmatrix} 1 \\ 2 \end{bmatrix}$ wie folgt beschreiben:

$$\{[f_2 \circ s_2 \circ (f_1], f_5]), [f_3 \circ s_3 \circ f_2], [f_4 \circ s_4 \circ f_2], [f_5 \circ s_5 \circ f_4]\}$$

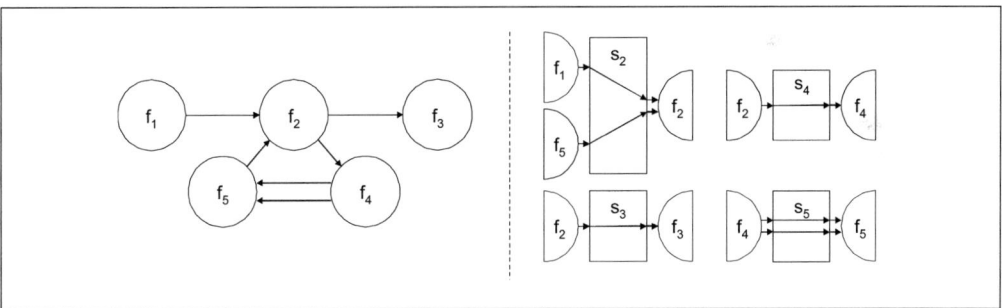

Abbildung 6-11: Konstruktion eines Funktionsnetzes (Beispiel 6-37)

Die Struktur eines Funktionsnetzes

Ein Funktionsnetz besteht also aus einer Menge von Funktionen und einer Struktur, den Verknüpfungen zwischen diesen Funktionen. Für eine exakte Beschreibung der Struktur eines Funktionsnetzes ist Definition 3-23 ungenügend.

Jede Funktion besitzt einen Eingangs- und einen Ausgangsvektor. Deren Dimension entspricht der Anzahl der Ein- bzw. Ausgänge der Funktion. So hat zum Beispiel die Funktion $f : \mathbb{N}^3 \to \mathbb{N}^2$ drei Eingänge

---

12. Funktion, mit der diese durch Hintereinanderausführung verknüpft ist

$X_f = \{x_{f,1}, x_{f,2}, x_{f,3}\}$ und zwei Ausgänge $Y_f = \{y_{f,1}, y_{f,2}\}$. In einem Funktionsnetz mit der Funktionsmenge F kann dann die Menge aller Eingänge $X = \bigcup_{f \in F} X_f$ und die Menge aller Ausgänge $Y = \bigcup_{f \in F} Y_f$ gebildet werden.

Ein Ausgang einer Funktion ist mit dem Eingang einer anderen Funktion verknüpft, wenn der an dem Ausgang anliegende Funktionswert der ersten Funktion der nachfolgenden Funktion als Argument an dem entsprechenden Eingang dient. Werden nun die Ein- und Ausgänge der Funktionen als Knoten und diese Verknüpfungen als (gerichtete) Kanten betrachtet, so lässt sich die Struktur eines Funktionsnetzes als ein gerichteter Graph beschrieben. Dieser Graph ist zudem bipartit, da die Knoten sich in zwei disjunkte Teile aufsplitten lassen (die Ein- und die Ausgänge) und die Kanten immer ein Element der einen Menge (einen Ausgang) mit einem der anderen (einem Eingang) verbinden.

Definition 6-38 : Struktur der Darstellung eines Funktionsnetzes

Gegeben sei eine Darstellung eines Funktionsnetzes mit der Funktionsmenge F. Ein bipartiter Graph (V, E) heißt Struktur des Funktionsnetzes, wenn für seine Knoten und Kanten gilt: Die Knoten sind die Ein- und Ausgänge der Funktionen.

$$V = \bigcup_{f \in F} X_f \cup \bigcup_{f \in F} Y_f$$

Die Kanten $E \subseteq Y \times X$ entsprechen dem Informationsfluss von den Aus- zu den Eingängen, der sich wie folgt ergibt:

$$(y, x) \in E \Leftrightarrow y \in Y_f \text{ (j-ter Ausgang) und } x \in X_g \text{ (i-ter Eingang) und}$$

$$\exists s \text{ Sortierfunktion mit } (g_1, ..., g_m) \circ s \circ (f_1, ..., f_n)$$

$$\text{mit } f = f_p \text{ und } g = g_q \text{ mit } s = \begin{bmatrix} ... \\ a+i \\ ... \end{bmatrix} \leftarrow (b+j)\text{-te Position,}$$

$$\text{wobei } a = \left| \bigcup_{l < q} X_{g_l} \right| \text{ und } b = \left| \bigcup_{k < p} Y_{f_i} \right|$$

Klassifikation von Darstellungen von Funktionsnetzen

Es gibt eine Vielzahl an Darstellungen von Funktionsnetzen mit gleicher Funktionsmenge und gleicher Struktur. Diese Darstellungen sind also identisch zueinander.

Definition 6-39 : Identität von Funktionsnetzen

Zwei Darstellungen von Funktionsnetzen haben die gleiche Struktur, wenn eine Umnummerierung der Knoten existiert, so dass danach beider Struktur durch den gleichen Graphen dargestellt wird.

Zwei Funktionsnetze heißen identisch, wenn sie die gleiche Menge an Funktionen umfassen und die gleiche Struktur besitzen.

Beispiel 6-40 : Identische Funktionsnetze in verschiedener Darstellungsform

Abbildung 6-12 zeigt drei verschiedene Darstellungen des Funktionsnetzes $[f_1 \circ s_2 \circ f_2 \circ s_1 \circ f_1]$.

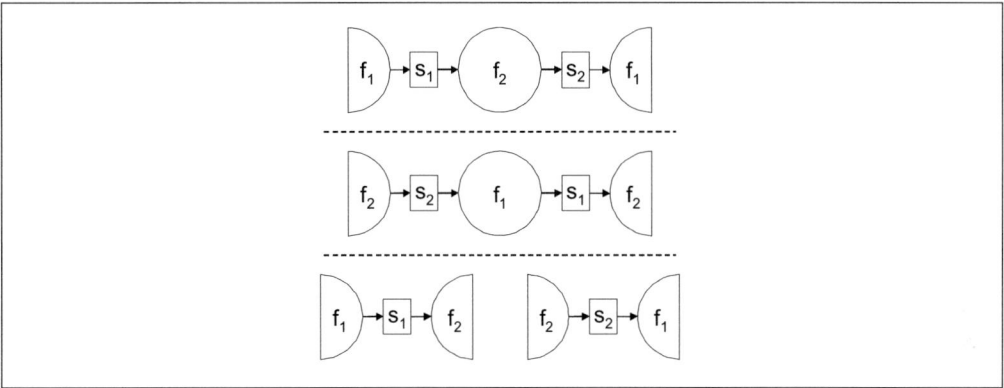

Abbildung 6-12:   Drei verschiedene Darstellungen eines Funktionsnetzes

Für ein Funktionsnetz gibt es also verschiedene Darstellungsformen. Es entspricht somit der Klasse aller zueinander identischen Darstellungsformen. Das Funktionsnetz selbst ist unabhängig von der gewählten Darstellung.

Folgerung 6-41 : Funktionsnetz

Ein Funktionsnetz $\mathcal{F} = (F, S)$ *besteht aus einer Menge* F *von Funktionen und einer Struktur* S *in Form eines gerichteten bipartiten Graphen, welcher die Verknüpfung der Ein- und Ausgänge der Funktionen miteinander beschreibt.*

Umformungsregeln für Funktionsnetze

In Definition 6-36 ist eine Möglichkeit zur Konstruktion von Funktionsnetzen vorgestellt worden. Allerdings erlaubt die Definition 6-35 auch eine Vielzahl anderer Darstellungen eines Funktionsnetzes. Im Folgenden werden einige Umformungsregeln vorgestellt, die es erlauben eine Darstellung eines Funktionsnetzes in eine andere umzuformen.

Satz 6-42 : Umformungsregeln für Funktionsnetze

Seien $f_1, f_2, \ldots, g_1, g_2, \ldots, h \in F$ *Funktionen des Funktionsnetzes und* $s_1, s_2, \ldots \in S$ *entsprechende Sortierfunktionen. So gelten folgende Identitäten:*

$$[f], [g] = [(f, g)]$$
$$[f \circ s_1 \circ (g_1], \ldots, g_n]), [g_i \circ s_2 \circ h] = [f \circ s_1 \circ (g_1], \ldots, g_i \circ s_2 \circ h], \ldots, g_n])$$
$$[f_1 \circ s_1 \circ g_1], [f_2 \circ s_2 \circ g_2] = ([f_1], [f_2]) \circ (s_1, s_2) \circ (g_1], g_2])$$
$$[f \circ s \circ (g], g]) = [f \circ s' \circ g]$$

Beweis:

Da sich die Menge der Funktionen nicht ändert, bleibt damit die Menge der Knoten der Struktur durch die Umformungen gleich. Es bleibt also noch zu zeigen, dass die Kanten ebenfalls gleich bleiben ($E_{Links} = E_{Rechts}$).

1. $[f], [g] = [(f, g)]$

Keine Sortierfunktion kommt dazu, fällt weg oder wird verändert. Existiert sie auf der einen Seite, so auch auf der anderen. Also muss die Menge der Kanten auf beiden Seiten gleich aussehen.

2.

$$[f \circ s_1 \circ (g_1], ..., g_n]), [g_i \circ s_2 \circ h]$$
$$= [f \circ s_1 \circ (g_1], ..., g_i \circ s_2 \circ h], ..., g_n])$$

Sowohl s_1 als auch s_2 existieren auf beiden Seiten und verknüpfen die gleichen Funktionen. Also lassen sich aus der linken und der rechten Seite die gleichen Kanten konstruieren.

3. $[f_1 \circ s_1 \circ g], [f_2 \circ s_2 \circ g] = ([f_1], [f_2]) \circ (s_1, s_2) \circ g]$

Sei x der i-te Eingang von f_2 und y er j-te Ausgang von g_2. Gilt $(y, x) \in E_{Links}$, so gilt:

$$s_2 = \begin{bmatrix} ... \\ i \\ ... \end{bmatrix} \leftarrow j\text{-te Stelle}$$

Sei $a = |X_{f_1}|$ und $b = |Y_{g_1}|$, so gilt für die rechte Seite:

$$(s_1, s_2) = \begin{bmatrix} ... \\ a + i \\ ... \end{bmatrix} \leftarrow (b+j)\text{-te Stelle}$$

Damit gilt $(y, x) \in E_{Rechts}$. Dieselbe Überlegung kann auch rückwärts getätigt werden und für den Fall, dass x der i-te Eingang von f_1 und y der j-te Ausgang von g_1 ist.

4. $[f \circ s \circ (g], g]) = [f \circ s' \circ g]$

Ist $s : \mathbb{N}^{2n} \to \mathbb{N}^m$, so ist $s' : \mathbb{N}^n \to \mathbb{N}^m$. s' lässt sich aus s konstruieren. Für jedes $1 \leq i \leq m$ gilt, wenn $s_i(x) = \pi_k^{2n}(x)$, dann ist

$$s'_i(x) = \begin{cases} \pi_k^n(x), & \text{wenn } k \leq n \\ \pi_{k-n}^n(x), & \text{wenn } k > n \end{cases}$$

Die Konstruktion von s aus s' ist eigentlich trivial (man braucht nur s' zu übernehmen). Allerdings sollte es für eine sinnvolle Weiterverarbeitung ein $1 \leq j \leq m$ geben, so dass gilt: Wenn $s'_i(x) = \pi_k^n(x)$, dann gilt für $i \leq j$ $s_i(x) = \pi_k^{2n}(x)$ und für $i > j$ gilt $s_i(x) = \pi_{k+n}^{2n}(x)$.

Folgerung 6-43 :

Aus den Regeln 3 und 4 folgt:

$$[f_1 \circ s_1 \circ g], [f_2 \circ s_2 \circ g] = ([f_1], [f_2]) \circ (s'_1, s'_2) \circ g]$$

Mit diesen Regeln kann also eine Darstellung eines Funktionsnetzes in eine andere umgeformt werden. Dieser Regelsatz muss jedoch nicht vollständig sein, es kann durchaus identische Darstellungen geben, die nicht durch diese Regeln ineinander umgeformt werden können.

Beispiel 6-44 : Fortsetzung von Beispiel 6-37

Das in Abbildung 6-11 dargestellte Funktionsnetz lässt sich anhand der Regeln aus Satz 6-42 und Definition 6-31 wie folgt umformen:

$$\{[f_2 \circ s_2 \circ (f_1], f_5]), [f_3 \circ s_3 \circ f_2], [f_4 \circ s_4 \circ f_2], [f_5 \circ s_5 \circ f_4]\}$$

$$= \{[f_2 \circ s_2 \circ (f_1], f_5]), ([f_3, [f_4) \circ (s_3, s_4) \circ f_2], [f_5 \circ s_5 \circ f_4]\}$$

$$= \{([f_3, [f_4) \circ (s_3, s_4) \circ f_2 \circ s_2 \circ (f_1], f_5]), [f_5 \circ s_5 \circ f_4]\}$$

$$= \{([f_3, [f_4) \circ (s_3, s_4) \circ f_2 \circ s_2 \circ (f_1], f_5 \circ s_5 \circ f_4])\}$$

$$= \{[(f_3, f_4) \circ (s_3, s_4) \circ f_2 \circ s_2 \circ (f_1, f_5 \circ s_5 \circ f_4)]\}$$

Parallelform

Bei den Darstellungen eines Funktionsnetzes gibt es eine besondere Form, die Parallelform. Diese wird so bezeichnet, weil alle Funktionen parallel zueinander verknüpft sind und die entstandene Funktion hinter sich selbst ausgeführt wird. In dem dabei entstehenden Funktionsnetz gibt es also nur eine einzige Hintereinanderausführung und damit auch nur eine einzige Sortierfunktion.

In dieser Sortierfunktion sind alle Verbindungen zwischen den Ein- und Ausgängen der Funktionen enthalten. Diese Sortierfunktion beschreibt damit die Struktur des gesamten Funktionsnetzes.

Satz 6-45 : Existenz der Parallelform

Jedes Funktionsnetz besitzt eine Darstellung in Parallelform.

Beweis:

Sei $\mathcal{F} = (F, G)$ das Funktionsnetz mit der Funktionsmenge F und der Struktur G. Das Funktionsnetz sei in der Ausgangsform nach Definition 6-36 gegeben. Alle aktorischen Halbfunktionen, die nicht in der Beschreibung auftauchen, werden parallel verknüpft. Die entstandene Halbfunktion wird mit einer beliebigen sensorischen Halbfunktion konkateniert, wobei die Sortierfunktion nur aus nil-Funktionen (siehe Definition 6-23) besteht.

Ebenso werden alle sensorischen Halbfunktionen, die nicht in der Beschreibung auftauchen parallel miteinander verknüpft. Eine bereits vorhandene Verknüpfung von Funktionen wird mit dieser Halbfunktion wie folgt erweitert: Die sensorische Halbfunktion wird mit den sensorischen Halbfunktionen, die nicht in der Beschreibung enthalten sind, parallel verknüpft. Die Sortierfunktion wird so angepasst, dass ihr Eingangsvektor die geeignete Größe besitzt, die Zuordnung aber unverändert bleibt. Die neu entstandene Verknüpfung beschreibt damit keine andere Struktur. Sie bezieht lediglich die sensorischen Halbfunktionen mit ein, die bei der Konstruktion nach Definition 6-36 außen vor blieben.

Die entstandenen Verknüpfungen können mit Hilfe der dritten und der vierten Regel aus Satz 6-42 zu einer Darstellung umgeformt werden, in der alle parallel verbundenen sensorischen Halbfunktionen mit allen parallel verbundenen aktorischen Halbfunktionen durch eine Sortierfunktion hintereinander ausgeführt werden. Dies ist die gesuchte Parallelform.

Beispiel 6-46 : Umformung zur Parallelform

Das Funktionsnetz aus Beispiel 6-37 :

$$[f_2 \circ s_2 \circ (f_1], f_5]), [f_3 \circ s_3 \circ f_2], [f_4 \circ s_4 \circ f_2], [f_5 \circ s_5 \circ f_4]$$

lässt sich wie folgt in eine Parallelform umwandeln: Zuerst muss die fehlende aktorische Halbfunktion $[f_1$ *mit* $[f_1 \circ s_1 \circ f_5]$ *mit* $s_1 = [\bot]$ *hinzugefügt werden. Danach wird die bestehende Verknüpfung* $[f_2 \circ s_2 \circ (f_1], f_5])$ *noch um die sensorische Halbfunktion* $f_3]$ *zu* $[f_2 \circ s_2 \circ (f_1], f_5], f_3])$ *mit* $s_2 : \mathbb{N}^3 \rightarrow \mathbb{N}^2$ *und* $s_2 = \begin{bmatrix} 1 \\ 2 \end{bmatrix}$ *erweitert.*

Mit der Regel 3 kann daraus folgender Ausdruck gemacht werden:

$$([f_1, [f_2, [f_3, [f_4, [f_5) \circ (s_1, s_2, s_3, s_4, s_5) \circ (f_3], f_1], f_5], f_2], f_2], f_4])$$

Dieser enthält jedoch noch die sensorische Halbfunktion $f_2]$ *zweimal. Dies kann mit Hilfe der Regel 4 geändert werden (welche aber die Sortierfunktion verändert). Zusammen mit einer Umsortierung der sensorischen Halbfunktionen ergibt sich danach folgende Darstellung mit* $s = [\bot, 1, 6, 2, 2, 4, 5]$ *:*

$$([f_1, [f_2, [f_3, [f_4, [f_5) \circ s \circ (f_1], f_2], f_3], f_4], f_5])$$

Die Parallelform dieses Funktionsnetzes ist in Abbildung 6-13 dargestellt.

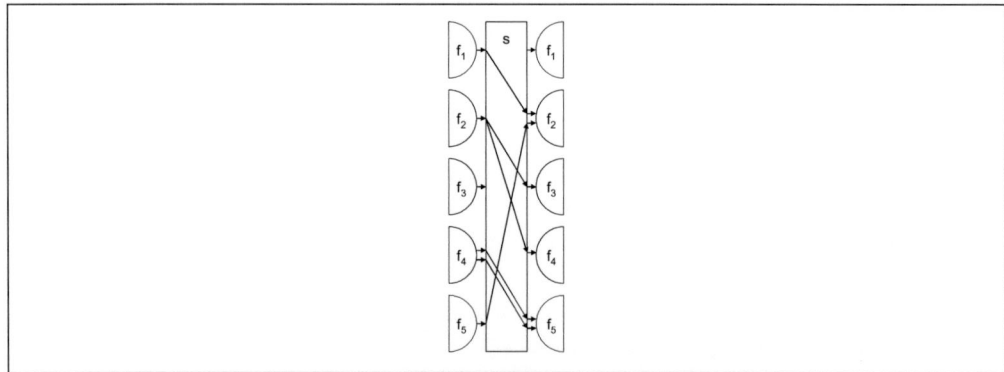

Abbildung 6-13: Parallelform des Funktionsnetzes aus Beispiel 6-37

Die Darstellung in Parallelform ist besonders, weil alle im System vorhandenen Ausgänge auf die eine Seite und alle Eingänge auf die andere Seite gezeichnet werden können. Dadurch ist die Struktur des Funktionsnetzes sehr gut erkennbar. Allerdings ist die Gesamtfunktion für einen Menschen aus der Parallelform eher schlecht rekonstruierbar, dafür sind andere Darstellungen deutlich besser geeignet.

Adjazenzmatrix

Der Graph, der die Struktur eines Funktionsnetzes angibt, kann durch eine Adjazenzmatrix (siehe Definition 3-19) beschrieben werden[13]. Diese Adjazenzmatrix kann aus dem Graphen und damit aus jeder Darstellungsform abgeleitet werden. Besonders leicht geht dies jedoch aus der Parallelform, da in diesem Fall die (einzige) Sortierfunktion im Wesentlichen der Adjazenzmatrix entspricht.

Definition 6-47 : Adjazenzmatrix eines Funktionsnetzes

Gegeben sei ein Funktionsnetz in Parallelform mit der Menge der Funktionen F und einer Sortierfunktion s. Sei $X = \bigcup_{f \in F} X_f$ die Menge aller Eingänge mit $|X| = q$ und $Y = \bigcup_{f \in F} Y_f$ die Menge aller Ausgänge mit $|Y| = p$. Dann gilt für die Sortierfunktion $s : \mathbb{N}^p \to \mathbb{N}^q$.

Die Adjazenzmatrix $A = (a_{ij})$ ist eine $p \times q$-Matrix, für die gilt:

$$a_{ij} = \begin{cases} 1, \text{ wenn } s = \begin{bmatrix} \dots \\ i \\ \dots \end{bmatrix} \leftarrow j\text{-te Position} \\ \\ 0, \text{ sonst} \end{cases}$$

Die Adjazenzmatrix beschreibt damit, ob der i-te Ausgang mit dem j-ten Eingang in dem Funktionsnetz verbunden ist ($a_{ij} = 1$) oder nicht ($a_{ij} = 0$).

Folgerung 6-48 :

Jedem Funktionsnetz kann eine Adjazenzmatrix als Beschreibung der Struktur zugeordnet werden.

Nach Satz 6-45 existiert zu jedem Funktionsnetz eine Darstellung in Parallelform. Da die Struktur eines Funktionsnetzes unabhängig von dessen Darstellung ist, beschreibt die aus der Parallelform abgeleitete Adjazenzmatrix die Struktur des Funktionsnetzes.

Die Adjazenzmatrix für das Beispiel 6-37 sieht dann wie folgt aus:

Funktion		f1	f2		f3	f4		f5
		x1	x1	x2	x1	x1	x2	x1
f1	y1	0	1	0	0	0	0	0
f2	y1	0	0	0	1	1	0	0
f3	y1	0	0	0	0	0	0	0
f4	y1	0	0	0	0	0	1	0
	y2	0	0	0	0	0	0	1
f5	y1	0	0	1	0	0	0	0

Tabelle 6-1: Adjazenzmatrix für Beispiel 6-37

---

13. Da die Struktur eines Funktionsnetzes ein Graph ist, bietet sich die Beschreibung als Adjazenzmatrix an (siehe Definition 3-19). Da die hier betrachteten Graphen bipartit sind, wird die Adjazenzmatrix nicht als $n \times n$-Matrix über alle n Knoten, sondern als $p \times q$-Matrix über die $n = p + q$ Knoten der beiden Partitionen definiert.

Da jede Zeile einen Ausgang und jede Spalte einen Eingang im Funktionsnetz repräsentiert, gilt folgende Aussage:

Folgerung 6-49 :

> *Für Adjazenzmatrizen von Funktionsnetzen gilt:*
>
> *1. Jede Spaltensumme darf nur die Werte 0 oder 1 annehmen.*
>
> *2. Jede Zeilensumme darf beliebig groß sein.*

Beweis:

> *Dies ergibt sich aus der Bedingung, dass eine aktorische Halbfunktion maximal einmal im Funktionsnetz verwendet werden darf. Sensorische Halbfunktionen dürfen dagegen beliebig oft verwendet werden.*

Die Adjazenzmatrix ist damit ein einfaches Mittel, um die Verknüpfungen der Funktionen eines Funktionsnetzes zu beschreiben. Wie die Beispiele verdeutlichen, hat diese Beschreibungsvariante allerdings den Nachteil, dass aus ihr das Funktionsnetz nicht mehr so leicht ablesbar ist.

Aktorik und Sensorik eines Funktionsnetzes

Die Aktorik und die Sensorik eines Funktionsnetzes wurde bei dessen Darstellung bisher vollkommen außer Acht gelassen. Dies ist auch vollkommen ausreichend, wenn es um die Beschreibung der systeminternen Vernetzung der Funktionen geht. Dann beschreibt jede Halbfunktion aber auch nur die Ein- bzw. Ausgänge, die für einen Informationsfluss von bzw. zu anderen Funktionen da sind. Im Falle der Föderativen Architektur sind dies gerade die Ein- und Ausgänge, die als Gesuche bzw. Gebote realisiert werden (siehe Abbildung 4-2 auf Seite 47). Dann kann jede Funktion, die nur durch sensorische und nicht durch aktorische Halbfunktionen im Funktionsnetz (in Normalform) repräsentiert ist, als ein Sensor angesehen werden. Ebenso kann jede Funktion, die nur durch eine aktorische und nicht durch sensorische Halbfunktionen repräsentiert wird, als Aktor betrachtet werden.

Zeitliche Wichtung der Funktionsausgänge

Praktisch benötigen (in Soft- oder Hardware realisierte) Funktionen für die Ermittlung des Funktionswertes zu einem Argument eine gewisse Zeit. Sei es, weil der Funktionswert aus einer Wertetabelle ausgelesen oder erst berechnet werden muss. Da diese Zeit in die Funktionsbeschreibung nicht einfließt, wird sie hier hinzugefügt.[14]

Jedem Ausgang einer Funktion eines Funktionsnetzes („normale" Funktion und Sortierfunktion) wird dafür ein Wert zugeordnet. Bei einer „normalen" Funktion des Funktionsnetzes entspricht dieser der zur Berechnung notwendigen Zeit. Bei einer Sortierfunktion repräsentiert dieser die Zeit, die zur Übertragung der Information von einer Funktion zur anderen notwendig ist.

---

14. Die konkreten Timing-Parameter sind zur Entwicklung nur schwer abschätzbar. Damit beschäftigt sich zum Beispiel [TLB09].

Da derartige Zeiten jedoch von Mal zu Mal unterschiedlich sein können, werden stattdessen drei verschiedene Zeiten notiert:

1. minimale Zeit

2. maximale Zeit

3. die zu erwartende (durchschnittliche) Zeit

Jeder Funktion wird also ein Vektor aus den positiven reellen Zahlen (z.B. Zeit in ms) zugeordnet, dessen Dimension der Dimension der Funktionswerte entspricht.

Definition 6-50 : Zeitliche Wichtung der Funktionsausgänge

Eine Funktion $f: \mathbb{N}^n \to \mathbb{N}^m$ heißt zeitlich gewichtet, wenn ihr die Vektoren $t^{min}, t^{ave}, t^{max} \in \mathbb{R}^m$ zugeordnet sind, wobei für jede Dimension $i \in \{1, ..., m\}$ der Vektoren gilt: $0 \le t_i^{min} \le t_i^{ave} \le t_i^{max}$

Die zeitliche Wichtung eines Funktionsnetzes ist also eine Zuordnung der Gewichte zu jeder Funktion:

$$W_{min}, W_{ave}, W_{max} : F \cup S \to \bigcup_{i \in \mathbb{N}} \mathbb{R}^i$$

Zusammenfassung

Das Verhalten eines verteilten Systems wird durch die Funktionen und die Art, wie diese miteinander verknüpft sind, beschrieben. Deshalb ist der Begriff des Funktionsnetzes eingeführt worden, welches die Menge der Funktionen und die funktionale Struktur eines Systems beschreibt.

Zur Beschreibung einer Funktion gehört ein formales Modell dieser Funktion. Dies kann eine Vorschrift der Art $y = f(x)$, ein Automat oder einfach eine Zuordnungsvorschrift sein. Des Weiteren gehört zur Beschreibung einer Funktion (eines existenten Systems) eine Aussage über die benötigte Zeit zur Durchführung dieser Funktion.

Die Beschreibung der Struktur zwischen den Funktionen kann wie in diesem Kapitel vorgestellt in Form eines gerichteten bipartiten Graphen geschehen. Dieser ist am einfachsten durch eine Adjazenzmatrix beschreibbar.

Das Verhalten eines Systems lässt sich also durch die Menge der darin enthaltenen Funktionen, einer Beschreibung jeder Funktion, einer zeitlichen Wertung der Ausgänge jeder Funktion und einer Adjazenzmatrix, zur Darstellung der Struktur, beschrieben. Im Anhang A.4.1 wird ein Teilsystem beispielhaft durch ein Funktionsnetz beschrieben.

6.3.3 Online-Kontrolle

Bei der Online-Kontrolle wird das real vorhandene Föderative System gegen die formale Spezifikation des gewünschten Verhaltens geprüft. Ziel ist zu entscheiden, ob das Föderative System sich so entwickelt hat, dass es das gewünschte Verhalten realisiert.

Idee

Die Online-Kontrolle wird durch einen systemexternen Observer durchgeführt. Die Aufgabe dieses Observers besteht darin, das reale Verhalten des Systems gegen die Spezifikation zu prüfen. Er analysiert dabei nicht, wie sich das Föderative System entwickelt. Ein Wissen über die ausgebildete Struktur des Systems bzw. die ausgehandelten Verträge der Autonomen Einheiten ist dafür nicht notwendig. Er prüft einzig und allein, ob die Systemfunktionalität so wie erwartet eingetreten ist. Das gewünschte Systemverhalten wird dafür mit temporallogischen Ausdrücken (siehe Kapitel 6.3.1) beschrieben.

Findet der externe Observer eine Regel, die nicht erfüllt ist, so muss er bestimmte Maßnahmen ergreifen. Diese Maßnahme kann im einfachsten Fall sein, dass er das weitere Funktionieren des Systems verhindert, es zum Beispiel abschaltet oder in den Konfigurationsmodus (siehe "Systemorganisation vs. Funktionserfüllung" auf Seite 59) umschaltet. Ebenso kann zu jeder Regel eine Maßnahme hinterlegt sein, wie der Observer zu reagieren hat, wenn die Regel nicht eingehalten wird.

Konzeption des Online-Observers

Der Observer benötigt für die Überwachung des Systems zum einen die Regeln, deren Gültigkeit er überprüfen muss und zum anderen die Spur (siehe Definition 6-14) von Zuständen, wobei jeder Zustand die Belegung der logischen Variablen mit wahr oder falsch bestimmt.

Erstellen des aktuellen Zustands der Spur

Eine logische Variable (zum Beispiel „Temperatur > 30°C") ist ein Ausdruck, der mit wahr oder falsch bewertet werden kann und der zumeist von bestimmten Werten abhängt. Deshalb enthalten die logischen Variablen wiederum Systemvariablen, welche bestimmte Systemzustände ausdrücken (wie Temperatur, Geschwindigkeit, Motordrehzahl, ...).

Der Observer muss also in jedem Zustand die Belegung aller Systemvariablen bestimmen, um dadurch die logischen Variablen bewerten zu können. Entsprechend der Zeitbasis der Spur muss dies zu jedem Zeitstempel erneut durchgeführt werden.

Zur Bestimmung der Belegung der Systemvariablen sind zwei wichtige Voraussetzungen zu erfüllen. Zum einen muss eine Zuordnung existieren, die besagt, welche Information aus dem System dieser Variable entspricht. Dem Observer muss also eine Datenbank hinterlegt sein, welche Variablen, wo und wie im System abgerufen werden können. Am einfachsten ist es, wenn diese Zuordnung sich auf die Gebote bzw. Gesuche der Funktionen bezieht.

Zum anderen muss die Möglichkeit vorgesehen sein, dass der Observer diese Information auch erhält. Im einfachsten Fall liegt die Information auf einem Kommunikationsmedium, an welches der Observer angeschlossen ist. Ansonsten muss eine Möglichkeit vorgesehen sein, wie dem Observer diese Information zukommen kann (z. B. durch Nachfrage, ähnlich der Diagnosekommunikation aktueller Steuergeräte).

Um die Systemfunktionalität sinnvoll prüfen zu können, müssen dem Observer die Informationen zur Verfügung stehen, die die Systemgrenzen überschreiten, also die aktuellen Sensor- und Aktorwerte. Dies ist am einfachsten zu garantieren, wenn intelligente Sensoren und Aktoren mit Anschluss an das Kommunikationsmedium verwendet werden. Ist dies nicht der Fall, müssen diese Werte extra an den Observer geschickt werden. Dann entsteht für das System ein Kommunikationsaufwand wegen der für das System nicht relevanten Informationen.

Abgleichen der Spur mit einem hinterlegten Regelsatz

Der Observer kennt also in jedem Zustand der Spur die Belegung aller relevanten Systemvariablen. Daraus kann er leicht die Belegung der logischen Variablen und damit auch aller zu kontrollierenden Formeln ableiten.

Jede Formel muss in jedem Zustand wahr sein. Ist sie zeitabhängig, so kann deren Bewertung natürlich erst zu den entsprechenden späteren Zuständen erfolgen.

Da eine Vielzahl weiterer Variablen den Funktionen als Input dienen, die nicht in der Formel enthalten sind, und nicht alle Belegungskombinationen der Variablen real auftreten, kann auch keine universelle Aussage getätigt werden, dass diese Formel immer gilt, sondern nur, dass sie bis jetzt immer gegolten hat. Der Observer kann also keine universelle Aussage über die Gültigkeit einer bzw. aller Formel(n) machen, sondern nur über die Gültigkeit der aktuell betrachteten Spur.

Rahmenbedingungen und Konsequenzen

Struktur des beobachteten Systems

Wie zuvor beschrieben, muss der Observer so in das zu betrachtende System integriert sein, dass er die Belegung der für ihn relevanten Systemvariablen jederzeit auslesen kann. Die Systemvariablen sind vor allem die Informationen, die die Systemgrenze überschreiten.

Bei der Verwendung intelligenter Sensorik und Aktorik, sind genau diese Informationen auf einem Kommunikationsmedium vorhanden. Ist der Observer an dieses angeschlossen, so ist er in der Lage alle Informationen zu erhalten, die die Systemgrenzen überschreiten.

Aussagen in RTLTL

Da die Kontrolle eines Systems vermutlich nur eine endliche Zeit gehen wird, dürfen keine Aussagen formuliert werden, die ggf. nicht in endlicher Zeit entschieden werden können. Sowohl Sicherheitseigenschaften ($G\neg\varphi$), die das Nicht-Eintreten unerwünschter Zustände kontrollieren, als auch Lebendigkeitseigenschaften $F\varphi$, dass ein gewünschtes Ereignis irgendwann eintritt, sollten zeitlich befristet werden. Statt der Operatoren U, F und G werden stattdessen die Operatoren $U_{a,b}$, $F_{a,b}$ und $G_{a,b}$ verwendet. Ein Beispiel für die Beschreibung des gewünschten Verhaltens eines Systems wird im Anhang A.4.2 vorgestellt.

Echtzeitanforderungen an Observer

Die Berechnung der Bewertung aller Formeln muss natürlich rechtzeitig geschehen, da diese vor dem nächsten Zeitpunkt abgeschlossen sein muss. Da der Aufwand zur Berechnung der Bewertung ziemlich groß ist, ist es notwendig den Berechnungsalgorithmus effizient umzusetzen. Darauf soll aber an dieser Stelle nicht weiter eingegangen, sondern auf die entsprechende Literatur zum Thema „Model Checking"[15] [CGP99, Deu07, HuRy04] verwiesen werden.

Wenn es die Umstände nicht zulassen, dass das gesamte Regelwerk in Echtzeit getestet werden kann, so muss entweder die Anzahl der Regeln verringert werden oder der der Spur zugrunde liegende Zeittakt muss auf ein Vielfaches[16] vergrößert und die Regeln entsprechend angepasst werden. Beide Varianten weichen jedoch die Aussagekraft deutlich auf.

6.3.4 Offline-Kontrolle

Bei der Offline-Kontrolle wird ein Modell des Föderativen Systems erstellt und dieses gegen die Spezifikation des gewünschten Systemverhaltens geprüft. Wie bei der Online-Kontrolle ist es auch hier das Ziel zu entscheiden, ob das Föderative System sich so entwickelt hat, dass es das gewünschte Verhalten realisiert. Der Unterschied besteht darin, dass die Online-Kontrolle über dem tatsächlichen System durchgeführt wird, während die Offline-Kontrolle die formale Spezifikation mit einem Modell des Systems vergleicht.

Idee

Die Offline-Kontrolle wird ebenfalls durch einen Observer durchgeführt. Dieser rekonstruiert eine funktionale Beschreibung (Modell) des Systemverhaltens anhand der im System vorhandenen Funktionen mitsamt ihrer Beschreibungen und den ausgehandelten Verträgen zwischen den Funktionen. Dieses Modell wird von ihm mit Hilfe des hinterlegten Regelwerks auf seine Gültigkeit überprüft.

Das Modell beschreibt das Ist-Verhalten des betrachteten Systems anhand von Funktionsnetzen (siehe Kapitel 6.3.2). Dafür wird die Beschreibung aller im System vorhandenen Funktionen und deren Verknüpfung benötigt. Da jede Funktion durch eine Autonome Einheit realisiert wird, entsprechen die Verknüpfungen den Verträgen zwischen Geboten und Gesuchen der Autonomen Einheiten. Mit Hilfe einer Beschreibung jeder Funktion und den Verträgen aller Autonomen Einheiten kann das Verhalten eines Systems modelliert werden.

Das gewünschte Verhalten wird (wie bei der Online-Kontrolle) mit Hilfe von Regeln in temporaler Logik beschrieben. Der Observer hat nun die Aufgabe zu bestimmen, ob das Modell alle diese Regeln erfüllt. Im Unterschied zur Online-Kontrolle muss der Observer hier keine Maßnahmen ergreifen.

---

15. Der Online-Observer führt zwar kein Model Checking, sondern eher ein System Checking durch, die Methoden dafür sind jedoch übertragbar.
16. Es wird sozusagen nur noch jeder n-te Zustand betrachtet.

Konzeption des Offline-Observers

Zu Beginn kennt jeder Offline-Observer die Gebote und Gesuche der Autonomen Einheiten, die formale Beschreibung der Funktionen der Autonomen Einheiten und den Regelsatz, der das gewünschte Soll-Verhalten beschreibt. Der Offline-Observer arbeitet dann nach folgender Reihenfolge:

1. Vertragsmöglichkeiten für jedes Gesuch berechnen

2. Für jede Kombination an möglichen Verträgen ein Modell des Ist-Verhaltens (Funktionsnetz) beschreiben

3. Jede endliche Spur (relevanter Länge) bestimmen, die durch das Funktionsnetz entstehen kann

4. Jede Spur gegen den Regelsatz prüfen

Für jedes Funktionsnetz müssen die Schritte 3 und 4 vielfach wiederholt werden. Denn aus einem Funktionsnetz kann eine Vielzahl an Spuren konstruiert werden. Dies muss außerdem für jede Kombination aus Vertragsmöglichkeiten wiederholt werden.

Als Ergebnis können durch den Observer folgende Fragen beantwortet werden:

- Erfüllt das Funktionsnetz den Regelsatz?
- Wenn es mehrere Vertragsmöglichkeiten gibt, erfüllen dann alle Funktionsnetze den Regelsatz gleichermaßen?

Gerade die zweite Aussage ist sehr interessant, da sie eine Möglichkeit darstellt zu überprüfen, ob durch die Vertragsaushandlung als gleichwertig bewertete Varianten auch tatsächlich funktional gleichwertig sind.

Modell des Systemverhaltens bilden

Aus den Geboten und Gesuchen des Föderativen Systems kann nach Definition 6-5 für jedes Gesuch die Menge der Vertragsmöglichkeiten konstruiert werden. Gibt es zu einem (oder mehreren) Gesuchen mehrere Vertragsmöglichkeiten ($|\mathcal{V}(S)| > 1$), so können daraus auch mehrere verschiedene Funktionsnetze abgeleitet werden, insgesamt also $\prod_{|\mathcal{V}(S)| \geq 1} |\mathcal{V}(S)|$. Für jede dieser Varianten muss ein Modell gebildet werden.

Eine Autonome Einheit realisiert eine Funktion, jedes Gebot einen Ausgang, jedes Gesuch einen Eingang und jeder Vertrag den Informationsfluss zwischen zwei Funktionen. Dieser Zusammenhang ist in Abbildung 6-14 dargestellt. Daraus ergibt sich, dass die Struktur, die die Autonomen Einheiten untereinander ausgehandelt haben, gerade die Struktur des Funktionsnetzes ist.

Damit entspricht die Menge der Verträge gerade der Sortierfunktion des Funktionsnetzes in Paralleldarstellung. Deshalb lässt sich die Adjazenzmatrix des Funktionsnetzes wie folgt aus den Verträgen konstruieren:

Folgerung 6-51 : Ableitung der Adjazenzmatrix aus den Verträgen

Sei $\mathcal{V} : (\text{Æ}, \mathcal{S}_{\text{Æ}}) \to (\text{Æ}, \mathcal{B}_{\text{Æ}})$ die partielle Abbildung, die jedem Gesuch des Systems ein (oder kein) Gebot des Systems zuordnet. Sind alle Autonomen Einheiten, deren Gebote und Gesuche durchnummeriert, so lässt sich die Adjazenzmatrix $A = (a_{ij})_{|\mathcal{S}_{\text{Æ}}| \times |\mathcal{B}_{\text{Æ}}|}$ daraus wie folgt konstruieren:

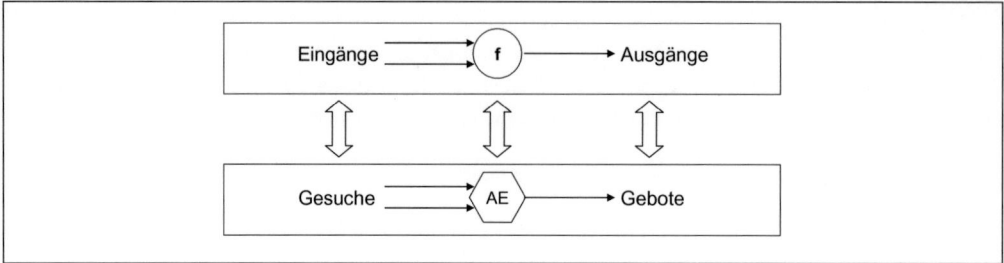

Abbildung 6-14: Begriffliche Zusammenhänge

$$a_{ij} := \begin{cases} 1, \textit{ wenn } \mathcal{V}((\text{æ}_n, s_q)) = (\text{æ}_m, b_p) \textit{ mit } \begin{aligned} i &= \sum_{k < m} |\mathcal{B}_{\text{æ}_k}| + p \\ j &= \sum_{l < n} |\mathcal{S}_{\text{æ}_l}| + q \end{aligned} \\ 0, \textit{ sonst} \end{cases} \tag{6.18}$$

Sind i und j die Nummern des Gebots und des Gesuchs, so gilt $a_{ij} = 1$, wenn das i-te Gebot (des Systems) mit dem j-ten Gesuch (des Systems) einen Vertrag abgeschlossen hat.

Die Adjazenzmatrix zusammen mit der formalen Beschreibung und der zeitlichen Wichtung der Funktionen der Autonomen Einheiten ergibt damit ein Funktionsnetz, als ein Modell für das Verhalten des Föderativen Systems.

Eine Spur aus dem Modell ableiten

Eine Spur, als Folge von Zuständen, kann nun sukzessive aus dem gegebenen Funktionsnetz konstruiert werden. Dabei geben die Zustände (wie bereits bei der Online-Kontrolle beschrieben) die Belegung der Systemvariablen wieder, die in den logischen Variablen der Regeln verwendet werden.

Als Startzustand muss allen Ein- und Ausgängen der Funktionen ein (sinnvoller) Wert zugewiesen werden[17]. Der nächste Zustand kann nun aus den Funktionen unter Beachtung der zeitlichen Wichtung der Ausgänge berechnet werden. Einzig allen Sensoren kann ein sinnvoll wählbarer Wert zugeordnet werden. Dies wird Zustand für Zustand wiederholt. Die notwendige Länge einer Spur ergibt sich aus der zeitlich längsten Regel.

Die Menge der möglichen Spuren wächst bei dieser Konstruktion natürlich drastisch. Eine vollständige Kontrolle aller Spuren ist bei einem realistischen System vollkommen unmöglich. Diese Methode ist daher nur realisierbar, wenn es möglich ist, eine ausgewählte endliche Anzahl von Spuren zu untersuchen. Wie eine derartige sinnvolle Einschränkung auf ausgewählte Spuren aussieht, kann hier nicht weiter vertieft werden, da diese Aufgabe eine eigenständige Problemstellung ist.

---

17. Dies kann zum Beispiel $\perp$ sein.

Abgleichen der Spur mit hinterlegtem Regelsatz

Eine gebildete Spur kann nun leicht mit den Regeln abgeglichen werden, indem aus den Systemvariablen die Belegung der logischen Variablen und damit die Belegung jeder Formel bestimmt werden kann. Ein Beispiel dafür wird im Anhang A.4.3 vorgestellt.

Rahmenbedingungen und Konsequenzen

Praktische Relevanz

Das Problem der Offline-Kontrolle ist die große Anzahl an Spuren. Dies macht es praktisch unmöglich diese Variante zur Verifikation eines Föderativen Systems zur Laufzeit zu verwenden. Stattdessen kann es eher bei der Entwicklung eines Föderativen Systems eingesetzt werden. Denn sind die Funktionen eines Föderativen Systems und deren Wichtung einmal festgelegt, so hängt das Modell des Systemverhaltens nur noch von den Geboten und Gesuchen ab. Damit ist es sehr gut möglich die Beschreibungssprache für die Gebote und Gesuche so zu spezifizieren, dass diese dem Ideal einer intuitiven Sprache möglichst nahe kommt. Dies kann insbesondere dadurch kontrolliert werden, dass bei der Vertragsaushandlung als gleichwertig bewertete Varianten auch eine gleichwertige Funktionalität besitzen müssen.

Aussagen in RTLTL

Äquivalent zur Online-Kontrolle kann die Offline-Kontrolle nur endliche Spuren prüfen. Deswegen dürfen auch für die Offline-Kontrolle keine Aussagen formuliert werden, die nicht in endlicher Zeit entschieden werden können. Das heißt, die Operatoren U, F und G sollten also vermieden und stattdessen die Operatoren $U_{a,b}, F_{a,b}$ und $G_{a,b}$ verwendet werden.

Andere temporale Beschreibung

Die Beschreibung des Sollverhaltens in RTLTL bedingt, dass die entsprechenden RTLTL-Formeln für jede Spur des Systems wahr sein sollen. Sollen stattdessen Aussagen getroffen werden, die nicht für alle Spuren wahr sein müssen („Es gibt eine Spur, da gilt ..."), so ist RTLTL bzw. LTL dafür nicht geeignet. Aussagen über Pfade sind mit Hilfe der Computation Tree Logic (CTL) oder CTL*, einer Vereinigung von CTL und LTL, möglich. Eine Erweiterung dieser temporalen Logiken um Echtzeitoperatoren ist ebenso möglich. An dieser Stelle soll aber nur auf die entsprechende Literatur [Deu07, EAMSS90, HuRy04] verwiesen werden.

6.3.5 Monitoring

Das Monitoring bietet keine Verifikation eines Föderativen Systems an, sondern ist lediglich ein Hilfsmittel dafür. Der Vertragsmonitor macht die im System ausgehandelten Verträge einem menschlichen Beobachter transparent. Der menschliche Beobachter muss die Verifikation des Systems dann selber vornehmen.

Idee

Die Idee für das Monitoring ergibt sich aus dem Wunsch, dass ein menschlicher Beobachter erfahren will, wie sich das beobachtete Föderative System entwickelt hat, welche Verträge zwischen den Autonomen Einheiten geschlossen wurden. Der Vertragsmonitor hat daher die Aufgabe diese Verträge zu ermitteln und dem menschlichen Beobachter mitzuteilen. Dafür bietet sich eine graphische Darstellung an.[18]

Konzeption des Vertragsmonitors

Der in Kapitel 6.2.2 vorgestellte Vertrags-Observer ermittelt bereits alle ausgehandelten Verträge und prüft diese hinsichtlich ihrer Korrektheit. Wird der Vertragsmonitor als ein Teil des Vertragsobservers realisiert, so müssen die ausgehandelten Verträge nur noch für den menschlichen Betrachter visualisiert werden (graphisch, als XML-File, ...).

Entsprechend der Äquivalenz aus Folgerung 6-51 kann die Menge der Verträge auch als Struktur des Funktionsnetzes interpretiert werden. Dadurch ist es dem menschlichen Beobachter möglich, das entstandene Funktionsnetz zu rekonstruieren und hinsichtlich der gewünschten Gesamtfunktionalität zu bewerten.

Rahmenbedingungen und Konsequenzen

Der Einsatz des Vertrags-Observers zum Monitoring bietet sich sowohl in der Entwicklung als auch zur Laufzeit eines Föderativen Systems an. So kann jederzeit visualisiert werden, welche Verträge ausgehandelt wurden. Da er nicht in der Lage ist, eine eigenständige Kontrolle des Föderativen Systems durchzuführen, stellt er weder einen Ersatz für den Online- noch den Offline-Observer dar. Falls diese beiden aus technischen Gründen nicht umsetzbar sind, so ermöglicht dieser jedoch zumindest eine funktionale Kontrolle des Föderativen Systems durch einen menschlichen Beobachter.

6.4　Zusammenfassung

Mit den in diesem Kapitel vorgestellten Überlegungen zur Verifikation eines Föderativen Systems kann die in **Kapitel 5 "Entwicklung von Systemen der Föderativen Architektur"** vorgestellte Vorgehensweise entsprechend dem V-Modell abgerundet werden. Zu jeder der drei Ebenen gibt es entsprechende Verifikationsmöglichkeiten, wie sie in Abbildung 6-15 dargestellt sind.

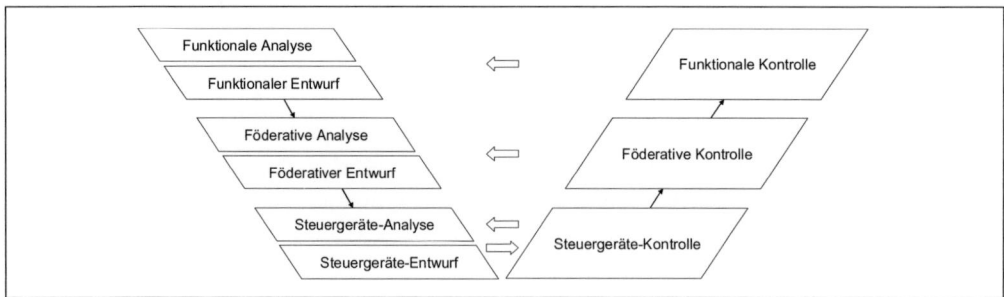

Abbildung　6-15:　Vorgehensweise zur Entwicklung und Verifikation eines Föderativen Systems

---

18. Eine Umsetzung eines Vertragsmonitors ist in Abbildung 7-8 auf Seite 147 dargestellt.

Abweichend davon ist es jedoch bereits möglich die föderative und funktionale Kontrolle im Entwicklungsprozess noch vor der Entwicklung der Steuergeräte durchzuführen. Dadurch kann die föderative Ebene vollkommen separat zur Steuergeräte-Ebene verifiziert werden. Dies wird in Abbildung 6-16 dargestellt.

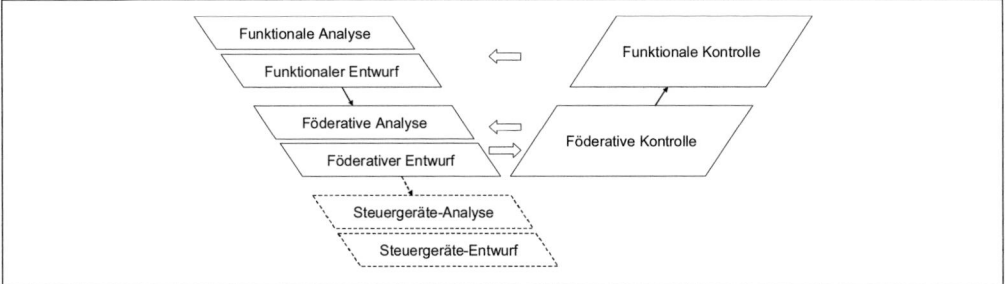

Abbildung 6-16: Verifikation eines Föderativen Systems während der Entwicklung

Im Rahmen des Konzepts der Föderativen Architektur sind insbesondere die föderative und die funktionale Kontrolle hervorzuheben. Mit der föderativen Kontrolle kann die Aushandlung der Verträge durch die Autonomen Einheiten überwacht werden. Dadurch ist es möglich Fehlfunktionen in der Aushandlung zu erkennen. Der Kern der Verifikation Föderativer System ist jedoch die funktionale Kontrolle. Diese basiert auf der Erkenntnis, dass an selbstorganisierende Systeme keine Erwartungshaltung in der auszubildenden Struktur, sondern in der auszubildenden Funktionalität, dem Verhalten des Systems, bestehen muss. Dazu wird ein Vergleich des Ist-Verhaltens mit dem gewünschten Soll-Verhalten des Systems durchgeführt. Dafür wurden verschiedene Varianten vorgestellt, über welche hier ein kurzer Überblick gegeben wird:

1. Online-Kontrolle, System Checking:
   Ein Beobachter bekommt alle relevanten Werte eines existenten Föderativen Systems zur Verfügung gestellt, insbesondere die Werte der Ein- und Ausgänge des Föderativen Systems. Diese werden mit Hilfe einer formalen Spezifikation der gewünschten Systemfunktionalität auf ihre Gültigkeit überprüft.

2. Offline-Kontrolle, Model Checking:
   Ein Beobachter rekonstruiert eine funktionale Beschreibung (Modell) des Systemverhaltens anhand der im System vorhandenen Funktionen mitsamt ihrer Beschreibungen und den ausgehandelten Verträgen zwischen den Funktionen. Dieses Modell wird mit Hilfe einer formalen Spezifikation der gewünschten Systemfunktionalität auf seine Gültigkeit überprüft.

3. Vertragsmonitor:
   Das Föderative System mit seinen ausgehandelten Verträgen wird für menschliche Beobachter (Nutzer, Entwickler) visualisiert. Dieser muss die Bewertung auf Korrektheit selbstständig vornehmen.

Auf Grund des unterschiedlichen Aufwands bei der Realisierung dieser Kontrollmöglichkeiten ergeben sich unterschiedliche Einsatzmöglichkeiten. Die Online-Kontrolle wird zur Verifizierung real existierender Sys-

	Online-Kontrolle	Offline-Kontrolle	Vertragsmonitor
Vorteile	Kontrolliert ob gewünschte Funktion realisiert wird	Kontrolliert ob gewünschte Funktion realisiert wird theoretisch Kontrolle aller Spuren möglich	Sehr einfach umsetzbar
Nachteile	kontrolliert nur die aktuelle Spur Berechnung der Bewertung in Echtzeit	praktisch zu viele zu kontrollierende Spuren	Keine eigenständige Kontrolle, nur Vorarbeit für menschlichen Beobachter
Einsatz-empfehlung	Zur Laufzeit	Zur Entwicklung	Immer

Tabelle 6-2: Varianten zur Verifikation des Verhaltens Föderativer Systeme

teme verwendet. Dadurch besteht eine Möglichkeit in einem selbstorganisierenden System das Ergebnis der Selbstorganisation zu überwachen.

Dagegen ist die Offline-Kontrolle sehr aufwändig, da alle theoretisch möglichen Spuren kontrolliert werden müssten. Dies eignet sich daher nicht zur Überwachung real existierender Systeme, da die Ergebnisse hierfür sicherlich nicht in Echtzeit ankommen werden. Stattdessen ist dies eine Möglichkeit Föderative Systeme im Entwicklungsprozess zu verifizieren. Da (theoretisch) alle Spuren damit geprüft werden, kann (theoretisch) das Verhalten des Föderativen Systems vollständig verifiziert werden. Praktisch besteht hier die Herausforderung eine möglichst große Testabdeckung mit möglichst wenig Traces zu erreichen.

Das Monitoring stellt lediglich eine Möglichkeit dar, um die Struktur der Verträge im System einem Außenstehenden (z. B. dem Entwickler) transparent zu machen. Wenn weder Online- noch Offline-Kontrolle umsetzbar sind, besteht dadurch wenigstens die Möglichkeit das Verhalten durch einen menschlichen Beobachter zu verifizieren. Abgesehen davon ist eine Visualisierung immer für menschliche Beobachter hilfreich, da außerhalb des Föderativen Systems sonst keine Informationen über geschlossene Verträge der Autonomen Einheiten vorhanden sind.

7 Implementation von Systemen der Föderativen Architektur

Das Konzept der Föderativen Architektur wurde im Verlauf dessen Entwicklung mehrfach und auf verschiedenen Plattformen in Föderative Systeme umgesetzt. In diesem Kapitel sollen diese Implementationen näher vorgestellt werden.

Am Anfang stand eine erste Machbarkeitsstudie von Linke [CC_Lin04]. Darin wurde zunächst das Prinzip realisiert, dass die Einheiten eines EE-Systems den Informationsfluss untereinander selbst aushandeln. Eine wichtige Eigenheit bestand in der Umsetzung in realen und virtuellen Autonomen Einheiten. Dadurch konnte mit geringem technischen Aufwand die Wirkprinzipien der Föderativen Architektur zusammen mit realer Sensorik oder Aktorik untersucht werden.

Als Basis für weitergehende Implementationen wurde von Wolf [CC_Wolf08] ein Framework der Autonomen Einheiten namens COSEL entwickelt. Mit Hilfe dieses Frameworks konnten nun Autonome Einheiten entsprechend des vorgestellten Entwicklungsprozesses entworfen werden. Alle weiteren Implementationen basieren daher auf diesem Framework.

Als Implementationsplattform für Föderative Systeme wurde zum einen ein Wanddemonstrator und zum anderen das Demonstrationsfahrzeug AUGUST realisiert. Letzteres ist einem echten Fahrzeug nachempfunden, weshalb insbesondere die Fahrzeugfunktionalitäten „Fahren" und „Lenken" umgesetzt sind. Dagegen gibt der Wanddemonstrator keine Funktionalität vor, sondern stellt nur die notwendige Hardware für Föderative Systeme bereit. Darauf lassen sich die verschiedensten Szenarien darstellen. Hier soll als Beispiel ein Lichtszenario vorgestellt werden.

7.1 Framework COSEL

Basierend auf der Konzeption eines Frameworks für Autonome Einheiten (siehe Kapitel 5.4.1) wurde von Wolf das Framework COSEL[1] für Mikrocontroller und PC entwickelt und implementiert [CC_Wolf08]. Damit war es möglich Kfz-relevante Beispielsysteme als Föderative Systeme mit dem in Kapitel 5 vorgestellten Entwurfsprozess zu Demonstrationszwecken zu realisieren.

7.1.1 Aufgaben und Aufbau des Frameworks

Das Framework der Autonomen Einheiten muss im Wesentlichen drei Aufgaben erfüllen: die Verwaltung der Funktion, der Verträge und der Kommunikation. Um diese Aufgaben zu realisieren, wurde die in Abbildung 5-3 auf Seite 95 vorgestellte Struktur in das Framework COSEL umgesetzt (siehe Abbildung 7-1). Die grauen Komponenten gehören zu dem Framework. Die Funktion und das Wissen werden erst für eine zu entwerfende Autonome Einheit angelegt.

---

1. Der Name COSEL leitet sich dabei aus dessen Aufgabe die Kooperation zwischen den Autonomen Einheiten und damit die Selbstorganisation des Systems zu ermöglichen (**Co**operation & **Sel**f-Organization). In Anspielung auf das Demonstrationsfahrzeug AUGUST (siehe Seite 151) war Gräfin Cosel, die bekannteste Mätresse August des Starken [Hof96], eine nicht unwesentliche Motivation für diesen Namen.

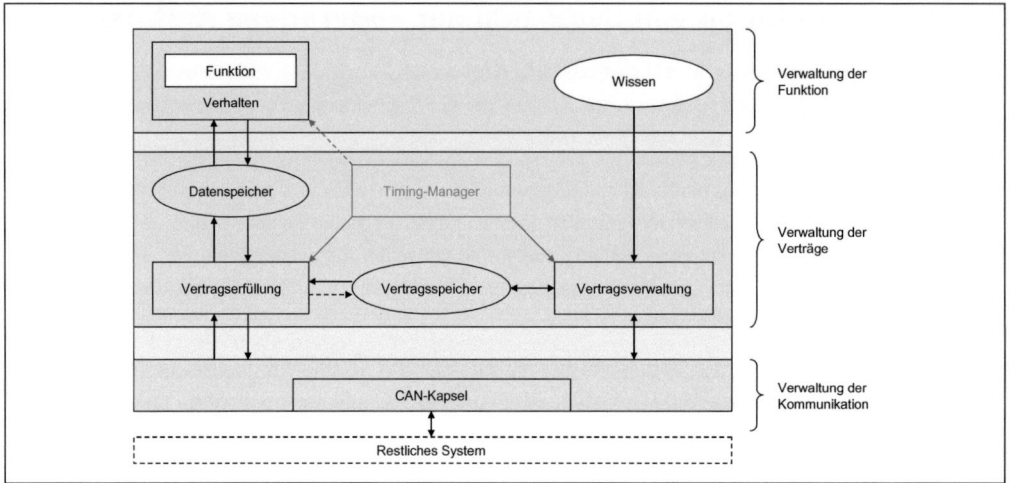

Abbildung 7-1: Aufgaben und Struktur des Frameworks einer Autonomen Einheit

Verwaltung der Funktion

In das Framework einer Autonomen Einheit muss eine Funktion und das notwendige Wissen über diese Funktion integrierbar sein. Die Funktionsverwaltung muss dafür sorgen, dass die Funktion ihre Argumente aus dem Datenspeicher bekommt sowie ihre Funktionswerte in diesen schreibt.

Verwaltung der Verträge

Die Verwaltung der Verträge besteht aus der Aushandlung, Überwachung und Erfüllung der Verträge. Die Vertragsverwaltung handelt die Verträge anhand der Gebote und Gesuche der Autonomen Einheit aus und legt diese im Vertragsspeicher ab. Bestehende Verträge werden durch die Vertragsverwaltung kontrolliert und gegebenenfalls gekündigt. Die Vertragserfüllung führt die im Vertragsspeicher eingetragenen Verträge durch, indem die Funktionswerte aus dem Datenspeicher als Gebote an die Partner gesandt werden. Die Argumente werden entsprechend von Vertragspartnern entgegengenommen und in dem Datenspeicher der Funktion zur Verfügung gestellt. Da sowohl Vertragsverwaltung als auch -erfüllung zeitabhängig arbeiten, ist eine weitere Komponente, der Timing-Manager[2], hinzugefügt worden.

Verwaltung der Kommunikation

Die Verwaltung der Kommunikation muss sich um die Kommunikation mit den anderen Autonomen Einheiten des Föderativen Systems kümmern. Eine Nachricht, die zwischen den Autonomen Einheiten ausgetauscht wird, hat den in Abbildung 7-2 dargestellten Aufbau.

---

2. Ist die Funktion der Autonomen Einheit zeitabhängig, so kann diese ebenfalls auf den Timing-Manager zugreifen.

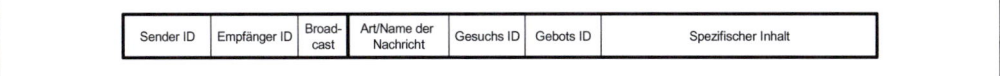

Sender ID	Empfänger ID	Broad-cast	Art/Name der Nachricht	Gesuchs ID	Gebots ID	Spezifischer Inhalt

Abbildung 7-2: Aufbau der Nachrichten zwischen Autonomen Einheiten

Der erste Teil enthält Quelle und Ziel dieser Nachricht und mit dem Broadcast-Bit insbesondere die Information, ob diese an alle Autonomen Einheiten gerichtet ist. Der zweite Teil enthält dann die in Tabelle 4-4 auf Seite 81 festgelegten Inhalte. Dies sind die Art (bzw. der Name[3]) der Nachricht (Anfrage, Angebot, Vertragswunsch, ...), das Gebot und das Gesuch auf welche die Nachricht sich bezieht und dann die für jede Nachrichtenart spezifischen Inhalte. Die Nachrichten müssen auf das ausgewählte Kommunikationsmedium umgesetzt bzw. von diesem gelesen werden. Die Umsetzung des Frameworks ist vom Kommunikationsmedium stark gekapselt, um dieses leicht austauschen zu können.

Da für dieses Framework der CAN-Bus als Kommunikationsmedium festgelegt wurde, muss es eine entsprechende CAN-Kapsel enthalten. Die Herausforderung bestand vor allem darin, dass die Nachrichten, die zwischen Autonomen Einheiten ausgetauscht werden, im Allgemeinen deutlich länger als 8 Byte sind. Damit war es notwendig auf das CAN-Bus-Protokoll eine Transportschicht (siehe OSI-Modell [ISO 7498]) zu implementieren, die das Zerlegen einer großen Nachricht in mehrere CAN-Nachrichten und zurück, organisiert. Auf die Funktionsweise dieser CAN-Kapsel soll an dieser Stelle nicht weiter eingegangen werden. Dies und weitere Details können in [CC_Wolf08] nachgelesen werden.

Abbildung 7-3: Mikrocontroller MC9S12DP256B mit eigenentwickelten Boards

7.1.2 Implementation auf Mikrocontroller

Das Framework COSEL wurde für 16-Bit-Mikrocontroller der HCS12-Familie der Firma Freescale Semiconductor (zuvor Motorola) konzipiert. Es wurde in C und Assembler umgesetzt und zum Beispiel auf dem in Abbildung 7-3 dargestellten MC9S12DP256B implementiert.

---

3. In Tabelle 4-4 als Name der Nachricht bezeichnet.

Das Framework besteht dabei aus einer Menge an Dateien, die im Anhang A.1 näher beschrieben sind. Die Abbildung 7-4 stellt dar, wie diese Dateien die in Abbildung 7-1 beschriebene Struktur des Frameworks umsetzen. Der einzige Unterschied ist, dass die Vertragserfüllung und die -verwaltung aus Effizienzgründen zusammengelegt wurden. Die Funktion wird durch die beiden Dateien *Funktion.h* und *Funktion.c* realisiert und deren Wissen durch *Verhalten_Stat.c*. Diese drei Dateien müssen also für jede Autonome Einheit individuell festgelegt werden.

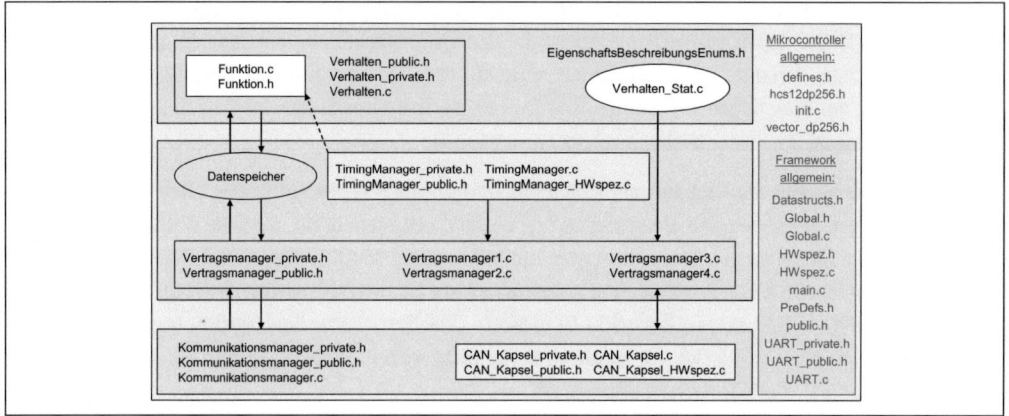

Abbildung 7-4: Dateistruktur des Frameworks für Implementierung auf Mikrocontroller

Alle weiteren Dateien sind in allen Autonomen Einheiten dieses Föderativen Systems, die auf einem HCS12-Mikrocontroller implementiert wurden, gleich. Ein Teil des Frameworks ist jedoch hardwareabhängig. Wie in Abbildung 7-5 dargestellt sind dies der Timing-Manager und die CAN-Kapsel. Natürlich müssen aber auch alle Mikrocontroller-spezifischen Dateien (*hcs12dp256.h*, ...) entsprechend ersetzt werden.

Genau genommen ist keine Komponente wirklich hardwareunabhängig, da alle mit den zur Verfügung stehenden Ressourcen auskommen müssen. Dies ist beim Mikrocontroller vor allem der Speicher (256 kB Flash, 12 kB RAM beim verwendeten MC9S12DP256B). Deshalb müssen alle Komponenten des Frameworks entsprechend effizient umgesetzt sein.

Wie die Abbildung 7-5 ebenfalls darstellt, kann auf einem Mikrocontroller (nur) ein Framework installiert werden. Auf einem Mikrocontroller kann damit höchstens eine Autonome Einheit laufen. Dies ist ein deutliches Manko bei der Realisierung Föderativer Systeme, da dadurch für jede Autonome Einheit des Systems auch ein Mikrocontroller vorhanden sein muss[4].

---

4. Die Größe der realisierbaren Systeme (siehe Kapitel 7.2 und 7.3) war deshalb immer durch die Anzahl der verfügbaren Mikrocontroller begrenzt. Um dieses Problem zu umgehen, wurde das Konzept der Föderativen Architektur etwas gedehnt und mehrere Funktionen zusammengefasst und in eine Autonome Einheit integriert.

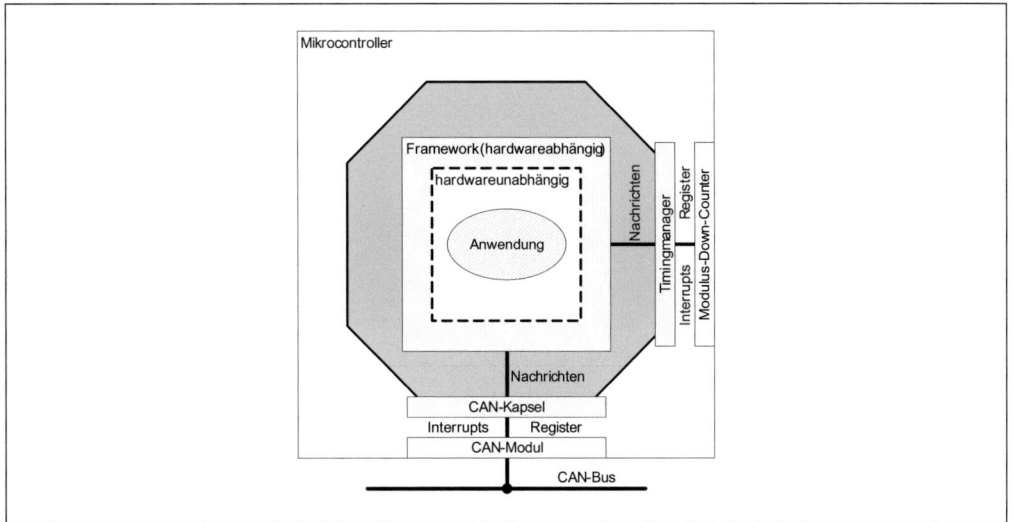

Abbildung 7-5: Aufbau des Frameworks auf dem Mikrocontroller

7.1.3 Implementation auf PC

Alle Autonomen Einheiten, die keine Sensorik oder Aktorik darstellen, sind nicht an eine bestimmte Hardware gebunden. Diese können zum Beispiel alle zusammen auf einer entsprechend leistungsfähigen Recheneinheit implementiert werden. Dies führt zu der Idee, das vorhandene Framework als eigenständiges Programm auf einen Personal Computer (PC) zu übertragen. Sind mehrere (virtuelle) Autonome Einheiten auf einem PC installiert, so müssen diese über einen virtuellen CAN-Bus miteinander kommunizieren können. Indem dieser virtuelle CAN-Bus mit dem realen CAN-Bus verbunden wird, können die virtuellen Autonomen Einheiten mit den realen (auf µC realisierten) gemeinsam ein Föderatives System bilden. Im Unterschied zur ersten Machbarkeitsstudie von Linke wird dabei auf die Unterstützung durch ein weiteres Tool verzichtet.

Bei der Portierung des Frameworks vom µC auf den PC sind einige Anpassungen notwendig. Wie bereits im vorigen Kapitel ausgeführt, mussten CAN-Kapsel und Timing-Manager angepasst werden. Ebenso waren allgemeine Anpassungen notwendig, da auf dem PC zum Beispiel keine Interrupts verwendet werden können. Dies kann detailliert in [CC_Wolf08] nachgelesen werden.

Jede Autonome Einheit läuft als eine eigene Anwendung auf dem PC. Dadurch wird die Unabhängigkeit von allen anderen Autonomen Einheiten gewährleistet. Für die Verteilung der Daten zwischen diesen Anwendungen wird eine auf TCP/IP basierende Socketverbindung eingesetzt. Der Vorteil besteht (neben der einfachen Handhabung unter verschiedenen Programmiersprachen) in der Möglichkeit, Daten zwischen Anwendungen auch über PC- und Betriebssystemgrenzen hinweg auszutauschen. Das bedeutet, dass die virtuellen Autonomen Einheiten nicht nur auf einem PC laufen müssen, sondern verteilt auf verschiedenen PCs eines Ethernet betrieben werden können (siehe Abbildung 7-6).

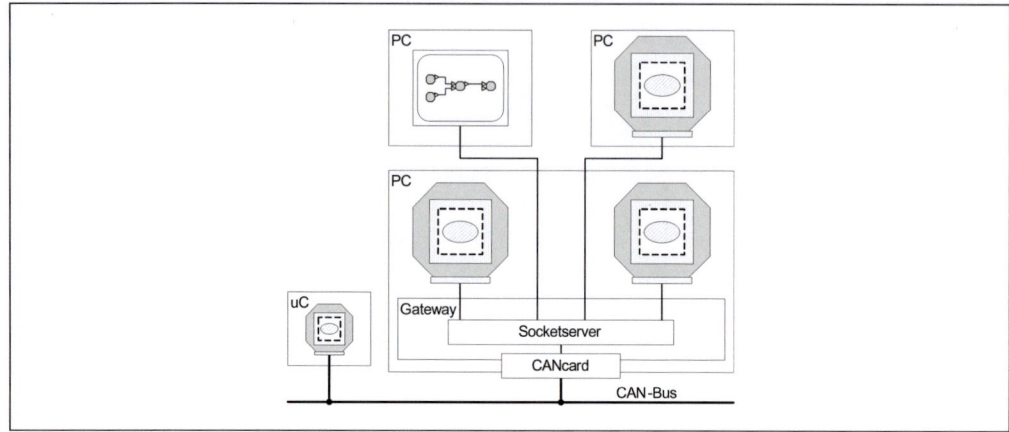

Abbildung 7-6: Reale und virtuelle autonome Einheiten

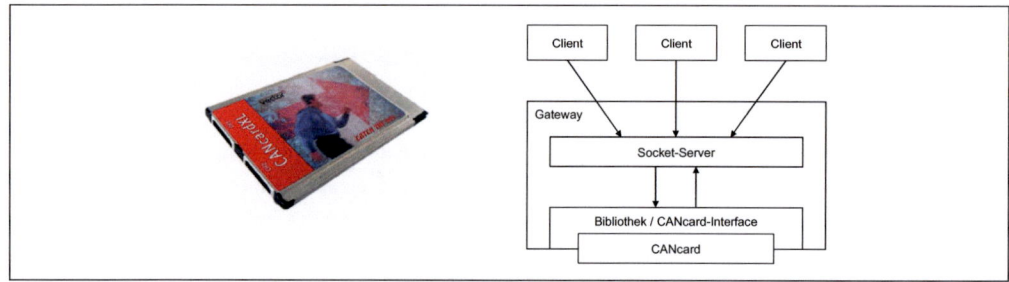

Abbildung 7-7: CANcard und Gateway

Die Verbindung zwischen virtuellem und realem Teil des Systems führt ein Gateway (siehe Abbildung 7-7) durch. Dieses beinhaltet die Ansteuerung der CANcard, welche als physische Schnittstelle zum CAN-Bus fungiert. Des Weiteren beinhaltet das Gateway den Socket-Server, welcher die TCP/IP-Verbindungen zu den Autonomen Einheiten verwaltet und darauf einen CAN-Bus emuliert[5]. Indem das Gateway den virtuellen und den realen CAN-Bus synchron hält, besteht für das Föderative System kein Unterschied, ob die Autonomen Einheiten real (auf einem μC) oder virtuell (auf dem PC) existieren.

7.2 Wanddemonstrator

Der Wanddemonstrator ist eine Plattform, um verschiedene Föderative Systeme erschaffen zu können. Dieser ermöglicht einen sehr flexiblen Umgang mit den Föderativen Systemen. Denn zum einen kann sehr verschie-

---

5. Jede CAN-Nachricht wird also vom realen auf den virtuellen CAN und zurück umgesetzt. Vorteil ist, dass dadurch alle Autonomen Einheiten eines Systems die gleiche CAN-Kapsel verwenden. Nachteil ist, dass in den virtuellen Autonomen Einheiten eine eigentlich überflüssige Transportschicht implementiert ist.

dene Hardware als Sensorik oder Aktorik verwendet werden.[6] Zum anderen ist es problemlos und jederzeit möglich neue Autonome Einheiten in das System zu integrieren bzw. vorhandene zu entfernen.

Im Folgenden soll zunächst der Aufbau des Wanddemonstrators vorgestellt werden. Danach folgt ein Beispiel für ein Föderatives System, welches auf diesem implementiert wurde.

7.2.1 Aufbau des Wanddemonstrators

Der Wanddemonstrator besteht aus 15 Steckplätzen für Autonome Einheiten. An allen liegen Masse, 5V-Versorgungsspannung und CAN-Bus an. An jedem Steckplatz kann eine Autonome Einheit als ein Steckmodul angebracht werden.

Abbildung 7-8: Wanddemonstrator mit angeschlossenem Vertragsmonitor

Die Abbildung 7-8 zeigt den Wanddemonstrator, an welchem einige Autonome Einheiten aufgesteckt sind. Der an dieses System angeschlossene Vertragsmonitor macht die ausgehandelten Verträge dieses Föderativen Systems sichtbar.

Ein Steckmodul des Wanddemonstrators ist in Abbildung 7-9 dargestellt. Es besteht aus einem Gehäuse, einem Mikrocontroller der HCS12-Familie und einer Platine, welche die Energieversorgung und gegebenenfalls weitere Hardware enthält. Auf dem Mikrocontroller ist das Framework COSEL implementiert (siehe Kapitel 7.1.2). Jedes Steckmodul realisiert also eine Autonome Einheit, deren Funktion in keiner Weise zuvor festgelegt ist.

Wird ein PC, auf dem virtuelle Autonome Einheiten installiert sind (siehe Kapitel 7.1.3), an den CAN-Bus des Wanddemonstrators angeschlossen, so lässt sich leicht eine Vielzahl weiterer Autonomer Einheiten in das

6. Im Unterschied zum Demonstrationsfahrzeug AUGUST (Kapitel 7.3), bei dem die gesamte Sensorik und Aktorik des Föderativen Systems durch die Plattform bereits festgelegt ist.

Abbildung 7-9: Steckmodul für Wanddemonstrator

Föderative System integrieren. Damit können beliebig viele Autonome Einheiten auf diesem Demonstrator realisiert werden. Lediglich die Anzahl der Autonomen Einheiten, die auf eine reale Sensorik oder Aktorik zugreifen können, ist auf Grund der Anzahl der Steckplätze auf 15 beschränkt.

Föderative Systeme sind damit sehr einfach zu erstellen. Dafür muss eine Autonome Einheit (Framework COSEL + gewünschte Funktion) auf ein Steckmodul (bzw. auf den PC) gespielt werden. Das Steckmodul wird dann auf einen Steckplatz des Wanddemonstrators aufgesteckt, woraufhin die Autonome Einheit sich selbstständig in das vorhandene System integriert.

7.2.2 Föderatives System Lichtszenario

Auf dem Wanddemonstrator wurde zum Beispiel ein Föderatives System realisiert, welches den verschiedenen Lichtfunktionalitäten in einem Kfz nachempfunden ist. Dafür wurden folgende Funktionalitäten umgesetzt:

- Abblendlicht
- Fernlicht
- Blinken
- Warnblinken
- Nebellicht
- Rückfahrlicht
- Bremslicht

Autonome Einheiten

Dafür wurden sieben Autonome Einheiten aufgebaut, die verschiedene Teilfunktionalitäten zusammenfassen. Um den Hardwareaufwand gering zu halten wurden viele Teilfunktionen zusammengefügt und gemeinsam in einer Autonomen Einheit realisiert. Für das Lichtszenario am Wanddemonstrator wurden somit folgende Autonome Einheiten erstellt:

Autonome Einheiten	Gesuche	Gebote
AE „Lampen hinten"	Gesuch „Rücklicht" Gesuch „Rückfahrlicht" Gesuch „Nebelschlussleuchte" Gesuch „Bremslicht" Gesuch „Blinklicht links" Gesuch „Blinklicht rechts"	-
AE „Lampen vorn"	Gesuch „Abblendlicht" Gesuch „Fernlicht" Gesuch „Nebelscheinwerfer" Gesuch „Blinklicht links" Gesuch „Blinklicht rechts"	-
AE „Innenraum"	-	Gebot „Warnblinkschalter"
AE „Schalter Konsole"	-	Gebot „Schalter Nebellicht" Gebot „Schalter Abblendlicht" Gebot „Schalter Fernlicht" Gebot „Blinkhebel links" Gebot „Blinkhebel rechts"
AE „Pedale"	-	Gebot „Schalter Rückwärtsgang" Gebot „Schalter Bremspedal"
AE „Blinktakt"	Gesuch „Blinkwunsch links" Gesuch „Blinkwunsch rechts"	Gebot „Blinken links" Gebot „Blinken rechts"
AE „Blinksteuerung"	Gesuch „Fahrtrichtungsänderungsanzeige links" Gesuch „Fahrtrichtungsänderungsanzeige rechts" Gesuch „Warnung durch den Fahrer"	Gebot „Blinkwunsch links" Gebot „Blinkwunsch rechts"

Tabelle 7-1: Autonome Einheiten mit Gesuchen und Geboten für das Lichtszenario

Beschreibung der Gebote und Gesuche

Zur Beschreibung der Gebote und Gesuche dieser Autonomen Einheiten wurde der im Anhang in Abbildung A-1 dargestellte Referenzbaum entworfen. Dieser stellt die Sprache dar, mit der in den Geboten und Gesuchen beschrieben werden kann, welche Informationen angeboten bzw. gesucht werden.

Die Schwierigkeit in der Beschreibung der Gebote und Gesuche liegt vor allem darin herauszufinden, welche Information ein Gebot tatsächlich anbietet bzw. ein Gesuch tatsächlich sucht. Die folgenden Beispiele soll dies verdeutlichen:

Aus der Gewohnheit heraus erscheint es klar, dass der „Warnblinkschalter" die linken und rechten Blinklampen einschaltet. In einem flexiblen (Föderativen) System muss dies aber nicht unbedingt sein. Genauso sinnvoll könnte dieser Schalter eine Rundumleuchte oder ähnliches, was die Umgebung warnt, aktivieren. Die Erwartungshaltung des Fahrers, der den Warnblinkschalter betätigt, wäre trotzdem erfüllt. Dies liegt daran, dass die Information dieses Schalters nicht „Aktivierung aller Blinklampen" ist, sondern „Warnung der Umwelt durch den Fahrer". Dementsprechend muss auch das Gebot gestaltet sein (siehe Anhang, Abbildung A-13).

Ebenso ist das Betätigen des Blinkhebels nicht der direkte Wunsch, die Blinklampen zum Blinken zu bringen, sondern der Wunsch, der Umgebung mitzuteilen, dass die Fahrtrichtung geändert wird. Dementsprechend sieht das Gebot aus (siehe Abbildung A-17 im Anhang). Die Blinksteuerung bringt dann diese Informationen zusammen und generiert daraus eine Ansteuerung der Blinklampen. Dafür sucht sie genau diese Informationen (siehe Abbildung A-25) und gibt die Information über einen Blinkwunsch aus (siehe Abbildung A-28).

Die Autonome Einheit „Blinktakt" liest diese Informationen ein und moduliert auf diese einen Blinktakt auf. Sie gibt damit nicht mehr nur einen Blinkwunsch aus, sondern eine konkrete Ansteuerung der Blinklampen (siehe Abbildung A-23). Die Gebote der Blinksteuerung und des Blinktakts unterscheiden sich dabei in der Art der Ansteuerung der Lampen. Die Informationen vom Blinktakt müssen für die Ansteuerung von Lampen verwendet werden (Vorgabe), die Informationen vom Blinktakt können, sie müssen aber nicht.

Um die Blinklampen ansteuern zu können, müssen die Autonomen Einheiten „Lampen vorn" und „Lampen hinten" diese Information suchen. Dieses Lichtszenario ist darüberhinaus so gestaltet, dass wenn das Ansteuersignal nicht im System angeboten wird, auch auf den Blinkwunsch oder sogar den Wunsch zur Fahrtrichtungsänderungsanzeige zurückgegriffen werden kann[7] (siehe Abbildung A-6).

Ausgehandelte Verträge

Sind alle vorgestellten Autonomen Einheiten im Föderativen System vorhanden (physisch am Wanddemonstrator angebracht oder virtuell auf einem am Wanddemonstrator angeschlossenen PC), so werden die in Abbildung 7-10 dargestellten Verträge ausgehandelt. Die meisten Verträge werden direkt zwischen einem Sensor (Schalter) und einem Aktor (Lampe) geschlossen.

Die einzige Ausnahme in diesem Szenario ist das Blinken, denn zwischen Blinkhebel und den Blinklampen befinden sich noch Blinksteuerung und Blinktakt. Hier sind die Gesuche der Blinklampen, aber auch des Blinktakts, so flexibel gestaltet, dass die Blinkfunktionalität (so gut wie möglich) auch beim Fehlen von Blinksteuerung oder -takt aufrecht erhalten bleibt. Fehlt der Blinktakt, so können die Blinklampen auch direkt eingebunden werden. Fehlt die Blinksteuerung, so funktioniert das Blinken noch, aber nicht das Warnblinken (Abbildung 7-11). Und fehlen beide, so können die Blinklampen auch direkt vom Blinkhebel angesteuert werden.

---

7. Da dann kein Blinktakt aufmoduliert wird, leuchten die Blinklampen jedoch dauerhaft.

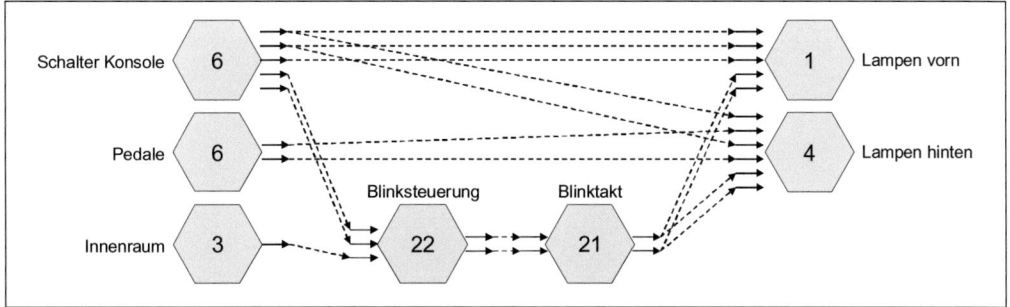

Abbildung 7-10: Verträge zwischen den Autonomen Einheiten (Lichtszenario)

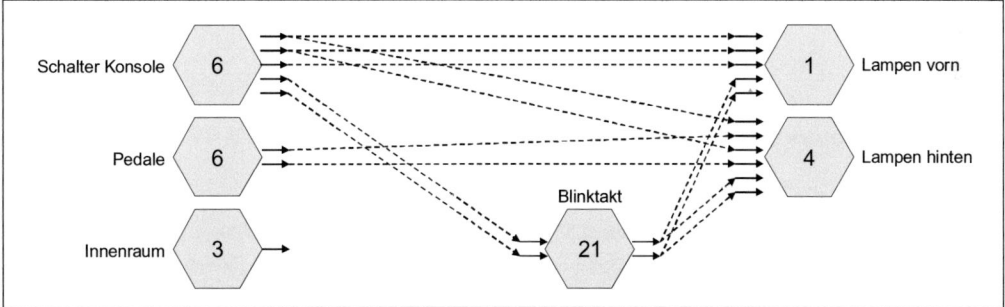

Abbildung 7-11: Verträge zwischen den Autonomen Einheiten ohne Blinksteuerung

Außerdem ist noch interessant, dass die Ansteuerung der Bremslampen auf nicht optimalen Informationen beruht. Denn die Autonome Einheit „Lampen hinten" sucht eine Information, welche die Bremslampen direkt ansteuert. Diese gibt es nicht im System und deshalb greift sie auf die Information zurück, dass die Bremse gedrückt ist. Das entsprechende Gesuch und Gebot sind im Anhang in Abbildung A-5 bzw. Abbildung A-20 dargestellt.[8]

7.3 Demonstrationsfahrzeug AUGUST

Das Versuchs- und Demonstrationsfahrzeug AUGUST (siehe Abbildung 7-12) wurde am DaimlerChrysler Competence Center EE-Architektur an der TU Dresden zum einen als Anschauungsobjekt für die Lehrveranstaltung „Entwurf mechatronischer Systeme" und zum anderen als Versuchsträger für neuartige EE-Architekturen aufgebaut. Deshalb wurde das EE-System des Fahrzeugs sowohl nach klassischer EE-Architektur als auch nach der Föderativen Architektur verwirklicht. Im Folgenden soll kurz der Aufbau dieses Fahrzeugs und die Implementation der Föderativen Architektur (von Eggert [CC_Egg06] und Albrecht [CC_Alb07]) vorgestellt werden.

---

8. Das gleiche gilt auch für die Ansteuerung der Rückfahrlampe.

Abbildung 7-12: Mechatronisches Versuchs- und Demonstrationsfahrzeug AUGUST

7.3.1 Aufbau des Demonstrationsfahrzeugs

Wie es die Bezeichnung „Fahrzeug" bereits nahelegt, ist das Demonstrationsfahrzeug AUGUST einem realen Kfz nachempfunden. Im Wesentlichen sind die Fahrzeugfunktionen „Fahren" und „Lenken" umgesetzt. Darüberhinaus verfügt es über die Funktionalitäten „Blinken", „Sitzsteuerung" und die Darstellung von Informationen auf einem Display.

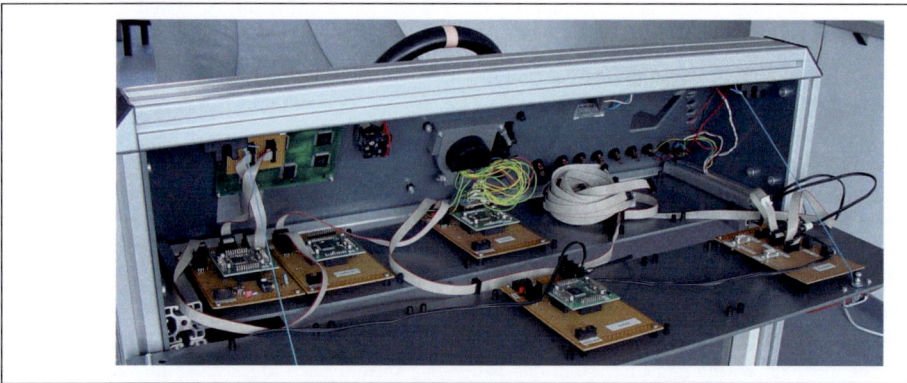

Abbildung 7-13: Mikrocontrollerplatinen im Cockpit von AUGUST

Als Steuerungseinheiten werden Mikrocontrollerplatine verwendet. Hierfür kommt, wie beim Wanddemonstrator, ein Mikrocontroller vom Typ HCS12 zum Einsatz (siehe Abbildung 7-13). Das Fahrzeug besitzt ein eigenes Energienetz, welches durch eine 24 V-Batterie gespeist wird. Ebenso besitzt das Fahrzeug ein eigenes Informationsnetz. In Anlehnung an reale Fahrzeuge ist dies durch einen CAN-Bus realisiert. Alle Steuerungseinheiten des Fahrzeugs sind über dieses Informationsnetz miteinander verbunden. Ein detailliertere Beschreibung ist in den Diplomarbeiten von Eggert [CC_Egg06] und Albrecht [CC_Alb07] nachzulesen.

7.3.2 Föderatives System des Demonstrationsfahrzeugs

Basierend auf der vorhandenen Hardware wurde das Demonstrationsfahrzeug AUGUST als Föderatives System realisiert. Dies geschah in mehreren Iterationsstufen, da die dabei gewonnenen Erfahrungen in das Konzept der Föderativen Architektur wieder eingeflossen sind. An dieser Stelle wird der aktuelle Stand dargestellt.

Autonome Einheiten

Da für die Steuerungseinheiten Mikrocontroller vom Typ HCS12 zum Einsatz kommen, wird das in Kapitel 7.1 vorgestellte Framework COSEL als Grundlage für die Autonomen Einheiten verwendet. Dieses bedingt jedoch, dass auf einem Mikrocontroller nur ein Framework und auf diesem wiederum nur eine Autonome Einheit laufen kann. Die Anzahl der Mikrocontroller und der Autonomen Einheiten ist damit zwangsläufig identisch.[9]

Welche Funktionen die Autonomen Einheiten des Systems umsetzen sollen, orientiert sich unter dieser Randbedingung am besten an den Funktionen der Steuergeräte des konventionellen EE-Systems. Jede Funktion eines Steuergeräts wurde somit als eine Autonome Einheit realisiert. Diese sollen im Folgenden kurz vorgestellt werden.

Autonome Einheiten	Gesuche	Gebote
AE „Antrieb"	Gesuch „Soll-Antriebsmoment" Gesuch „Antriebssteuerung" Gesuch „Fahrtrichtung" Gesuch „Raddrehzahl"	-
AE „Pedale"	-	Gebot „Soll-Antriebsmoment"
AE „Lenkrad"	-	Gebot „Lenkwinkel" Gebot „Antriebssteuerung" Gebot „Fahrtrichtungswahl"
AE „Lenkung"	Gesuch „Lenkwinkel"	-
AE „Display"	Gesuch „Blinksignal" Gesuch „Antriebssteuerung" Gesuch „Fahrtrichtung" Gesuch „Raddrehzahl"	-
AE „Raddrehzahl"	-	Gebot „Raddrehzahl"

Tabelle 7-2: Autonome Einheiten mit Gesuchen und Geboten für das Demonstrationsfahrzeug

---

9. Virtuelle Autonome Einheiten können nicht verwendet werden, da auf dem Fahrzeug kein PC integrierbar ist und ein Anschluss an einen fahrzeugexternen PC nicht in Frage kommt.

Autonome Einheiten	Gesuche	Gebote
AE „Joystick"	-	Gebot „Lenkwinkel" Gebot „Soll-Antriebsmoment" Gebot „Antriebssteuerung"
AE „Blinktakt"	Gesuch „Blinksignal (Zustand)"	Gebot „Blinksignal (getaktet)"
AE „Blinkhebel"	-	Gebot „Blinksignal (Zustand)"
AE „Sitz"	Gesuch „Sitzsteuerung"	-
AE „Sitzbedienschalter"	-	Gebot „Sitzsteuerung"

Tabelle 7-2: Autonome Einheiten mit Gesuchen und Geboten für das Demonstrationsfahrzeug

Beschreibung der Gebote und Gesuche

Zur Beschreibung der Gebote und Gesuche der Autonomen Einheiten wurde der im Anhang A.3 in Abbildung A-30 gezeigte Referenzbaum entwickelt. Aus diesem wurden die Gebots- und Gesuchsbäume zur Beschreibung der Gebote und Gesuche der Autonomen Einheiten abgeleitet. Auf deren konkretes Aussehen soll an dieser Stelle nicht näher eingegangen werden. Dies kann in [CC_Alb07] nachgeschlagen werden.

Ausgehandelte Verträge

Wenn alle Autonomen Einheiten des Demonstrationsfahrzeugs eingebaut und aktiv sind, werden die Verträge zwischen ihnen wie in Abbildung 7-14 ausgehandelt. Das Föderative System des Demonstrationsfahrzeugs ist

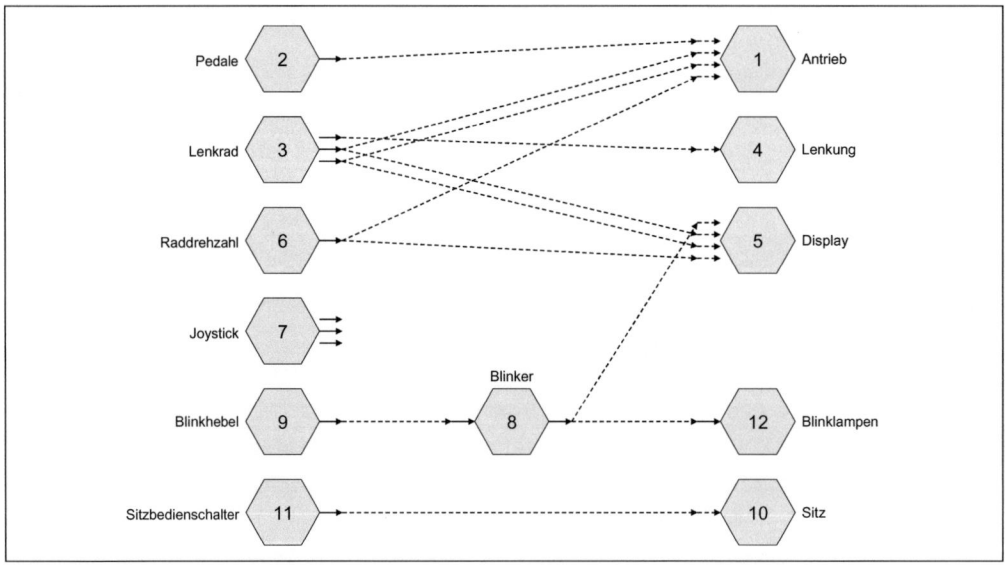

Abbildung 7-14: Ausgehandelte Verträge bei voller Ausstattung

sehr überschaubar, da die Verträge im Allgemeinen Sensor-Aktor-Verbindungen darstellen. Allerdings werden einige Sensorwerte von mehreren Aktoren abgefragt. Einzige Ausnahme ist die Blinkfunktion, die aus drei Komponenten besteht, dem Blinkhebel, dem Blinktakt und den Blinklampen. Hier wird neben dem Sensor und dem Aktor noch eine Funktion benötigt, die den Blinktakt aufmoduliert.

Wie leicht zu erkennen ist, hat niemand einen Vertrag mit dem Joystick (ID 7). Dieser bietet redundante Informationen an, da er ebenso wie das Lenkrad zum Lenken oder statt der Pedale zum Fahren verwendet werden kann. Die Gesuche sind jedoch so formuliert, dass sie die Bedienung durch ein Lenkrad oder die Pedale bevorzugen.

Werden jedoch Lenkrad oder Pedale (bzw. beide) aus dem System entfernt, so können Antrieb und Lenkung nun auf den Joystick als Bedienelement ausweichen. Dann handeln ihre Gesuche (in Ermangelung einer besseren Alternative) mit den Geboten des Joysticks die Verträge aus. Die dann entstehenden Verträge sind in der Abbildung 7-15 dargestellt.

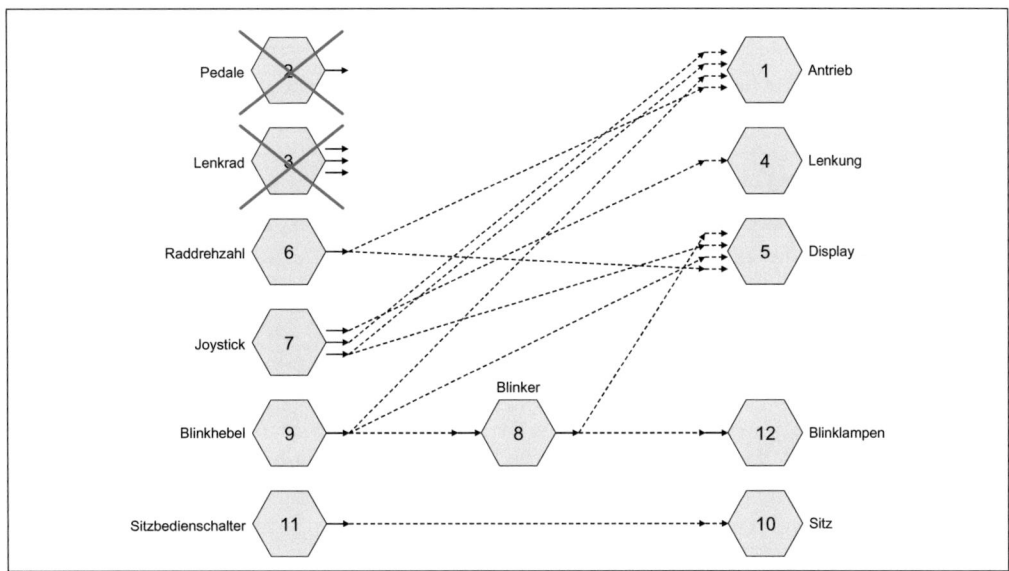

Abbildung 7-15: Verträge bei einem Fahrzeug ohne Lenkrad und Pedale

Der Wegfall des Lenkrads zeigt einen interessanten Punkt der Föderativen Architektur auf: Der Antrieb bekommt vom Lenkrad zwei Informationen, die Antriebssteuerung und die Fahrtrichtungswahl. Die Antriebssteuerung ist redundant im System vorhanden, denn der Joystick bietet diese ebenfalls an. Die Fahrtrichtungswahl wird jedoch von niemand sonst angeboten. Das Gesuch des Antriebs ist in diesem Fall aber so spezifiziert, dass es (im worst case) auch eine beliebige Information, von einem beliebigen Schalter dafür verwenden kann. Bei Wegfall des Lenkrads passt also das Gebot des Blinkhebels am besten zu diesem Gesuch der Autonomen Einheit „Antrieb". Um die Fahrtrichtung zu bestimmen, muss dann der Blinkhebel gesetzt werden. Da nach wie vor die Autonome Einheit „Blinktakt" einen Vertrag mit dem Blinkhebel besitzt, führt dies ebenfalls zum Blinken der Blinklampen. Es mag zwar kurios erscheinen, dass das Demonstrationsfahrzeug AUGUST dann nur noch blinkend fahren kann, macht aber im Kontext dieses Fahrzeugs dennoch Sinn. Denn besser blinkend fahren, als gar nicht.

Als Ausweg für dieses Problem ist vorgesehen, in dem Demonstrationsfahrzeug einige Schalter ins Cockpit zu integrieren, denen keine Bedeutung von vornherein zugeordnet ist. Diese bieten einfach nur ihre Funktion als durch den Fahrer benutzbaren Schalter im System an. Erst wenn das Gebot eines dieser Schalter einen Vertrag mit einem Gesuch schließt, bekommt die ausgesandte Information eine Bedeutung. Diese Bedeutung sollte dem Fahrer noch sichtbar gemacht werden, weshalb jeder Schalter ein kleines Display besitzen muss, welches ein passendes Symbol oder Namen anzeigen kann. Mit dieser Anpassung wäre das Demonstrationsfahrzeug in der Lage benötigte Informationen ohne Querwirkungen zu erschaffen.

7.4   Erfahrungen zur Weiterentwicklung der Föderativen Architektur

In den verschiedenen Implementationen wurden vielfältige Erfahrungen gesammelt, die zu zahlreichen Ansätzen führten, wie das Konzept der Föderativen Architektur, speziell der Struktur des Wissens oder der Gebote und Gesuche, weiterentwickelt werden kann.

7.4.1 Weiterentwicklung der Struktur des Wissens

Im Wesentlichen gibt es drei Erkenntnisse für eine sinnvolle Weiterentwicklung der Beschreibung der Gebote und Gesuche, die sich aus der Arbeit mit der Föderativen Architektur ergeben haben. Die ersten zwei betreffen die Ausdrucksmöglichkeit bei der Beschreibung des K.o.-Kriteriums, während die letzte das Bewertungskriterium handhabbarer gestalten soll.

Relationen an Knoten eines Gesuchsbaums

Beim Entwurf der Beispielsysteme hat sich gezeigt, dass die Beschreibungssprache (siehe Kapitel "Optimierung basierend auf einer Baumstruktur" auf Seite 76) nicht als optimal betrachtet werden kann. So gibt es einige Details bei der Beschreibung, die nicht oder nur schwierig ausgedrückt werden können. Dies betrifft Vergleiche eines Gesuchs- mit einem Gebotsknotens, die auf einer anderen Relation[10] als auf der Gleichheit beruhen sollen.

Daher wäre es sinnvoll wenn für diesen Vergleich auch andere binäre Relationen genutzt werden können. Folgende Änderungen müssten eingearbeitet werden:

  – Referenzbaum:
    Jedem Knoten sind eine Menge von Werten und eine Menge von binären Relationen über diesen Werten zugeordnet.

---

10. Wie zum Beispiel „<". Es wird erwartet, dass im Gebot ein kleinerer Wert als im Gesuch eingetragen ist. Dies ist zum Beispiel bei der Beschreibung der Aktualisierungsfrequenz einer Information bedeutsam.

- Gebotsbaum:
  Jedem Knoten ist ein Wert aus der Menge des Referenzbaums zugeordnet.

- Gesuchsbaum:
  Für eine Forderung wird dem Knoten eine der Relationen und einer der Werte als Vergleichswert zugeordnet. Die Forderung lautet somit, dass die (binäre) Relation über den Werten des Gebotsbaums und des Gesuchsbaums wahr sein muss.

- Gesuchsbaum:
  Für einen Wunsch kann statt der Relation eine Funktion (in die reellen Zahlen) hinterlegt werden, die mit Hilfe der Werte von Gebot und Gesuch das Gewicht ermittelt.

Dieser Änderungsvorschlag wurde bereits teilweise erfolgreich im Framework COSEL (siehe Kapitel 7.1) realisiert.

Logik über Eigenschaften des Gesuchsbaums

Des Weiteren ist es zum Beispiel wünschenswert auszudrücken, dass eine Eigenschaft nicht gelten soll[11] oder dass eine Eigenschaft nur dann gelten muss, wenn eine bestimmte andere Eigenschaft gilt. Diese Zusammenhänge sind bisher nur kompliziert oder gar nicht ausdrückbar. Aus diesem Grund sollte diese Beschreibung um einen logischen Ausdruck ergänzt werden, der genau diese Möglichkeit erlaubt.

Folgende Änderungen sind dafür angedacht:

- Die Forderungen eines Gesuchs werden nicht mehr im Gesuchsbaum aufgenommen, sondern in Aussagenlogik formuliert.
- Die Beschriftung der Kanten des Gesuchsbaums kann dann entfallen.

Vergleichende Bewertung statt Gewichtung

Des Weiteren ist das Bewertungskriterium zu überarbeiten. Das Schwierigste beim Entwurf eines Gesuchs ist die Gewichtung der Knotenpunkte. Es ist recht beschwerlich in komplexeren Bäumen intuitiv eine sinnvolle Gewichtung vorzunehmen, so dass passende Gebote in der korrekten Reihenfolge in Frage kommen. Besser wäre es eine Relation „... wichtiger als ...“ über den Eigenschaften bzw. den Knoten des Gesuchsbaums einzuführen. Damit kann der Entwickler gezielt beschreiben, welche Eigenschaften zu bevorzugen sind.

7.4.2 Weiterentwicklung der Gebote und Gesuche

Anpassbare Gebote und Gesuche

Beim Entwurf der Beispielszenarien ist mehrfach deutlich geworden, dass es möglich ist, angebotene oder gesuchte Informationen in Abhängigkeit des aktuellen Kontexts genauer beschreiben zu können. Da beim

---

11. Dies kann derzeit bereits ausgedrückt werden, aber nur kompliziert. Dafür muss für jede Eigenschaft auch die inverse Eigenschaft in den Referenzbaum aufgenommen werden. (Es wird also derselbe Baum nur mit negativen Eigenschaften nochmal aufgebaut.) Des Weiteren wird jede Eigenschaft mit ihrem Inversen durch ein ausschließendes Oder verknüpft.

derzeitigen Konzept die Beschreibung der Gebote und Gesuche jedoch fix ist, muss eine Beschreibung gewählt werden, die immer zutrifft und damit nicht ideal ist.

Dies trifft zum Beispiel bei den am Ende von Kapitel 7.3.2 (auf Seite 156) vorgestellten Schaltern zu. Diese bieten einen Schalter im System an, der keine von vornherein festgelegte Bedeutung besitzt. Diese wird erst durch das Gesuch festgelegt, welches einen Vertrag mit diesem Schalter schließt[12]. Danach liefert dieser Schalter jedoch nicht mehr eine beliebige Schaltinformation, sondern eine durch das Gesuch festgelegte. Andere Gesuche können nur dann mit diesem Gebot einen Vertrag schließen, wenn sie ebenfalls diese Information suchen. Deshalb muss die Beschreibung des Gebots dieses Schalters nach Vertragsschluss verändert werden. Und nach einer Kündigung wieder auf die Beschreibung eines universellen Schalters zurückgeändert werden.

Dafür sind Regeln auszuarbeiten, wie sich Gebote und Gesuche zur Laufzeit eines Systems ändern dürfen und wovon diese Änderungen abhängen. Des Weiteren ist zu klären, wie diese Variabilität in der Beschreibung der Gebote und Gesuche auszudrücken ist.

Mehrfach-Gesuche

Eine recht einfache Weiterentwicklung ist die Einführung von Mehrfach-Gesuchen. Im Unterschied zu den Geboten, dürfen Gesuche nur einen Vertragspartner besitzen (siehe Axiom 4-10, die "Regel 1" auf Seite 53). In besonderen Fällen kann es jedoch auch Gesuche geben, bei denen es sinnvoll ist, dass sie mehrere (wenn nicht sogar beliebig viele) Vertragspartner haben. Zu diesen Fällen gehört zum Beispiel das Gesuch eines Displays nach anzuzeigenden Informationen im System.

Dies kann (konform zu Regel 1) gelöst werden, indem mehrere gleichartige Gesuche parallel zueinander bestehen. Dies ist jedoch ungeeignet, da alle gleichartigen Gesuche mit dem gleichen Gebot einen Vertrag abschließen. Deshalb wird das Konstrukt eines Mehrfach-Gesuchs eingeführt. Ein Mehrfach-Gesuch verhält sich zunächst wie ein normales Gesuch. Schließt dieses einen Vertrag, so wird jedoch ein (vertragsloses) Duplikat erstellt. Schließt dieses Duplikat einen Vertrag, wird ein weiteres Duplikat erstellt und so weiter. Dadurch ist sichergestellt, dass die gewünschte Information im System immer gesucht wird. Ein Duplikat schließt dabei alle Gebote aus zu denen durch das Mehrfach-Gesuch bereits ein Vertrag geschlossen ist.

7.5   Zusammenfassung

Im vorangegangenen Kapitel wurden verschiedene Implementationen des Konzepts der Föderativen Architektur vorgestellt. Diese haben gezeigt, dass auf der Föderativen Architektur basierende Systeme praktisch umsetzbar sind. Insbesondere kann es auch im embedded-Bereich eingesetzt werden, wie das vorgestellte Framework COSEL (Kapitel 7.1) und die Umsetzung auf das Demonstrationsfahrzeug (Kapitel 7.3) zeigen.

---

12. Wie in Kapitel 7.3.2 beschrieben, müssen diese Schalter ein Display besitzen, um den Fahrer dessen Bedeutung mitzuteilen.

Beim Entwurf der verschiedenen Föderativen Systeme wurden mehrere Ideen zur Weiterentwicklung der Struktur des Wissens und der Gebote und Gesuche gesammelt. Diese sollten in einem nächsten Entwicklungsschritt der Föderativen Architektur einfließen, um diese mächtiger zu gestalten.

Die These (von Seite 92), dass die intuitive Beschreibung der Gebote und Gesuche der Autonomen Einheiten genügt, um ein Föderatives System wie gewünscht entstehen zu lassen, konnte in den hier gezeigten Implementationen weder be- noch widerlegt werden. So wurden die Föderativen Systeme „Lichtszenario" und „Demonstrationsfahrzeug AUGUST" wie im **Kapitel 5 "Entwicklung von Systemen der Föderativen Architektur"** beschrieben entworfen. Allerdings waren dies eher kleinere Beispielsysteme, die die prinzipielle Machbarkeit nachgewiesen haben. Um diese These tatsächlich belegen zu können, müssen größere und komplexere Systeme, wie zum Beispiel ein komplettes EE-System eines Fahrzeugs, föderativ entworfen werden.

8 Bewertung der Föderativen Architektur

In den vorangegangenen Kapiteln wurde das Konzept der Föderativen Architektur ausgearbeitet und demonstriert. Um das damit erreichte Ergebnis erfassen und bewerten zu können, soll die in dieser Arbeit vorgestellte Föderative Architektur in diesem Kapitel bezüglich verschiedener Aspekte betrachtet werden. Dies umfasst die Fragen, ob geplante Ziele erreicht wurden und ob wichtige Kriterien erfüllt werden. Abschließend wird ein Vergleich zu anderen EE-Architekturen vorgenommen, um das Ergebnis entsprechend einordnen zu können.

8.1 Erreichte Ziele

Mit der Ausarbeitung der Föderativen Architektur sind verschiedene Ziele verbunden. So ist die Intention der Föderativen Architektur das Prinzip der Selbstorganisation in technische Systeme zu übertragen. Als Basis dafür orientiert sich die Architektur an dem Prinzip der Funktion. Des Weiteren traten im Verlauf der Ausarbeitung die Fragen auf, wie Föderative Systeme entwickelt und kontrolliert werden können.

8.1.1 Umsetzung des Prinzips der Selbstorganisation

Sind Föderative Systeme selbstorganisierend?

Bedingt. Einige Eigenschaften sind erfüllt, andere nur teilweise und manche gar nicht.

Die Föderative Architektur bringt Systeme hervor, die sich selbstständig organisieren und damit laut Definition 3-9 als selbstorganisierend bezeichnet werden. Wie Tabelle 8-1 zeigt, besitzt sie aber nicht alle Eigenschaften, die als charakteristisch für die Selbstorganisation in natürlichen Systemen gelten. So sind manche Eigenschaften, wie die Rückkopplung, gar nicht vorhanden. Andere Eigenschaften, wie zum Beispiel das Gleichteileprinzip, sind nicht vollständig ausgeprägt. Und die Beherrschung der Komplexität muss im Rahmen dieser Arbeit als unbeantwortet offen bleiben. Damit stellt die Föderative Architektur einen ersten Schritt bei der Umsetzung von Selbstorganisation in technische Systeme dar.

Eigenschaft	Föderative Systeme	Biologische Systeme
Globale Ordnung aus lokalen Interaktionen	ja	ja
Dezentralität	ja	ja
Autonomie und Gleichheit	ja	ja
Gleichteileprinzip	bedingt	ja
Interaktionen	ja	ja
Redundanz	bedingt	ja
Rückkopplung und Nichtlinearität	nein	ja
Fluss	nein	ja
Komplexität	ja	ja
Beherrschung der Komplexität	offen	ja

Tabelle 8-1: Föderative und selbstorganisierende Systeme im Vergleich

Globale Ordnung aus lokalen Interaktionen

Die Autonomen Einheiten eines Föderativen Systems handeln die Verträge zwischen ihnen selbst aus und bestimmen damit den Informationsfluss und die Struktur des EE-Systems. Die Eigenschaft, dass globale Ordnung durch lokale Interaktionen entsteht, ist also erfüllt.

Dezentralität

Die Ausarbeitung der Struktur und damit der Systemfunktion geschieht bei Föderativen Systemen verteilt. Alle Autonomen Einheiten des Systems sind daran beteiligt. Es findet also eine dezentrale Organisation statt.

Autonomie und Gleichheit der Komponenten

Alle Komponenten eines Föderativen Systems sind gleichwertig und arbeiten autonom. Daraus leitet sich auch ihr Name „Autonome Einheiten" ab. Die Autonomie betrifft dabei sowohl die Durchführung als auch die Verwaltung ihrer Funktion. Selbstverständlich hängen die Ergebnisse der Funktion von den Informationen ab, die von anderen Autonomen Einheiten über die Verträge bereitgestellt werden. Dies beeinflusst aber die Autonomie der Einheit nicht.

Gleichteileprinzip

Das Gleichteileprinzip wird durch die Föderative Architektur nur bedingt erfüllt. Zwar haben alle Autonomen Einheiten den gleichen Aufbau. Aber in ihrem Verhalten unterscheiden sie sich teilweise. Gleich ist das in Kapitel 5.4.1 vorgestellte Framework der Autonomen Einheiten. Damit sind diese in Aufbau und ihrer gegenseitigen Interaktion identisch. Allerdings realisiert jede Autonome Einheit eine andere Teilfunktion. In natürlichen selbstorganisierenden Systemen hingegen haben im Allgemeinen alle Teile sowohl den gleichen Aufbau als auch das gleiche Verhalten.

Ein kleiner Exkurs: Um das Gleichteileprinzip auf eine ähnliche Art umzusetzen, müssten die Funktionen in allen Autonomen Einheiten gleich sein. Eine Möglichkeit dafür wird in der Berechenbarkeitstheorie beschrieben. Danach ist es möglich mit vier Grundfunktionen (nullstellige und einstellige Nullfunktion, Nachfolgerfunktion und Projektion) und den Operationen Hintereinanderausführung, Rekursion und Minimalisierung jede durch einen Computer berechenbare Funktion darzustellen [Fel93]. Also würde es theoretisch genügen, wenn die Autonomen Einheiten diese Grundfunktionen umsetzen. Es müsste dann jedoch nicht nur Verträge zur Hintereinanderausführung, sondern auch welche für die Rekursion und die Minimalisierung geben. Ein derartiges Konstrukt wäre sicherlich nicht umsetzbar[1].

Interaktionen und Aktivität der Komponenten (Trieb)

Alle Autonomen Einheiten interagieren mit den anderen Autonomen Einheiten des Systems, indem sie versuchen Verträge auszuhandeln und diese danach erfüllen. Dabei besitzen alle Autonomen Einheiten den Trieb für ihre Gesuche Verträge auszuhandeln. Des Weiteren wird die Funktion einer Autonomen Einheit immerfort

---

1. Denn nur um die Zahl 100 zu generieren, bräuchte man eine nullstellige Nullfunktion und 100 Nachfolgerfunktionen, die alle hintereinander ausgeführt werden.

durchgeführt und die Funktionswerte werden über die Gebote in das System bekannt gegeben. Dadurch wird garantiert, dass die Verträge im System ausgehandelt und danach auch erfüllt werden.

Redundanz

Auf Grund des Gleichteileprinzips ist die Redundanz in natürlichen selbstorganisierenden Systemen sehr hoch. Wenn ein Teil ausfällt, ist sofort ein anderes (identisches) da. In Föderativen Systemen ist eine derartige Redundanz nicht gegeben, kann aber insbesondere bei sicherheitskritischen Systemen problemlos integriert werden. Es ist jedoch möglich und sinnvoll eine funktionale Redundanz[2] in Föderativen Systemen durch den Entwickler vorzusehen, um dem System die Fähigkeit zur Selbstheilung zu ermöglichen.

Rückkopplungen und Nichtlinearität

Rückkopplungen, lokaler oder globaler Art, sind ein wichtiges Merkmal selbstorganisierender Systeme. Die Föderative Architektur lässt jedoch keine Rückkopplungen zu. Die Interaktionen zwischen den Autonomen Einheiten haben keinen direkten Einfluss auf die Autonomen Einheiten selbst.

Es gibt verschiedene Möglichkeiten Rückkopplung in die Föderative Architektur zu integrieren. Eine lokale Rückkopplung kann zum Beispiel konstruiert werden, indem die Beschreibung von Geboten und Gesuchen von bereits geschlossenen Verträgen abhängt. Oder indem Gebote und Gesuche erst in Abhängigkeit von geschlossenen Verträgen aktiviert oder deaktiviert werden. Eine globale Rückkopplung könnte zum Beispiel die Systemfunktionalität bewerten und die Beschreibung der Gebote und Gesuche dementsprechend verändern. Mit Hilfe eines evolutionären Algorithmus wäre es damit möglich die Beschreibung der Gebote und Gesuche automatisiert zu ermitteln. Auf diese Möglichkeiten soll in dieser Arbeit jedoch nicht weiter eingegangen werden.

Fluss (Dissipative Systeme, Nichtgleichgewicht)

Trivialerweise ist die Struktur eines Föderativen Systems von einer stetig „fließenden" Energieversorgung abhängig. Sie ist jedoch nicht im wirklichen Sinne dissipativ. Denn dann müsste die Struktur auch vom Informationsfluss abhängen. Dies funktioniert jedoch nicht ohne Rückkopplung.

Komplexität

Föderative Systeme sind sehr komplex. Sie bestehen aus einer großen Anzahl von Komponenten[3]. Die Komplexität liegt jedoch eher noch in der Anzahl und Verschiedenheit der Interaktionsmöglichkeiten (potentielle Verträge) zwischen den Autonomen Einheiten begründet.

---

2. Funktionale Redundanz bedeutet, dass im System gleiche oder ähnliche Funktionen vorhanden sind. Dies ist der Fall wenn bestimmte Informationen von verschiedenen Autonomen Einheiten bereit gestellt werden können. Oder wenn zu einer Information eine weitere ähnliche Information vorhanden ist, die alternativ verwendet werden kann.
3. So ist zum Beispiel das Beispiel Lichtszenario mit sieben Autonomen Einheiten realisiert worden (siehe Kapitel 7.2.2). Diese Anzahl kam jedoch auf Grund einer technischen Einschränkung zustande. Dem Wesen der Föderativen Architektur hätte eine deutlich größere Anzahl Autonomer Einheiten (ca. 23) eher entsprochen. Hochgerechnet auf ein Fahrzeug kommt schnell eine hohe drei- oder sogar vierstellige Zahl Autonomer Einheiten zusammen.

Beherrschung der Komplexität

Ob die Komplexität der Föderativen Systeme durch den Entwickler beherrschbar ist, konnte im Rahmen dieser Arbeit nicht abschließend geklärt werden. Der in Kapitel 5 beschriebene Entwicklungsprozess beschreibt eine Möglichkeit die Entwurfskomplexität zu beherrschen. Der Entwurf eines Föderativen Systems reduziert sich auf den Entwurf der zu realisierenden Teilfunktionen, die Beschreibung der aus- und eingehenden Informationen und der Konstruktion einer Sprache, mit der die Informationen beschrieben werden können. Die Kombinationen, die Autonome Einheiten miteinander bilden können (potentielle Verträge), brauchen dabei nicht betrachtet werden. Föderative Systeme haben damit nur eine sehr geringe Entwurfskomplexität, was diese Systeme gut beherrschbar macht.

Allerdings können die in dieser Arbeit umgesetzten Beispiele (siehe Kapitel 7) nicht als komplex genug eingestuft werden, um die zugrundeliegende These (siehe Seite 92) als belegt zu bewerten. Daher muss die Beantwortung dieser Frage offen bleiben.

Fazit

Die Föderative Architektur stellt nur einen ersten Schritt bei der Umsetzung von Selbstorganisation in technische Systeme dar. Um die Selbstorganisationsmechanismen zu verbessern, muss vor allem nach Möglichkeiten gesucht werden, um globale oder lokale Rückkopplungsmechanismen zu integrieren.

Eine erste Form von lokaler Rückkopplung kann mit der in Kapitel 7.4.2 angesprochenen Anpassung der Gebote und Gesuche (in Abhängigkeit bereits geschlossener Verträge) eingeführt werden. Gut vorstellbar sind auch globale Rückkopplungsmechanismen, wobei die Beschreibung der Gebote und Gesuche des Systems in Abhängigkeit von der entstandenen Systemfunktionalität angepasst wird. Die Beschreibung der Gebote und Gesuche kann dann durch einen Entwickler nur initial vorgegeben werden und wird durch einen evolutionären Prozess weiterentwickelt. Damit besteht die Chance, dass zur Entwicklung von EE-Systemen tatsächlich nur noch die Funktionen vorgegeben werden müssen. Das Gesamtsystem entwickelt sich selbstorganisierend, wobei die Kooperationsbeziehungen zwischen den Einheiten evolutionär entstehen, so wie es auch bei natürlichen Systemen der Fall ist.

Dies sind jedoch derzeit nur erste Ideen, wie der weitere Weg zu einer ausgereifteren Selbstorganisation aussehen kann. Hier steckt noch ein großer Forschungs- und Entwicklungsaufwand.

8.1.2 Umsetzung der Funktionsorientierung

Ist die Föderative Architektur funktionsorientiert?

> *Ja, die Föderative Architektur orientiert sich an den Funktionen und deren Informationsaustausch, um Funktionsnetze durch Selbstorganisation aufzubauen.*

Jede Autonome Einheit repräsentiert eine Teilfunktion des EE-Systems. Die Autonomen Einheiten kooperieren in Form von Verträgen miteinander. Jeder Vertrag entspricht einer Konkatenation (Hintereinanderausführung) zweier Funktionen. So wird das Funktionsnetz und damit die Gesamtfunktionalität des Föderativen Systems durch seine Einheiten aufgebaut.

8.1.3 Entwicklung Föderativer Systeme

Gibt es ein Verfahren zur Entwicklung Föderativer Systeme?

> *Diese Frage muss offen bleiben. Es wurde ein Verfahren vorgestellt, dessen universelle Verwendbarkeit muss jedoch noch geklärt werden.*

Kapitel 5 hat sich mit der Frage auseinandergesetzt, wie Föderative Systeme entwickelt werden können. Dafür wurden zunächst zwei Ziele formuliert:

1. *"Alle Autonomen Einheiten organisieren gemeinsam das gewünschte Systemverhalten."*

2. *"Jede Autonome Einheit des Föderativen Systems muss unter der Prämisse einer gemeinsamen Sprache, der gleichen Kommunikationsstruktur, u. ä. unabhängig vom restlichen System entworfen werden."*

Die Schwierigkeit besteht darin diese beiden Ziele zu vereinen. Dafür wurde folgende These formuliert, auf der das vorgestellte Verfahren basiert:

> *"Eine formalisierte intuitive Beschreibung des Wissens der Autonomen Einheiten über ihre Funktion ergibt die erwartete Systemstruktur."*

Die Korrektheit dieser These kann nach dem derzeitigen Stand weder be- noch widerlegt werden. In **Kapitel 7 "Implementation von Systemen der Föderativen Architektur"** wurden zwar einige Föderative Beispielsysteme entwickelt und implementiert, diese waren aber nicht so umfangreich und komplex, dass die These damit bereits als belegt gelten kann. Dafür müssen weitere EE-Systeme (größere Teilsysteme eines Kfz bzw. ein vollständiges Kfz) als Föderative Systeme entworfen werden.

Die Korrektheit dieser These ist für das Konzept der Föderativen Architektur von zentraler Bedeutung. Stellt sich diese These als falsch heraus, besteht derzeit kein äquivalenter Ansatz zur Entwicklung Föderativer Systeme. Der einzige derzeit bekannte Ausweg wäre das Ziel 2 aufzugeben und alle Autonomen Einheiten eines Systems gemeinsam zu entwerfen. Damit wäre die Föderative Architektur (im aktuell dargestellten Stand) praktisch bedeutungslos, da ihre Entwurfskomplexität die heutiger Systeme dann deutlich übertreffen würde.

8.1.4 Kontrolle Föderativer Systeme

Sind Föderative Systeme trotz ihrer Selbstorganisation kontrollierbar?

> *Ja, die Kontrolle Föderativer Systeme ist sowohl auf föderativer Ebene als auch auf funktionaler Ebene möglich.*

Einerseits können Verträge durch einen externen Observer kontrolliert und visualisiert werden. Dies ist jedoch in der Praxis nicht relevant, da die Struktur eines Föderativen Systems nicht vorgegeben ist. Stattdessen muss die erwartete Systemfunktionalität kontrolliert werden. Dafür wurden verschiedene Verfahren in Kapitel 6 diskutiert. Zur Formulierung der Erwartungshaltung wurde die Möglichkeit der Beschreibung in temporallogischen Aussagen vorgestellt. Diese können sowohl gegen ein reales System als auch gegen ein Modell geprüft werden.

8.2 Bewertung der Ergebnisse

Zur Bewertung einer EE-Architektur gibt es die verschiedensten Kriterien. Zum einen sind dies die Prinzipien Nützlichkeit, Robustheit und Schönheit, die nach Vitruv [Vitruv] für alle Architekturen gelten. Zum anderen sind dies praktische relevante Kriterien, wie Echtzeitfähigkeit, Zuverlässigkeit, ..., die von einer guten Kfz-EE-Architektur erwartet werden.

8.2.1 Kriterien nach Vitruv

Wie im Kapitel 3.1.1 "Begriff der Elektrik-Elektronik-Architektur" beschrieben, lässt sich die Güte jeder Architektur anhand der Kriterien Nützlichkeit, Robustheit und Schönheit, die auf Vitruv zurückgehen (siehe Definition 3-4 auf Seite 6), bestimmen.

Nützlichkeit

Bringt die Föderative Architektur einen praktischen Nutzen?

Ja. Sie bietet die Vorgabe für funktionsfähige sich selbstständig organisierende EE-Systeme.

Der Nutzen der Föderativen Architektur besteht natürlich zuallererst darin, dass danach funktionstüchtige EE-Systeme konzipiert und aufgebaut werden können. Darüber hinaus besitzen diese noch einige nützliche Eigenschaften. Dazu gehören:

– Vereinfachter Systementwurf

– Leichte nachträgliche Integration neuer Komponenten und Funktionalitäten (in Hard- und Software) in das EE-System (Plug & Play)

– Große funktionale Robustheit durch große Flexibilität

Robustheit

Sind Föderative Systeme aus sich heraus robust?

Ja, Föderative Systeme besitzen eine funktionale Robustheit. Mit Hilfe der Selbstorganisation bleibt eine Funktionalität auch bei Wegfall von Teilfunktionen bestmöglich erhalten.

Föderative Systeme haben das Potential eine große funktionale Robustheit (bei gleichzeitig großer Flexibilität) zu besitzen. Sind die Gesuche der Autonomen Einheiten entsprechend beschrieben, wird immer die bestmögliche im System vorhandene Information ausgewählt. Fällt die beste Information weg (z. B. durch Ausfall der Autonomen Einheit), so wird auf die zweitbeste ausgewichen. Damit wird auch die Systemfunktionalität bestmöglich ausgeführt.

Dies kann zu Nebeneffekten führen, wie die Implementationen Lichtszenario (Blinker blinkt nicht mehr, sondern leuchtet nur noch) oder Demonstrationsfahrzeug AUGUST (Fahrzeug blinkt dauerhaft beim Fahren) zeigen. Die Systemfunktionalität wird jedoch immer bestmöglich aufrecht erhalten. Die Nebeneffekte können durch eine ausreichende funktionale Redundanz im System verhindert werden.

Schönheit

Ist die Föderative Architektur schön?

> *Ja, ihre Schönheit liegt in der klaren Philosophie, welche sich an der Funktion und dem Prinzip der Selbstorganisation orientiert.*

Die Schönheit der Föderativen Architektur liegt in der klaren Philosophie auf Grund der Orientierung an der Funktion und der Selbstorganisation. Danach wurden die Grundpfeiler der Föderativen Architektur gestaltet. Die Autonomen Einheiten realisieren eine Funktion und die Kooperationen ermöglichen den Informationsaustausch zwischen den Funktionen. Durch diese beiden Elemente wird die Funktion des Systems aufgebaut. Damit wird der Entwurf eines Systems nach der Föderativen Architektur deutlich vereinfacht, indem nur die Komponenten und nicht die Struktur entworfen werden muss.

Die Föderative Architektur zeichnet sich damit durch eine gute Verständlichkeit, einen vereinfachten Systementwurf und eine klare Philosophie aus. In dieser Klarheit und Einfachheit liegt ihre Schönheit.

8.2.2 Praktische Kriterien

Praktisch wird die Güte einer Kfz-EE-Architektur anhand weiterer Kriterien bestimmt. Dazu gehören die Echtzeitfähigkeit, die Größe des Software- und Kommunikationsoverheads, die Sicherheit, die Wiederverwendbarkeit und die Flexibilität. Inwieweit die Föderative Architektur diese Kriterien erfüllt, soll im Folgenden betrachtet werden.

Echtzeitfähigkeit

Können Föderative Systeme echtzeitfähig sein?

> *Ja, allerdings muss gezielt daraufhin entwickelt werden.*

Die Fähigkeit Aufgaben in Echtzeit zu bearbeiten ist eine wichtige Eigenschaft eingebetteter Systeme. Die Echtzeitfähigkeit ist allerdings nur eine grundsätzliche Eigenschaft eines Systems und sagt nichts darüber aus, ob das System auch tatsächlich im Echtzeitbetrieb arbeitet.

Definition 8-1 : Echtzeitfähigkeit, Echtzeitbetrieb

> *Ein System ist dann echtzeitfähig, wenn sein Ergebnis innerhalb eines vorher fest definierten Zeitintervalles garantiert berechnet wird, also bevor eine bestimmte Zeitschranke erreicht ist.* [WWW_Wiki: Echtzeitsystem]

> *Echtzeitbetrieb ist ein Betrieb eines Rechensystems, bei dem Programme zur Verarbeitung anfallender Daten ständig derart betriebsbereit sind, dass die Verarbeitungsergebnisse innerhalb einer vorgegebenen Zeitspanne verfügbar sind. Die Daten können je nach Anwendungsfall nach einer zeitlich zufälligen Verteilung oder zu vorherbestimmten Zeitpunkten anfallen.* [DIN 44300]

Echtzeitbetrieb ist damit nur möglich, wenn alle Bestandteile des Systems echtzeitfähig sind und genügend Rechenleistung vorhanden ist. Dafür muss auch die Architektur des Systems echtzeitfähig sein.

Die Föderative Architektur erscheint auf den ersten Blick nicht echtzeitfähig, da die Struktur ihrer Systeme ja nicht vorgegeben ist, sondern erst durch das System selbst bestimmt wird. Damit besteht einerseits die Gefahr, dass die gewünschte Funktion gar nicht umgesetzt wird, und andererseits, dass die Struktur und damit auch die Systemfunktion plötzlich geändert wird.

Ein Föderatives System kann dennoch echtzeitfähig sein. Die Grundlagen dafür wurden bereits in den Kapiteln 6.2.1 und 6.3.1 gelegt. Denn wie dort gezeigt wurde, ist es möglich die Struktur und damit auch die Funktion eines Systems im Vorhinein zu bestimmen. Auf Seite 59 wurde des Weiteren die Unterscheidung in einen Konfigurations- und einen Laufzeitmodus vorgestellt. Indem nach der Aushandlung der Struktur der Laufzeitmodus aktiviert wird, werden alle Verträge eingefroren. Es findet keine Kommunikation zur Aushandlung weiterer Verträge statt. Damit kann also sichergestellt werden, dass die Systemfunktion erhalten bleibt.

Die Bedingungen für ein Föderatives Echtzeit-System sind also, dass ein Echtzeit-Framework und ein Echtzeit-Kommunikationsmedium zum Einsatz kommen und im System zwischen Konfigurations- und Laufzeitmodus unterschieden werden kann[4]. Die Föderative Architektur erlaubt also Echtzeitsysteme. Wie in Kapitel 6.3.2 bereits beschrieben, kann dann zu jeder Funktion eine zeitliche Obergrenze festgelegt werden, durch die die maximale Dauer jeder Systemfunktion berechnet werden kann.

Overhead

Erzeugt die Föderative Architektur einen Software- und Kommunikations-Overhead?

Ja, zur Verwaltung der Selbstorganisation ist Overhead bei Software und Kommunikation notwendig.

Das Konzept der Föderativen Architektur bringt einen Overhead an Software und Kommunikation mit sich, welcher zur Verwaltung des Konzepts benötigt wird. Die Erfahrungen aus den in Kapitel 7 vorgestellten Implementationen haben gezeigt, dass der Software-Overhead sich soweit in Grenzen hält, dass auch eine Implementation auf ressourcenarmen Recheneinheiten, wie zum Beispiel Mikrocontrollern, möglich ist.

Der Kommunikationsoverhead (verglichen mit herkömmlichen Systemen) besteht aus drei Aspekten:

1. Zusätzliche Nachrichten

2. Mehr Sender führen zu mehr Nachrichten

3. Lange Botschaften machen ggf. Transportschicht notwendig

Zum einen gibt es zusätzliche Nachrichten zum Aushandeln und Kontrollieren der Verträge. Dies muss für jeden Vertrag durchgeführt werden. Um sicherzustellen, dass auch neue Autonome Einheiten gefunden werden können, müssen für jedes Gesuch die Anfragen weiterhin periodisch gesendet werden. daher findet insbesondere in der anfangszeit (Konfigurationsphase) ein großer Kommunikationsoverhead statt. Aber auch zur

---

4. Die in Kapitel 7 vorgestellten Implementationen sind keine Echtzeitsysteme, da sie diese Bedingungen nicht erfüllen. So sind weder Framework noch CAN-Bus als Kommunikationsmedium echtzeitfähig. Ebenfalls ist es nicht möglich den Laufzeitmodus zu aktivieren.

normalen Laufzeit gibt es zusätzliche Nachrichten, die periodisch gesendet werden (Anfrage, ggf. Vertrags-kontrolle).

Als weiteres gibt es in Föderativen Systemen deutlich mehr Autonome Einheiten als Steuergeräte in her-kömmlichen Systemen. Wird jede Autonome Einheit in einer eigenen Recheneinheit implementiert (wie in den hier vorgestellten Beispielen in Kapitel 7), so führt dies zwangsläufig zu mehr Nachrichten, da die Infor-mationen nicht mehr in einer Botschaft gebündelt werden können. Dem kann aber entgegengewirkt werden, indem mehrere Autonome Einheiten gemeinsam in einer Recheneinheit implementiert werden. Dann könnte eine tiefere Kommunikationsschicht dafür sorgen, dass auch Informationen aus mehreren Autonomen Einhei-ten in einer Botschaft gemeinsam versendet werden.

Als letztes gibt es einen Kommunikationsoverhead (wie beim CAN–Bus) die Anzahl der Daten einer Botschaft zu gering ist. In diesem Fall ist es notwendig eine Transportschicht zu implementieren, was natürlich auch einen gewissen Kommunikationsoverhead nach sich zieht.

Das Konzept der Föderativen Architektur gibt das Kommunikationsmedium nicht vor. Allerdings ist der tat-sächliche Kommunikationsoverhead deutlich von der Wahl des Mediums abhängig. Unter diesem Gesichts-punkt ist der CAN-Bus eher weniger geeignet, wogegen Ethernet [ISO 8802] mit den deutlich größeren Nachrichten (>2000 Byte) und der Punkt-zu-Punkt-Kommunikation als eine geeignetere Alternative erscheint.

Wiederverwendbarkeit

Unterstützt die Föderative Architektur die Wiederverwendbarkeit von Komponenten bzw. des ganzen Systems?

Ja, die Föderative Architektur ermöglicht die unkomplizierte Wiederverwendung von Autonomen Einhei-ten oder sogar ganzen Föderativen Systemen.

Wiederverwendbarkeit einer Autonomen Einheit

Das Konzept der Föderativen Architektur erlaubt es einmal entworfene Autonome Einheiten in beliebig vielen Systemen zu verwenden. Des Weiteren muss die Struktur im Entwurf nicht berücksichtigt werden. Denn jedes Föderative System ist zu Beginn nur eine Ansammlung Autonomer Einheiten, die gemeinsam die Kom-munikationsstruktur aushandeln.

Die einzige Voraussetzung für die Wiederverwendbarkeit ist, dass alle Autonomen Einheiten eines Systems die gleiche Sprache bei der Beschreibung der Gebote und Gesuche sprechen. Also den gleichen Referenzbaum verwenden. Ansonsten müssen die Gebote und Gesuche neu beschrieben werden.

Unter der Annahme, dass jeder Automobil-Hersteller (OEM) eine einheitliche Beschreibungssprache entwi-ckelt, ergibt sich zum Beispiel folgendes Szenario: Eine Autonome Einheit die für eine S-Klasse entworfen wurde kann sofort und ohne Anpassungen in einer E- oder C-Klasse eingesetzt werden. Will der Zulieferer diese in einem 7er BMW wiederverwenden, so muss er die Gebote und Gesuche BMW-spezifisch neu beschrei-ben.

Wiederverwendbarkeit eines Föderativen Systems

Föderative Systeme sind problemlos wiederverwendbar. Wenn Änderungen notwendig sind, so müssen nur die Autonomen Einheiten geändert werden, die unmittelbar davon betroffen sind. Ein Neuentwurf eines Föderativen Systems wird nur notwendig, wenn ein vollkommen neuer Referenzbaum erstellt wird. Wird dieser nur geändert oder erweitert, so müssen alle Autonomen Einheiten überprüft werden, wie diese Änderung sich auf die Beschreibung deren Gebote und Gesuche auswirkt.

Selbstheilung

Können Föderative Systeme sich selbst heilen?

> *Ja, wurden beim Entwurf eines Föderativen Systems funktionale Redundanzen aufgebaut, so kann dieses sich durch Umkonfiguration selbst heilen. Prinzipiell wird eine Systemfunktion immer so gut wie möglich aufrecht erhalten.*

Beim Ausfall eines Steuergeräts fallen die auf diesem installierten Autonomen Einheiten mitsamt ihren Funktionen ebenfalls aus. Das Föderative System reagiert darauf und strukturiert sich dementsprechend um, so dass die verbliebenen Funktionen bestmöglich weiterarbeiten können.

Wenn eine Funktion redundant ausgelegt ist, so wird der Ausfall durch eine Umkonfiguration sofort behoben. Ist die Funktion nicht redundant, so wird das System so umkonfiguriert, dass die verbliebenen Funktionen bestmöglich weiterarbeiten können. Die Föderative Architektur bietet damit aus sich heraus die Möglichkeit der Selbstheilung. Dementsprechend muss ein Ersatz für eine ausgefallene Autonome Einheit nur in das System eingespielt werden. Das System konfiguriert sich selbstständig so, dass die neue Funktion bestmöglich integriert wird.

Ein kurzer Ausblick: Es ist eine Erweiterung des Konzepts der Föderativen Architektur in Arbeit, bei der Autonome Einheiten nur in Software realisiert werden. Zusätzlich gibt es als Pendant Recheneinheiten, die die notwendige Hardware bereitstellen. Beide können miteinander einen Installationsvertrag schließen, der die Nutzung der benötigten Hardware-Ressourcen (CPU, RAM, Flash-Speicher, Schnittstellen, ...) regelt. Für diese Erweiterung hat Lohse in seiner Diplomarbeit [CC_Loh06] ein Konzept vorgestellt, wie Software-Autonome-Einheiten zur Laufzeit zwischen verschiedenen Recheneinheiten verschoben werden können. Wenn man nun von jeder (Software-) Autonomen Einheit ein Duplikat in einem zentralen Container ablegt, wäre es bei Ausfall einer Recheneinheit möglich die ausgefallenen Autonomen Einheiten aus dem Container auf eine andere Recheneinheit zu verschieben (falls die HW passt) und dort mit der Ausführung nahtlos fortzusetzen.

Security

Bietet die Föderative Architektur einen Schutz gegenüber böswilligen Eingriffen?

> *Mit dem aktuellen Konzept noch nicht, allerdings ist eine entsprechende Erweiterung leicht möglich.*

Der Schutz vor einem böswilligen Eingriff in ein Föderatives System ist ein wichtiger Punkt bei der Bewertung der Föderativen Architektur. Denn diese ist von ihrem Wesen her sehr offen. Über die Systemintegration bestimmen die Gebote und Gesuche und nicht die Funktionen. Damit ist es sehr leicht eine bösartige Autonome Einheit, welche z. B. fehlerhafte Informationen verbreitet, in ein Föderatives System einzuspielen.

Um dies zu verhindern, müssen die Autonomen Einheiten eines Föderativen EE-Systems durch den Hersteller dieses Systems autorisiert werden. Diese Autorisierung kann zum Beispiel zusammen mit der Vergabe der ID[5] geschehen. Nur autorisierte Autonome Einheiten können mit den anderen kommunizieren. Alle anderen werden als nicht dem System angehörig betrachtet.

Zusammen mit der Autorisierung kann auch eine Verschlüsselung der Informationen integriert werden. Dies hat den Vorteil, dass auch die Kommunikation von außen nicht abgehört werden kann. Konkrete kryptographische Varianten zur Autorisierung und Verschlüsselung sind der Fachliteratur (z: B. [BSW04, Schn05]) zu entnehmen und sollen an dieser Stelle nicht näher betrachtet werden.

Adaptivität und Flexibilität

Können sich Föderative Systeme leicht an Änderungen anpassen?

Ja, aufgrund der Selbstorganisation wird bei Änderungen sofort die Systemstruktur angepasst.

Föderative Systeme sind sehr flexibel bezüglich einer Änderung im System. Bei Wegfall oder Hinzukommen einer Autonomen Einheit passt sich das System sofort an. Die Autonomen Einheiten ändern ihre Verträge entsprechend, wodurch die Gesamtstruktur des Systems an das Ereignis angepasst wird.

Zuverlässigkeit

Sind Föderative Systeme trotz der Selbstorganisation zuverlässig?

Ja, im Fokus der Selbstorganisation steht das Ziel, die Systemfunktionalität so gut wie möglich zu erhalten.

In Föderativen Systemen ist, im Unterschied zu herkömmlichen EE-Systemen, die Systemfunktionalität nicht von vornherein gegeben, sondern wird erst durch das System selbst organisiert. Dies ruft bei Entwickler und Nutzer eines derartigen Systems zwangsläufig die Frage nach der Zuverlässigkeit eines Föderativen Systems auf. Da Fehler in der Implementierung der Autonomen Einheiten oder in der Beschreibung der Gebote und Gesuche nie ausgeschlossen werden können, ist es wichtig die entstandene Systemfunktionalität kontrollieren zu können.

In Kapitel 6.2.2 wurde ein Vertrags-Observer vorgestellt, welcher kontrolliert, ob die Verträge korrekt ausgehandelt worden. In den Kapiteln 6.3.3 und 6.3.4 wurden Online- und Offline-Observer vorgestellt, mit denen die Systemfunktionalität kontrolliert werden kann. Anhand dieser Observer können Föderative Systeme verifiziert und deren Zuverlässigkeit praktisch nachgewiesen werden.

Verteilte Entwicklung

Ist eine verteilte Entwicklung der Komponenten der Föderativen Architektur möglich?

Ja, Föderative Systeme sind ideal für eine verteilte Entwicklung geeignet.

---

5. Siehe dazu Fußnote 10 auf Seite 62

Föderative Systeme sind ideal für eine verteilte Entwicklung zwischen einem OEM und verschiedenen Zulieferern geeignet, wie dies in den Grundlagen im Abschnitt "Entwurf" auf Seite 13 vorgestellt wurde. Dem OEM obliegt die Entwicklung (und ggf. Überarbeitung) des Referenzbaums (siehe Kapitel 5.4.2). Die Zulieferer bekommen den Auftrag bestimmte Funktionen als Autonome Einheiten zu realisieren und auf eine vereinbarte Hardware zu implementieren. Das Wissen der Autonomen Einheit können diese nun anhand des Referenzbaums ausarbeiten.

Föderative Systeme sind entsprechend ihres Ansatzes, den Entwurf der EE-Systeme zu vereinfachen, ideal für einen derart verteilten Entwurf geeignet. Denn entsprechend Ziel 2 können die Autonomen Einheiten ohne gegenseitige Kenntnis entworfen werden.

8.3   Abgrenzung zu anderen Architekturen

8.3.1   Föderative Architektur vs. aktuelle Kfz-EE-Architektur

Unbestritten ist die Föderative Architektur vollkommen anders als heutige EE-Architekturen im Kfz. Dennoch ist es möglich ein aktuelles EE-System mit Hilfe der Föderativen Architektur zu beschreiben.

Dafür wird jedes Steuergerät eines EE-Systems als Autonome Einheit betrachtet. Die in der Kommunikationsmatrix festgelegten Ein- und Ausgänge eines Steuergeräts (siehe Abbildung 3-4 auf Seite 13) bilden dabei die Gesuche und Gebote dieses Steuergeräts. Die Gebote und Gesuche besitzen dann eine sehr einfache Beschreibung. Jedes Gebot bietet nur eine Eigenschaft, den Namen der Information. Jedes Gesuch besitzt nur eine Forderung, ebenfalls den Namen des Gesuchs. Damit ist sichergestellt, dass Verträge zwischen den Geboten und Gesuchen nur geschlossen werden, wenn diese zusammen in der gleichen Zeile der Kommunikationsmatrix eingetragen waren. Die Gebote und Gesuche sind also eine verteilte Notation der Kommunikationsmatrix.

Dies ist beispielhaft in Abbildung 8-1 dargestellt. Oben ist ein Ausschnitt aus einer Kommunikationsmatrix zu sehen, der besagt, dass die Information Abblendlicht vom Steuergerät SAM/F auf den CAN-Bus gelegt und dort von den Steuergeräten EZS, Kombi und SAM/B gelesen wird. Dementsprechend muss dann die Autonome Einheit SAM/F das entsprechende Gebot (unten links) besitzen. Die Steuergeräte EZS, Kombi und SAM/B suchen diese Information mit dem entsprechenden Gesuch (unten rechts).

Ein herkömmliches EE-System mit Hilfe einer Föderativen Architektur darzustellen, ist jedoch nur bedingt sinnvoll. Die Eigenschaften der Robustheit und der Flexibilität werden auf Grund dieser stark vereinfachten Beschreibung der Informationen, die die Autonomen Einheiten suchen oder anbieten, verloren gehen. Nur die Fähigkeit des Plug- & Play, also eine neue Funktion in Form einer neuen Autonomen Einheit in das System zu integrieren, bliebe erhalten.

Als Fazit lässt sich sagen, dass das Konzept der Föderativen Architektur das Konzept der derzeitigen EE-Architekturen umfasst. Bei einer entsprechenden herkömmlichen Umsetzung gehen jedoch die meisten der Eigenschaften eines Föderativen Systems verloren, die dieses von herkömmlichen EE-Systemen unterscheiden.

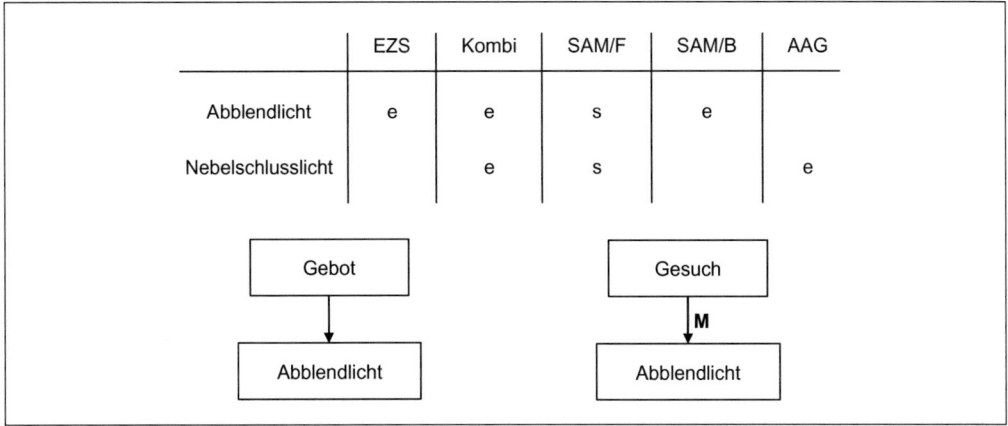

Abbildung 8-1: Ausschnitt aus einer K-Matrix mit daraus abgeleitetem Gebot und Gesuch

8.3.2 Föderative Architektur vs. AUTOSAR

Die Föderative Architektur und die AUTOSAR-Architektur (siehe Kapitel 3.1.3 und [WWW_Aut]) besitzen einige Gemeinsamkeiten. Dies beginnt bei der gleichen Motivation. So sind beide Architekturen mit dem Ziel entwickelt worden, die Komplexität der Kfz-EE-Systeme besser beherrschen zu können. Auch in der Umsetzung gibt es deutliche Ähnlichkeiten. So werden die Funktionen in beiden Architekturen vom System gekapselt. Bei AUTOSAR übernimmt dies die AUTOSAR RTE, bei der Föderativen Architektur das Framework. Dafür wurden in beiden Architekturen Kommunikationsschnittstellen der Funktionen eingeführt. Dies sind bei AUTOSAR die Ports und bei der Föderativen Architektur die Gebote und Gesuche. Dies zieht zwangsläufig nach sich, dass in beiden Architekturen ein (größerer) Kommunikations- und Softwareoverhead als in heutigen EE-Architekturen vorhanden ist. Auch beim Ergebnis gibt es einige Gemeinsamkeiten. Dies betrifft insbesondere die Wiederverwendbarkeit, die Übertragbarkeit im Netzwerk[6] und die Anpassbarkeit der Software und Hardware zur Lebenszeit des Systems.

Natürlich sind es keine identischen Architekturen, sondern es gibt sehr deutliche Unterschiede. Um die Kommunikation der Funktionen zu realisieren, werden bei AUTOSAR die standardisierten Schnittstellen der Softwarekomponenten durch den Entwickler miteinander verknüpft. In der Föderativen Architektur handeln die Autonomen Einheiten aufbauend auf der Beschreibung der auszutauschenden Informationen diese Struktur selbstständig aus (Selbstorganisation). Damit ist ein Föderatives System in der Lage sich selbstständig Änderungen zur Laufzeit, seien es Ausfälle, Upgrades oder Erweiterungen, anzupassen. Die Föderative Architektur kapselt Funktionen gegenüber dem restlichen System. AUTOSAR führt dies ein Stück weiter und kapselt zusätzlich die Software einer Recheneinheit auch gegen die verwendete Hardware ab. Ein wichtiger Unter-

---

6. Die Übertragbarkeit Autonomer Einheiten im Netzwerk ist kein Bestandteil des bisher vorgestellten Konzepts. Auf Seite 170 wird jedoch eine natürliche Erweiterung des bisherigen Konzepts um Installationsverträge vorgestellt. Darauf basierend gibt es bereits Untersuchungen (siehe [CC_Loh06]), wie Autonome Einheiten zwischen Steuergeräten auch zur Laufzeit und unter Einhaltung aller Verträge verschoben werden können. Die Übertragung Autonomer Einheiten ist also nicht nur im Entwicklungsprozess, sondern sogar zur Laufzeit des Systems kein Problem.

schied besteht natürlich im Entwicklungsstatus und dem damit zusammenhängenden Einsatzziel. Die Föderative Architektur befindet sich derzeit im Konzeptstatus. Die ersten in Kapitel 7 vorgestellten Implementationen besitzen den Charakter eines Proof of Concept. Im Gegensatz dazu befindet sich die AUTOSAR-Architektur bereits seit mehreren Jahren in der Entwicklung (siehe [WWW_Aut]).

Die Existenz von AUTOSAR, an dem inzwischen alle wichtigen europäischen Automobilhersteller und -zulieferer mitarbeiten, unterstreicht noch einmal die Bedeutung der Herausforderung der wachsenden Komplexität der EE-Systeme in Fahrzeugen. AUTOSAR setzt dafür auf die Standardisierung der Schnittstellen und eine einheitliche Softwarestruktur der Steuergeräte.

Die Föderative Architektur geht noch ein Stück weiter. So werden neue Komponenten, die Autonomen Einheiten, zwischen Funktion und Steuergerät eingeführt. deren Schnittstellen sind nicht nur standardisiert, sondern enthalten eine semantische Beschreibung der dazugehörenden Informationen. Auf der Basis dieser Informationen kann die Informationsstruktur eines EE-Systems durch die Autonomen Einheiten selbstständig organisiert werden. Dies erlaubt einen deutlich einfacheren Entwicklungsprozess, in welchem jede Autonome Einheit für sich allein und ohne Wissen über das restliche System entworfen werden kann.

8.3.3 Föderative Architektur vs. EvoArch

Das Konzept einer Evolutionären Architektur namens „EvoArch" [Hof02] wurde bei DaimlerChrysler von einem Team um Hofmann in den Jahren 1997 bis 2002 entwickelt (siehe Kapitel 3.1.4). Die Föderative Architektur, welche am DaimlerChrysler Competence Center EE-Architektur an der TU Dresden unter der Leitung von Hofmann seit 2003 entwickelt wird, kann als ein Nachfolger von EvoArch betrachtet werden.

Beide Konzepte haben das Ziel das Prinzip der Selbstorganisation in technische Systeme zu übertragen, um damit ihre Komplexität beherrschen zu können. Dafür wurden in beiden Konzepten „Autonome Einheiten" eingeführt, die durch gegenseitige Kooperation die Systemstruktur organisieren. Mit beiden Konzepten ist es möglich Fzg-EE-Systeme zu entwickeln, die sich an Änderungen anpassen und dadurch Robustheit bei gleichzeitiger Flexibilität besitzen.

Ein bedeutender Unterschied zwischen EvoArch und der Föderativen Architektur ist die grundlegende Philosophie, wie diese Konzepte erstellt wurden. EvoArch orientiert sich dabei an den Steuergeräten eines EE-Systems. Dagegen orientiert sich die Föderative Architektur an Funktionen. Dieser Unterschied zieht sehr viele Konsequenzen nach sich. So bestehen die Kooperationen zwischen den Autonomen Einheiten immer aus einem aktiven und einem passiven Teil. Bei der Föderativen Architektur ergibt sich die Aufteilung anhand der zu realisierenden Funktion, alle Eingänge (Gesuche) sind aktiv und alle Ausgänge (Gebote) passiv. Bei EvoArch gilt die Festlegung, dass alle Sensoren und Aktoren passiv und verarbeitende Einheiten aktiv sind[7]. Damit jedoch auch verarbeitende Autonome Einheiten miteinander kooperieren können, muss eine sich dafür passiv verhalten können[8]. Welche dies ist, kann aber erst individuell durch den Entwickler vorgesehen wer-

---

7. Im Unterschied zur Föderativen Architektur wird mit aktiv oder passiv eine gesamte Autonome Einheit charakterisiert.
8. Da diese Autonomen Einheiten sich dann sowohl aktiv als auch passiv verhalten können, werden sie als dual bezeichnet.

den. Damit muss bei EvoArch jede Kooperation durch den Entwickler bereits vorgedacht und in Form eines Aktiv-Passiv-Graphen beschrieben werden.

Die Kooperationen zwischen den Autonomen Einheiten basieren bei der Föderativen Architektur auf den Informationen, die deren Funktion benötigt oder ausgibt. Dafür werden die Informationen in den Geboten und Gesuchen beschrieben. Bei EvoArch basiert die Kooperation auf der Software der Autonomen Einheiten. Die Grundidee zur Beschreibung der Funktion besteht in der Vererbung, wie sie aus dem Konzept der Objektorientierung bekannt ist. Dafür wird ein sogenannter Taxonomie-Graph entwickelt, in welchem die Vererbungsbeziehungen der gesamten Software des Systems und die Zuordnung der Software zu den Autonomen Einheiten beschrieben ist. Aufbauend auf der Kenntnis dieses Taxonomie-Graphen kann jede aktive Autonome Einheit mit Hilfe der T-Selektion beschreiben, welche Software sie als Partner benötigt und sich damit eine geeignete Autonome Einheit auswählen.

Damit unterscheiden sich der Entwurf eines EvoArch- bzw. eines Föderativen Systems deutlich voneinander. Während bei der Föderativen Architektur nur die Autonomen Einheiten (und zwar jede für sich) entworfen werden müssen, ist es bei EvoArch notwendig das gesamte System zu entwerfen (Aktiv-Passiv-Graph, Taxonomie-Graph). Beim Entwurf der Autonomen Einheiten in EvoArch ist damit immer ein Wissen über das restliche EE-System nötig.

So ähnlich EvoArch und die Föderative Architektur auf den ersten Blick sind, so unterschiedlich sind sie im Detail. Dabei setzt die Föderative Architektur die gewünschten Eigenschaften, wie Selbstorganisation, Beherrschung der Komplexität, Flexibilität und Adaptivität, funktionale Robustheit und Wiederverwendbarkeit, genauso gut und teilweise deutlich besser um. Die Föderative Architektur kann damit berechtigt als der Nachfolger von EvoArch bezeichnet werden.

8.3.4 Föderative Architektur vs. DySCAS

DySCAS (Dynamically Self-Configuring Automotive Systems) ist ein Forschungsprojekt der Europäischen Kommission, welches Im Jahr 2006 gestartet ist.

Ziel des DySCAS-Projekts ist es grundlegende Konzepte und Architekturrichtlinien, Methoden und Tools zu entwickeln, um selbstkonfigurierbare Systeme in Fahrzeug-EE-Systemen zu ermöglichen. Als Beispiele werden folgende Anwendungsszenarien benannt:

- Integration neuer Geräte, wie Handy oder Navigationssystem
- Nachladen neuer Software
- Umplatzierung der Software im Falle eines Ausfalls [WWW_Dys]

In diesen Zielen stimmt DySCAS mit den Zielen des DCCC in der seit 2003 stattfindenden Entwicklung der Föderativen Architektur überein. Wesentlicher Unterschied ist jedoch das Ziel der Föderativen Architektur die Komplexität der EE-Systeme für den Entwickler beherrschbar zu machen, also die Entwurfskomplexität zu senken.

Eine detailliertere Untersuchung der Beziehung ist auf Grund der nicht ausreichend zur Verfügung stehenden Informationen über DySCAS nicht möglich. Es darf aber vermutet werden, dass beide Projekte sich gegenseitig inspirieren können.

8.3.5 Föderative Architektur vs. Event Based Components

Event Based Components (EBC) stellen eine Softwararchitektur dar, die das Prinzip der nachrichtenorientierten Kopplung einzelner Komponenten und der darauf basierenden komponentenorientierten Softwareentwicklung propagiert. Ziel ist es die Softwarekomponenten von ihrer Umgebung zu lösen, so dass sie unabhängig von ihrer Umgebung eingesetzt und getestet werden können. Der zugrunde liegende Gedanke orientiert sich am Design von Chips. Diese besitzen nur Ein- und Ausgänge, etwas wie einen Rückgabewert gibt es bei diesen Komponenten nicht. Damit besitzen die Komponenten als Schnittstellen zu anderen Komponenten unidirektionale Input- und Output-Pins. Ein Input-Pin kann recht einfach durch eine Methode mit Eingabeparametern und dem Rückgabetyp void realisiert werden. Ein Output-Pin kann jedoch nicht durch eine Methode realisiert werden, um die Unabhängigkeit von anderen Komponenten zu gewährleisten. Stattdessen werden diese als Events realisiert. Liegen also Output-Daten vor, so wird ein Event ausgelöst, ohne dass die Komponente weiter interessiert, wer diese Daten weiter verwendet. Daher wird dieses Konzept als Event Based Components bezeichnet. [Rod12]

Zur Föderativen Architektur besteht die grundlegende Ähnlichkeit in der Struktur der Komponenten bzw. Autonomen Einheiten. In beiden Fällen gibt es nur unidirektionale Ein- bzw. Ausgänge. Damit wird es möglich die Komponenten unabhängig voneinander zu entwickeln und auch zu testen. Des Weiteren ist es möglich die Komponenten beliebig miteinander zu kombinieren, soweit die Schnittstelle passt. Der wesentliche Unterschied ist, dass bei EBC die Komponenten durch den Entwickler miteinander „verdrahtet" werden, während bei der Föderativen Architektur durch die semantische Beschreibung der Schnittstellen ein selbstorganisierter Informationsaustausch ermöglicht wird.

8.3.6 Föderative Architektur vs. Design by Contract

Design by Contract ist eines der Prinzipien objektorientierten Designs und wurde von Bertrand Meyer zusammen mit der Programmiersprache Eiffel entwickelt. Es sorgt für das reibungslose Zusammenspiel einzelner Komponenten, indem für die Verwendung der Schnittstellen formale Verträge eingehalten werden müssen. Ein derartiger Vertrag besteht aus Vorbedingungen, Nachbedingungen und Invarianten. Vor- und Nachbedingungen sind logische Aussagen, die vor bzw. nach der Durchführung eines Unterprogramms erfüllt sein müssen. Invarianten hingegen müssen immer erfüllt sein. Der Einsatz des Design by Contract Prinzips soll zu sicherer Software führen, da eine Verletzung des Vertrags zu einem Fehler bereits in der Softwareentwicklungsphase führt. Des weiteren kann die Definition eines Vertrags auch als Form der Dokumentation des Verhaltens der Komponente angesehen werden. [WWW_Eif, WWW_Wiki: Design by Contract][9]

---

9. Das Prinzip des Design by Contract stellt zum Beispiel eine wesentliche Grundlage im EU-Forschungsprojekt SPEEDS dar, welches den Entsicklungsprozess eingebetteter Systeme verbessern will und unter anderem auch auf AUTOSAR basiert. [Spe10]

Die Föderative Architektur unterscheidet sich vom Design by Contract in der Bedeutung der Verträge. Beim Design by Contract beschreiben Verträge die Schnittstellen zwischen Modulen um sicherzustellen, dass diese tatsächlich zusammenpassen. Bei der Föderativen Architektur entstehen Verträge, wenn die Schnittstellen anhand ihrer Beschreibung als zusammenpassend erkannt werden. Beim Design by Contract sind Verträge somit Ausgangspunkt, bei der Föderativen Architektur ein Ergebnis der Schnittstellenbeschreibung.

8.4 Zusammenfassung

Die Föderative Architektur ist eine neuartige Architektur für EE-Systeme, die es erfolgreich ermöglicht selbstorganisierende technische Systeme zu realisieren. Dabei ist es gelungen viele gewünschte Eigenschaften selbstorganisierender Systeme, wie Robustheit, Flexibilität, Adaptierbarkeit, Beherrschung der Komplexität, usw. in EE-Systeme zu übertragen.

Die Föderative Architektur entspricht in ihren Eigenschaften den Kriterien von Vitruv - sie ist nützlich, robust und dabei in ihrer klaren Funktionsorientierung sehr schön. Föderative Systeme sind ideal für eine verteilte Entwicklung zwischen einem OEM und mehreren Zulieferern geeignet, indem der OEM die zentrale Beschreibungssprache (den Referenzbaum) definiert und die Zulieferer die einzelnen Autonomen Einheiten herstellen. Ebenso bietet sie den großen Vorteil der Wiederverwendbarkeit. Einmal entworfene Autonome Einheiten oder Teilsysteme können problemlos auf andere Fahrzeuge übernommen werden.

Die Föderative Architektur kann somit als ein wichtiger Schritt für die zukünftige Entwicklung von Fahrzeug-EE-Systemen, als hoch komplexe technologische Systeme, gelten. Föderative Systeme besitzen neuartige Eigenschaften, wie die Selbstheilung, und haben zugleich das Potential deutlich leichter entwerfbar zu sein.

9 Zusammenfassung und Ausblick

9.1 Einordnung der Arbeit

Diese Arbeit ordnet sich in die Bemühungen ein, die stetig steigende Komplexität der Elektrik-Elektronik-Systeme im Fahrzeug zu beherrschen. Dafür gibt es sehr verschiedene Ansätze, wie die Reduktion des Funktionsumfangs [WWW_ATZ04], herstellerübergreifende Standardisierungen (AUTOSAR, ODX, ...) [FrSc07, MaSu07, WWW_Aut], Architekturvorgaben (z. B. Zentralität [Eur07, WWW_ATZ08]) und vieles mehr.

Im Unterschied zu anderen Herangehensweisen orientiert diese Arbeit sich an biologischen Systemen. Diese sind hoch komplex, aber zugleich sehr robust und flexibel in ihren Anpassungsmöglichkeiten. Der Schlüssel für diese Eigenschaften ist das Prinzip der Selbstorganisation, welches hoch komplexe emergente Systeme entstehen lässt, aber gleichzeitig eine große Robustheit sowohl gegenüber internen als auch externen Änderungen ermöglicht.

Ähnlich der Bionik beschäftigt sich diese Arbeit mit der Integration eines natürlichen Prozesses (der Selbstorganisation) in verteilte elektronische Systeme. Ziel ist es einerseits den Entwurf der Fahrzeug-EE-Systeme deutlich zu vereinfachen, um trotz stetig steigender Systemkomplexität die Entwurfskomplexität zu beherrschen, und andererseits derartige Systeme mit neuartigen Eigenschaften, wie der Fähigkeit zur Selbstheilung und Selbstadaption, zu versehen.

9.2 Ergebnis

9.2.1 Föderative Architektur

Das Ergebnis dieser Arbeit ist ein generisches Konzept für technische Systeme, welche ihren Informationsaustausch selbstständig miteinander organisieren können. Dieses Konzept beschreibt die Komponenten derartiger Systeme, ihre Beziehungen zueinander und gibt eine Möglichkeit vor, wie diese entworfen werden können. Dieses Konzept wird als Föderative Architektur bezeichnet.

Die zentralen Bestandteile der Föderativen Architektur sind die Autonomen Einheiten und ihr Kooperationsmechanismus. Autonome Einheiten haben zwei Aufgaben: Sie müssen eine technische Funktion ausüben und die zu deren Durchführung notwendigen Informationen von anderen Autonomen Einheiten besorgen sowie eigene Informationen an andere Autonome Einheiten kommunizieren. Der Kooperationsmechanismus beschreibt, wie und wann zwei Autonome Einheiten einen Vertrag zum Informationsaustausch bilden. Dies geschieht immer dann, wenn eine Autonome Einheit eine Information zur Umsetzung ihrer Funktion sucht und die andere diese (oder die ähnlichste verfügbare) Information liefern kann. Dazu besitzen die Autonomen Einheiten ein Wissen über ihre benötigten Informationen (die Gesuche) und ihre erzeugten Informationen (Gebote). Jede Autonome Einheit ist nun interessiert für ihre Gesuche die bestmöglichen Gebote zu finden und mit diesen einen Vertrag abzuschließen.

Dabei vereint die Föderative Architektur drei verschiedene Themenbereiche:

- Technische Systeme
- Funktionsorientierung
- Selbstorganisation

Die Föderative Architektur ist ein Konzept für technische Systeme, speziell Elektrik-Elektronik-Systeme. Zudem ermöglicht dieses Konzept, dass die Struktur der Systeme (und damit auch deren Gesamtverhalten) durch die Komponenten organisiert wird, das System sich also selbst organisiert. Des Weiteren orientiert sich die Föderative Architektur am Funktionsgedanken. Dies stellt ein Bindeglied bei der Integration der Selbstorganisation in technische Systeme dar.

9.2.2 Entwicklungsprozess

Natürliche selbstorganisierende Systeme sind nicht durch einen menschlichen Entwickler entstanden, sondern in vielen Generationen durch Evolution (Mutation, Rekombination, Selektion) entstanden. Im Unterschied dazu müssen technische Systeme durch Ingenieure in wenigen Schritten entwickelt werden. Aufgrund der vielen Komponenten und der noch deutlich größeren Anzahl an Interaktionsmöglichkeiten (alle potentiellen Verträge) sind föderative Systeme hoch komplex. Diese Komplexität darf daher nicht auf den Entwicklungsprozess übertragen werden. Deswegen wurde in dieser Arbeit ein Entwicklungsprozess ausgearbeitet, der ein gewünschtes Systemverhalten erreicht und in dem dennoch alle Autonomen Einheiten unabhängig voneinander entworfen werden können. Damit ist die Entwurfskomplexität sehr gering.

Ein wichtiger Bestandteil dieses Entwicklungsprozesses ist der Referenzbaum. Dieser gibt eine Sprache vor, in der das Wissen der Autonomen Einheiten über ihre Gebote und Gesuche beschrieben werden muss. Ist der Referenzbaum festgelegt, so impliziert dieser eine Ausprägung der Föderativen Architektur. Alle Autonomen Einheiten, die nach dem gleichen Referenzbaum entwickelt wurden, können in einem Föderativen System interagieren. Der Referenzbaum legt damit einen Kontext für die zu entwickelnden Föderativen Systeme fest. Ein möglicher Kontext ist zum Beispiel die Entwicklung von Fahrzeug-EE-Systemen.[1]

Zudem sieht der Entwicklungsprozess vor, ein Framework der Autonomen Einheiten zu entwickeln. Dieses beinhaltet die Struktur und alle Bestandteile, die für alle Autonomen Einheiten identisch sind. So ist zum Beispiel der Kooperationsmechanismus bereits in diesem Framework implementiert. Offen bleiben nur die Funktion und das Wissen über diese Funktion. Bei der Entwicklung einer Autonomen Einheit müssen somit die Funktion implementiert und die Gebote und Gesuche anhand des Referenzbaums beschrieben werden.

Dieser Entwicklungsprozess kommt der Aufgabenteilung in der Automobilindustrie sehr entgegen. Der OEM macht alle zentralen Festlegungen, wie den Referenzbaum und das Framework der Autonomen Einheiten. Darauf basierend können Zulieferer die Autonomen Einheiten unabhängig voneinander gestalten.

---

1. Falls jeder OEM einen eigenen Referenzbaum aufsetzt, wird es natürlich einen Daimler-Referenzbaum, einen VW-Referenzbaum, ... geben.

9.2.3 Kontrolle

Da Föderative Systeme ihre Struktur und damit ihre Funktionalität selbstständig gestalten, ist Kontrolle hier mindestens genauso wichtig wie bei aktuellen EE-Systemen. Dafür wurden in dieser Arbeit verschiedene Methoden vorgestellt.

Für die Kontrolle der föderativen Mechanismen wurde eine Methode zur Modellierung der Aushandlung der Verträge ausgearbeitet. Dieses Modell basiert auf einer formalen Beschreibung der Vertragsaushandlung aus Systemsicht. Damit ist es möglich, die reale Vertragsaushandlung durch eine externe Komponente, den Vertrags-Observer, zu verifizieren.

Dies stellt jedoch noch nicht sicher, dass auch die gewünschte Systemfunktionalität entsteht. Für deren Kontrolle wurden zwei andere Verfahren ausgearbeitet, von denen eins Online und das andere Offline angewendet wird. Grundlage für beide Verfahren ist eine von der Systementwicklung unabhängige Beschreibung des gewünschten Systemverhaltens in Form von temporaler Logik. Im Online-Verfahren wird ein reales Föderatives System gegen diese Systembeschreibung kontrolliert. Für das Offlineverfahren wurde in dieser Arbeit eine funktionale Modellierung für verteilte Systeme erarbeitet. Damit ist es möglich, ein Modell eines Föderativen Systems zu erstellen, um dieses Modell gegen die Systembeschreibung zu kontrollieren.

9.2.4 Implementationen

Mit der Umsetzung verschiedener Föderativer Systeme auf unterschiedlichen Demonstratoren konnte die prinzipielle Machbarkeit von Föderativen Systemen nachgewiesen werden. So wurde auf dem Wanddemonstrator ein Lichtszenario realisiert. Dieses wurde mit Autonomen Einheiten auf Mikrocontrollern und als Software-Komponenten auf einem PC, verbunden durch einen realen bzw. virtuellen CAN-Bus, realisiert.

Zudem wurde das im DCCC existierende Versuchsfahrzeug AUGUST von einem herkömmlichen EE-System auf ein Föderatives System umgerüstet. Die grundlegende Funktionalität von AUGUST blieb dadurch unverändert erhalten. Im Unterschied zum vorhergehenden herkömmlichen EE-System können im Föderativen System neue Komponenten bzw. Funktionalitäten (wie z. B. das Display) leicht hinzugefügt und andere Komponenten ausgetauscht werden (z. B. Lenkrad gegen Joystick).

9.3 Neuheitswert

Das Konzept der Föderativen Architektur hebt sich gegenüber der herkömmlichen EE-Architektur in Fahrzeugen deutlich ab. Der Neuheitswert liegt in der Fähigkeit der Komponenten sich selbst zu organisieren. Dies erlaubt zahlreiche neue Eigenschaften, wie ...

- Selbstheilung
  Ein Ausfall einer Komponente führt in einem herkömmlichen System dazu, dass die gesamte Funktionalität ausfällt. In einem Föderativen System kann dagegen durch automatische Umorganisation eine Ersatzkomponente die Aufgabe übernehmen. Falls die Ersatzkomponente funktional redundant ist, so bleibt die Funktionalität komplett erhalten. Passt die Ersatzkomponente nicht perfekt, so kann dennoch die Funktionalität eingeschränkt erhalten

bleiben (z. B. durch einen Universalschalter), um zum Beispiel die Fahrt bis in die nächste Werkstatt zu ermöglichen.

- Selbstadaption (Plug & Play)
  Eine neue Komponente kann in einem herkömmlichen System nur hinzugefügt werden, wenn diese von vornherein vorgesehen und in die Gesamtsystemstruktur bereits vorintegriert ist. Dagegen ist ein Föderatives System jederzeit erweiterbar. Die einzige Voraussetzung ist, dass die neuen Komponenten nach dem gleichen Referenzbaum entworfen wurden, damit diese die gleiche Sprache sprechen. Sobald die neue Autonome Einheit mit den anderen Autonomen Einheiten kommunizieren kann, werden die entsprechenden Verträge ausgehandelt.

- Wiederverwendbarkeit
  Da die Autonomen Einheiten ihre Interaktionen mit den anderen Autonomen Einheiten selbstständig organisieren, sind diese problemlos in anderen EE-Systemen wiederverwendbar. Unter der Voraussetzung, dass ein OEM einen einheitlichen Referenzbaum für alle Fahrzeugtypen vorgibt, können einmal entwickelte Autonome Einheiten in allen Fahrzeugtypen eingesetzt werden.

- Leichtere Entwicklung
  Bei einem herkömmlichen EE-System müssen alle Steuergeräte mitsamt ihren Interaktionen gemeinsam entwickelt werden. Eine Änderung an einem Steuergerät kann Änderungen an der Kommunikationsmatrix und damit auch Änderungen an anderen Steuergeräten nach sich ziehen. Hingegen können bei der Entwicklung eines Föderativen Systems alle Autonomen Einheiten einzeln und unabhängig voneinander entwickelt werden. Vorausgesetzt, der Referenzbaum ist ausgereift, betrifft eine Änderung immer nur diese eine Autonome Einheit.

Die Föderative Architektur ist somit ein neuartiges generisches Konzept für Elektrik-Elektronik-Systeme im Kraftfahrzeug, welches unabhängig von der zu entwickelnden Funktionalität bereits wertvolle Eigenschaften mit sich bringt.

Auf den ersten Blick besitzt die Föderative Architektur einige Ähnlichkeiten mit AUTOSAR. Dies sind vor allem die Kapselung der Funktion vom restlichen System (AUTOSAR RTE bzw. Framework der Autonomen Einheiten) und die standardisierten Kommunikationsschnittstellen der Funktionen (AUTOSAR-Ports bzw. Gebote und Gesuche). Allerdings ist die Intention in beiden Projekten vollkommen unterschiedlich. AUTOSAR hat das Ziel bei der Entwicklung der Steuergeräte die Software-Schicht von der Hardware-Schicht zu trennen, um so die Wiederverwendbarkeit zu erhöhen. Die Föderative Architektur hingegen hat das Ziel das Prinzip der Selbstorganisation in technische Systeme zu übertragen, um damit deren Komplexität zu beherrschen und neue Eigenschaften zu ermöglichen. Daher ergeben sich auch zahlreiche Unterschiede. Zum Beispiel gibt es in AUTOSAR keine Selbstorganisation. Und in der Föderativen Architektur ist das Zusammenspiel zwischen Anwendungsschicht, Betriebssystem, Treibern und Hardware nicht vorgegeben.

Des Weiteren besitzt die Föderative Architektur eine gewisse Ähnlichkeit zu EvoArch, einer bis 2003 bei Daimler entwickelten EE-Architektur. So verfolgen die Föderative Architektur und EvoArch die gleichen Ziele. Allerdings startete die Entwicklung der Föderativen Architektur zeitlich nach EvoArch, weshalb die Chance wahrgenommen wurde, aus diesem Projekt zu lernen. Auf den ersten Blick sehen sich EvoArch und die Föderative Architektur daher sehr ähnlich - in beiden Architekturen sind die zentralen Komponenten „Autonome

Einheiten". Aber dies ist bereits die wesentliche Gemeinsamkeit. So unterscheiden sich die Autonomen Einheiten in ihren innerem Aufbau und vor allem in der Art ihrer Interaktion grundlegend. In der Föderativen Architektur ist zudem noch das Ziel hinzugekommen, dass eine Autonome Einheit eines Föderativen Systems für sich allein entworfen werden kann. Bei EvoArch muss beim Entwurf einer Autonomen Einheit bereits die Kenntnis über das gesamte zu entwerfende EE-System mit einfließen, ein isolierter Entwurf ist nicht möglich. Die Föderative Architektur kann daher als eine Weiterentwicklung von EvoArch bezeichnet werden.

9.4 Bewertung der Ergebnisse

Diese Arbeit stellt den ersten Schritt in Richtung selbstorganisierender Fahrzeug-EE-Systeme dar. Der hier vorgestellte Stand der Föderativen Architektur ermöglicht es bereits, sich selbstständig organisierende Fahrzeug-EE-Systeme zu entwerfen und umzusetzen. So konnte das Versuchsfahrzeug AUGUST erfolgreich von einem herkömmlichen auf ein Föderatives EE-System umgerüstet werden. Dieses besaß alle der bereits zuvor vorhandenen Funktionalitäten. Zusätzlich konnte sehr leicht eine Visualisierung durch einfaches Hinzufügen einer Display-Autonomen-Einheit (Plug & Play) hinzugefügt werden. Auch das Prinzip einer Selbstheilung konnte erfolgreich umgesetzt werden, indem bei einem Ausfall des Lenkrads automatisch (durch eine selbstorganisierte Änderung der Verträge zwischen den Autonomen Einheiten) dessen Funktionalität durch einen Joystick übernommen wurde.

Mit dieser Arbeit ist es gelungen einen Ansatz für die Übertragung von Selbstorganisation in EE-Systeme vorzustellen. Föderative Systeme sind in der Lage ihre Funktionalität eigenständig zu organisieren, sich dadurch an geänderte Gegebenheiten anzupassen. So können problemlos neue Komponenten hinzugefügt werden. Ebenso findet automatisch eine Anpassung statt, wenn eine Komponente ausfällt bzw. entfernt wird. Darauf basierend sind die verschiedensten Anwendungsszenarien umsetzbar. Dies beginnt bei Software-Updates, geht über das einfache Hinzufügen neuer Komponenten (Software oder Hardware) bis hin zur Umgestaltung des Systems beim Ausfall, um die Funktionalität auch dann erfolgreich aufrecht erhalten zu können.

Ein weiterer wichtiger Vorteil ist der vereinfachte Systementwurf. Beim Entwurf des Föderativen Systems für das Demonstrationsfahrzeug AUGUST konnte nach der Festlegung des Referenzbaums jede Autonome Einheit unabhängig von den anderen Autonomen Einheiten entwickelt werden. Nachdem diese mit Hilfe des Frameworks COSEL implementiert und danach durch einen CAN-Bus vernetzt wurden, haben sie selbstständig das EE-System organisiert und die erwarteten Systemfunktionalitäten, wie Fahren, Lenken, Blinken u.v.m. realisiert.

Allerdings ist bei der Bewertung der Föderativen Architektur zu beachten, dass der vorgestellte Entwurfsprozess auf der These basiert, dass eine intuitive und sinnvolle Beschreibung des Wissens der Autonomen Einheiten auch eine sinnvolle Systemstruktur ergibt (siehe Seite 92). Diese These konnte zumindest für die in dieser Arbeit umgesetzten Föderativen Systeme belegt werden, welche jedoch verglichen mit einem realen Fahrzeug eine eher geringe Komplexität besitzen. Da es jedoch nicht möglich war dies auch für hoch komplexe Zielsysteme zu untersuchen, kann diese These nicht allgemein als gültig angesehen werden. Eine der nächsten Aufgaben ist es daher deutlich komplexere Föderative Systeme mit dem in dieser Arbeit konzipierten Entwicklungsprozess zu entwerfen, um die Gültigkeit der These zu be- oder widerlegen. Dies ist für die praktische Verwendbarkeit der Föderativen Architektur von zentraler Bedeutung. Falls die These sich als nicht gültig herausstellt, muss nach einem anderen Entwicklungsprozess geforscht werden, der sicherstellt, dass die Autonomen Einheiten unabhängig voneinander entworfen werden können und dabei die gewünschte Systemfunktionalität durch Selbstorganisation ausgehandelt wird.

Vorausgesetzt die These kann erfolgreich belegt werden, stellt die Föderative Architektur die Basis für vollkommen neuartige Elektrik-Elektronik-Systeme im Kraftfahrzeug dar. Diese haben das Potential so robust und anpassungsfähig wie biologische Systeme und gemessen am Komplexitätsgrad leicht entwerfbar zu sein.

9.5   Ausblick

Wie bereits beschrieben, betritt die Föderative Architektur mit der Integration der Selbstorganisation in technische Systeme Neuland und wird daher als ein erster Schritt in diese Richtung gesehen. Dementsprechend gibt es eine Vielzahl an Möglichkeiten auf diesem Gebiet voranzuschreiten.

Die anstehenden Aufgaben lassen sich in vier Themen aufgliedern:

- Prüfung der These
- Weitere Annäherung an die natürliche Selbstorganisation
- Weiterentwicklung von Wissen und Struktur der Gebote & Gesuche
- Erweiterung der Föderativen Architektur um neue Konzepte

Wie bereits zuvor erwähnt ist die Prüfung der These, auf die sich der hier vorgestellte Entwicklungsprozess stützt, eine wichtige nachfolgende Aufgabe. Dafür ist ein hoch komplexes EE-System als Föderatives System zu entwerfen. Idealerweise wird ein Fahrzeug-EE-System entworfen. Die These kann als gültig angesehen werden, wenn jede Autonome Einheit eigenständig und ohne vollständige Systemkenntnis entworfen werden kann und eine entsprechend der vorhergehenden Spezifikation korrekte Funktionalität umgesetzt wird.

Falls sich diese These als falsch herausstellt, so besteht die Möglichkeit den Systementwurf mit Hilfe von Rückkopplungsmechanismen und evolutionären Strategien weiter zu entwickeln. Zum einen wird damit der Selbstorganisationsmechanismus der Föderativen Architektur an die Selbstorganisation in biologischen Systemen angenähert. Und zum anderen wird auch der Entwicklungsprozess mehr der evolutionären Entwicklung biologischer Systeme ähneln. Im Fazit des Kapitels 8.1.1 auf Seite 164 wurden dazu bereits erste Gedanken vorgestellt.

Ein weiterer Ansatz die Entwicklung Föderativer Systeme zu vereinfachen, liegt in der Weiterentwicklung des Wissens sowie der Gebote und Gesuche der Autonomen Einheiten. Hierzu wurden bei den Implementierungen bereits verschiedene Erfahrungen gesammelt, aus denen bereits einige Vorschläge für die Weiterentwicklung abgeleitet wurden (siehe Kapitel 7.4). Dies wird sicherlich auch nicht die letzte Überarbeitung sein. Es liegt nahe, dass noch einige Iterationen stattfinden werden, bis die Struktur des Wissens der Autonomen Einheiten einen intuitiven Entwicklungsprozess vollendet unterstützt.

Zu guter Letzt besteht natürlich auch die Möglichkeit die Föderative Architektur inhaltlich weiter zu entwickeln. Beim derzeit vorgestellten Stand werden lediglich die Kommunikationsbeziehungen zwischen den Autonomen Einheiten ausgehandelt. In einem EE-System gibt es jedoch noch verschiedene andere Ressourcen, wie Rechenkapazität und Speicher der Recheneinheiten oder die zur Verfügung stehende Energie, die sich die Autonomen Einheiten miteinander teilen müssen. Eine mögliche Weiterentwicklung der Föderativen Architektur ist die selbstorganisierte Aufteilung dieser Ressourcen. Einige Ideen dazu werden im Anhang in Kapitel A.5 vorgestellt.

A Anhang

A.1 Dateien des Framework COSEL

Die Dateien des auf dem Mikrocontroller implementierten Frameworks und ihre Bedeutung:

CAN_Kapsel_private.h

Headerdatei der CAN-Kapsel, enthält Funktionen, die nur von der CAN-Kapsel selber verwendet werden sollten.

CAN_Kapsel_public.h

Headerdatei der CAN-Kapsel, beschreibt die Schnittstelle der CAN-Kapsel nach außen

CAN_Kapsel.c

Sourcedatei der CAN-Kapsel mit allen hardwareunabhängigen Funktionen

CAN_Kapsel_HWspez.c

Sourcedatei der CAN-Kapsel, enthält alle Anpassungen an die jeweilige Hardware

Datastructs.h

Headerdatei des Frameworks mit allen definierten Strukturen

defines.h

Headerdatei des Frameworks

EigenschaftsBeschreibungsEnums.h

Headerdatei die den Referenzbaum des Frameworks (in Form von Enums) enthält, welcher zur Beschreibung der Gebote und Gesuch notwendig ist

Funktion.h

Headerdatei der eigentlichen Funktion des Frameworks, kann sich je nach Autonomer Einheit unterscheiden

Funktion.c

Sourcedatei, in der die Funktion der Autonomen Einheit beschrieben wird

Global.h

Headerdatei des Frameworks, die die Definition verschiedener globaler Variablen und einige Makros enthält

Global.c

Sourcedatei zur Initialisierung der globalen Variablen

hcs12dp256.h

Headerdatei des Mikrocontrollers mit verschiedenen Registerdefinitionen

HWspez.h

Headerdatei zur Anpassung des Frameworks an den Mikrocontroller

HWspez.c

Sourcedatei zur Anpassung des Frameworks an den Mikrocontroller

init.c

Sourcedatei, die eine Standardinitialisierung verschiedener Module des Mikrocontrollers enthält

KommunikationsManager_private.h

Headerdatei mit allen Funktionen des Kommunikationsmanagers des Frameworks die nur vom Kommunikationsmanager selber verwendet werden

KommunikationsManager_public.h

Headerdatei des Kommunikationsmanager für das Framework mit dessen Schnittstelle

KommunikationsManager.c

Sourcedatei des Kommunikationsmanagers

main.c

Sourcedatei, die das Hauptprogramm des Mikrocontrollers enthält

PreDefs.h

Headerdatei mit den Parametern des Frameworks, die für das Gesamtsystem identisch sein müssen (z. B. Reaktionszeiten bei Vertragsaushandlung oder -kontrolle)

public.h

Headerdatei, die alle Headerdateien einbindet, die im Namen „public" haben

TimeManager_private.h

Headerdatei des Timingmanagers des Vertragsmanagers des Frameworks mit alle Funktionen die nur vom Timingmanager selber verwendet werden sollten

TimeManager_public.h

Headerdatei des Timingmanagers des Vertragsmanagers des Frameworks, die dessen Schnittstelle beschreibt

TimeManager.c

Sourcedatei mit allen hardwareunabhängigen Funktionen

TimeManager_HWspez.c

Sourcedatei mit allen Funktionen, die auf Hardware des Mikrocontrollers zurückgreifen

UART_private.h

Headerdatei eines Modules, das die Ausgabe über die serielle Schnittstelle regelt (z. B. zum Debuggen)

UART_public.h

Headerdatei mit der Schnittstelle des Modules für die Verwaltung des seriellen Schnittstelle (z. B. zum Debuggen)

UART.c

Sourcedatei mit allen Funktionen, die die serielle Schnittstelle verwalten (z. B. zum Debuggen)

vector_dp256.c

Sourcedatei, die die Interruptvektortabelle des Mikrocontrollers enthält

Verhalten_private.h

Headerdatei des Verhaltens des Frameworks mit Funktionen die auch das Modul Funktion verwenden kann

Verhalten_public.h

Headerdatei mit der Schnittstelle des Verhaltens

Verhalten.c

Sourcedatei des Verhaltens des Frameworks

Verhalten_Stat.c

Sourcedatei welche die Beschreibung aller Gebote und Gesuche einer Autonomen Einheit enthält (kann automatisch vom Programm Framework4_BBaum2_Java generiert werden)

Vertragsmanager_private.h

Headerdatei mit allen nur vom Vertragsmanager selber verwendeten Funktionen

Vertragsmanager_public.h

Headerdatei, die die Schnittstelle des Vertragsmanager enthält

Vertragsmanager1.c bis Vertragsmanager4.c

Sourcedateien des Vertragsmanagers (zur Übersichtlichkeit in vier Dateien zerlegt) mit allgemeinen Funktionen

A.2 Entwurf des Föderativen Systems „Lichtszenario" auf dem Wanddemonstrator

Im Folgenden soll die Entwicklung eines Föderativen Systems entsprechend Kapitel 5 am Beispiel des Lichtszenarios demonstriert werden. Dieses Föderative System wurde auf dem Wanddemonstrator realisiert und ist in Kapitel 7.2.2 "Föderatives System Lichtszenario" im Wesentlichen, aber nicht vollständig dargestellt.

A.2.1 Funktionen des Lichtszenarios

Folgende Funktionalitäten sollen realisiert werden:

- Abblendlicht
- Fernlicht
- Blinken
- Warnblinken
- Nebellicht
- Rückfahrlicht
- Bremslicht

A.2.2 Teilfunktionen und Autonome Einheiten des Lichtszenarios

Bei dem Mikrocontroller-Framework des Wanddemonstrators gibt es eine wesentliche Randbedingung: Auf einem Mikrocontroller können nicht mehrere Autonome Einheiten implementiert werden.

Auf Grund der beschränkten Anzahl von zur Verfügung stehenden Mikrocontrollern, mussten daher (entgegen den Vorgaben aus Kapitel 5.3.2) verschiedene Teilfunktionen kombiniert und zusammen in einer Autonomen Einheit realisiert werden.

Dafür wurden sieben Autonome Einheiten, die folgende Teilfunktionen realisieren:

AE 1 „Lampen hinten"

- Lampe Stand-/Abblendlicht links
- Lampe Stand-/Abblendlicht rechts
- Lampe Blinklicht hinten links
- Lampe Blinklicht hinten rechts
- Lampe Rückfahrscheinwerfer
- Lampe Nebelschlussleuchte
- Lampe Bremslicht

AE 4 „Lampen vorn"

- Lampe Abblendlicht links
- Lampe Abblendlicht rechts

- Lampe Blinklicht vorn links
- Lampe Blinklicht vorn rechts
- Lampe Fernlicht
- Lampe Nebelscheinwerfer

AE 3 „Innenraum"

- Warnblinkschalter, Warnung durch Fahrer

AE 6 „Schalter Konsole"

- Schalter Nebelscheinwerfer
- Schalter Abblendlicht
- Schalter Fernlicht
- Schalter Blinker links
- Schalter Blinker rechts

AE 8 „Pedale"

- Schalter Rückwärtsgang
- Schalter Bremse (Bremslicht)

AE 21 „Blinktakt"

- Modulation des Blinktakts

AE 22 „Blinksteuerung"

- Steuerung Blinken und Warnblinken

A.2.3 Referenzbaum

Der Referenzbaum für dieses Föderative System ist in der folgenden Abbildung A-1 zu sehen.

A.2.4 Gebote und Gesuche der Autonomen Einheiten

AE 1 „Lampen hinten"

Die Autonome Einheit „Lampen hinten" steuert die hinteren Lampen eines Fahrzeugs an. Für jede dieser Lampen (bzw. Lampenpaare) benötigt sie die entsprechende Ansteuerinformation aus dem System. Deswegen hat diese Autonome Einheit folgende Gesuche:

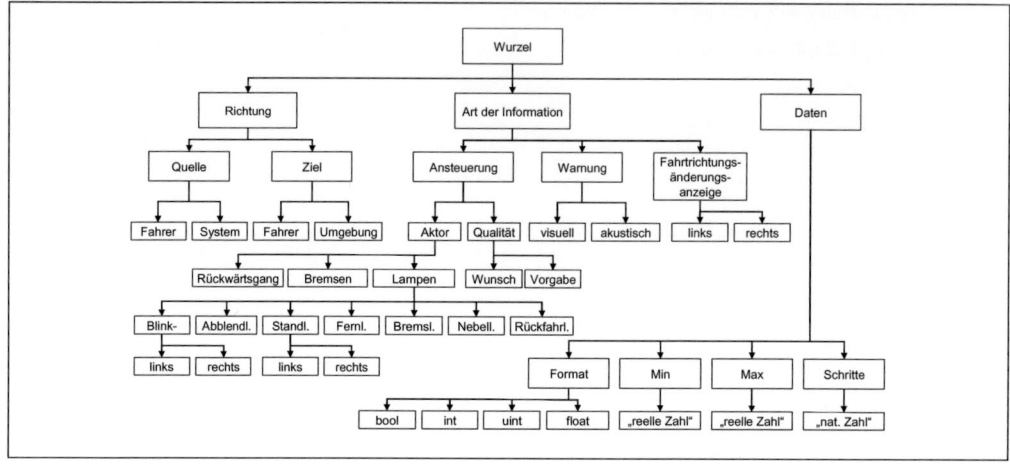

Abbildung A-1: Referenzbaum des Lichtszenarios

Gesuch 1 „Rücklicht"

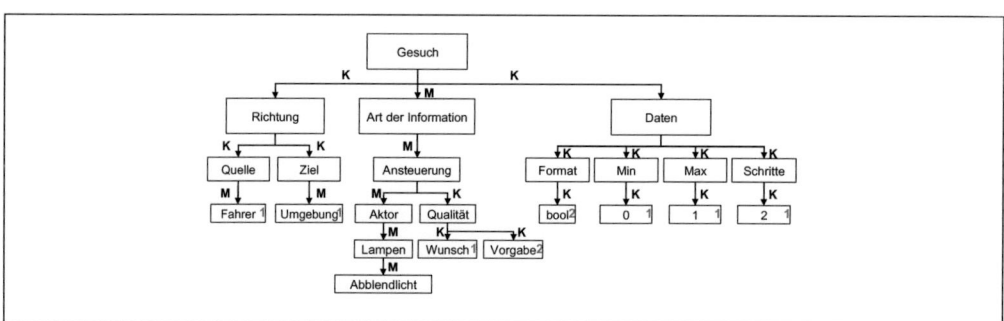

Abbildung A-2: Gesuch 1 „Rücklicht" der Autonomen Einheit „Lampen hinten"

Gesuch 2 „Rückfahrlicht"

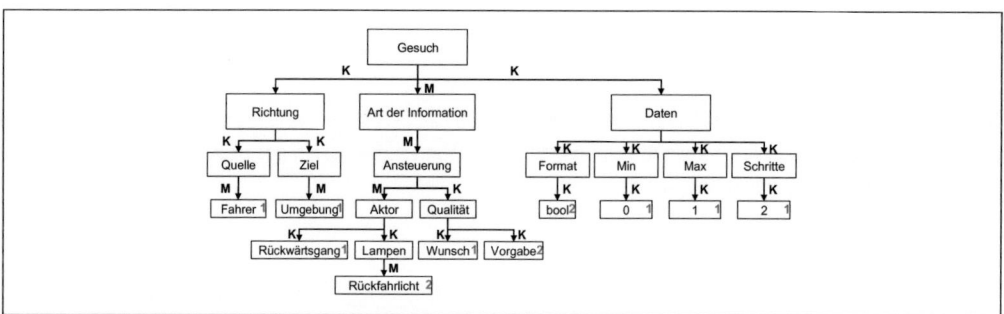

Abbildung A-3: Gesuch 2 „Rückfahrlicht" der Autonomen Einheit „Lampen hinten"

Gesuch 3 „Nebelschlussleuchte"

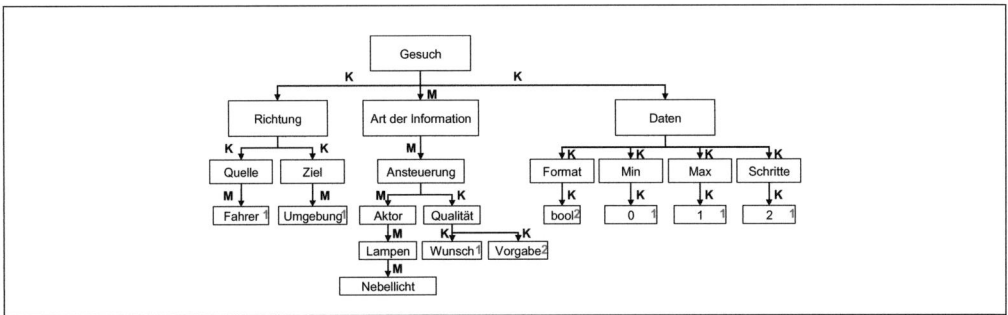

Abbildung A-4: Gesuch 3 „Nebelschlussleuchte" der Autonomen Einheit „Lampen hinten"

Gesuch 4 „Bremslicht"

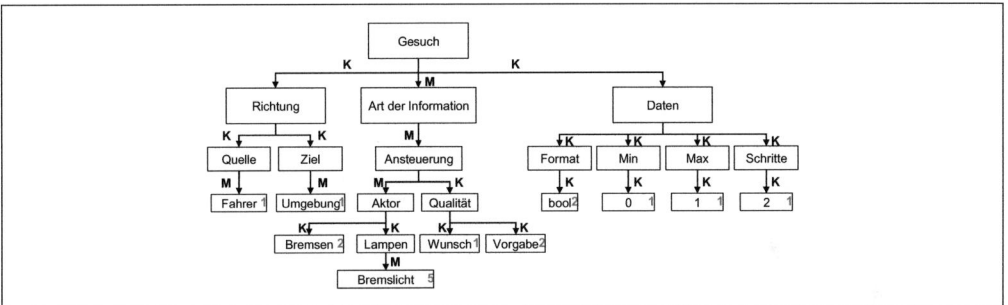

Abbildung A-5: Gesuch 4 „Bremslicht" der Autonomen Einheit „Lampen hinten"

Gesuch 5 „Blinklicht links"

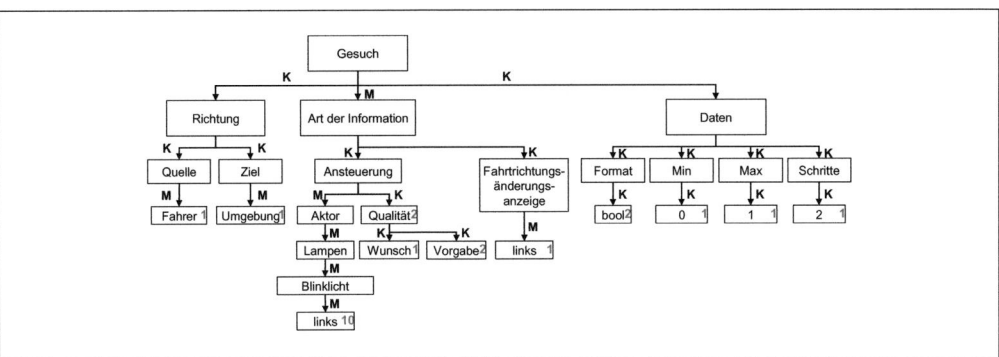

Abbildung A-6: Gesuch 5 „Blinklicht links" der Autonomen Einheit „Lampen hinten"

Gesuch 6 „Blinklicht rechts"

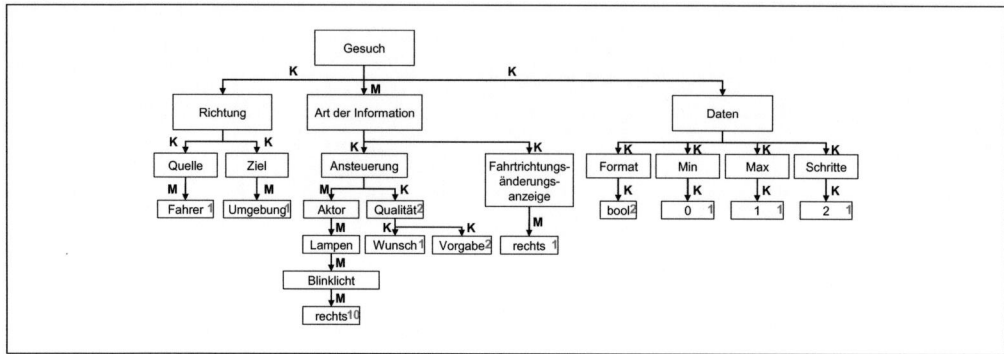

Abbildung A-7: Gesuch 6 „Blinklicht rechts" der Autonomen Einheit „Lampen hinten"

AE 4 „Lampen vorn"

Die Autonome Einheit „Lampen vorn" steuert die vorderen Lampen eines Fahrzeugs an. Für jede dieser Lampen (bzw. Lampenpaare) benötigt sie ebenfalls die entsprechende Ansteuerinformation aus dem System. Deswegen hat diese Autonome Einheit folgende Gesuche:

Gesuch 1 „Abblendlicht"

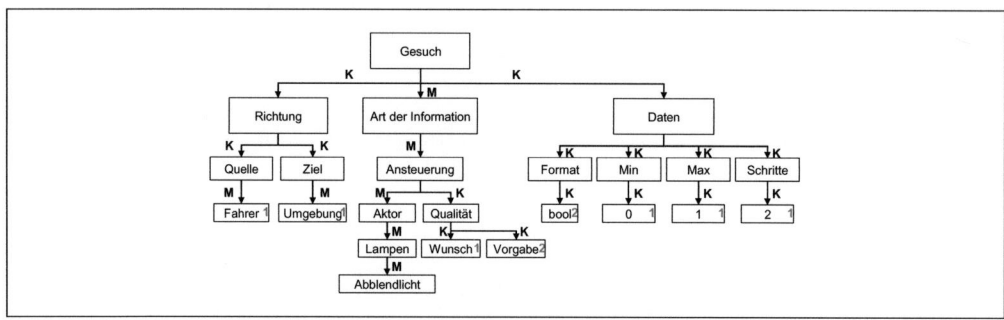

Abbildung A-8: Gesuch 1 „Abblendlicht" der Autonomen Einheit „Lampen vorne"

Gesuch 2 „Fernlicht"

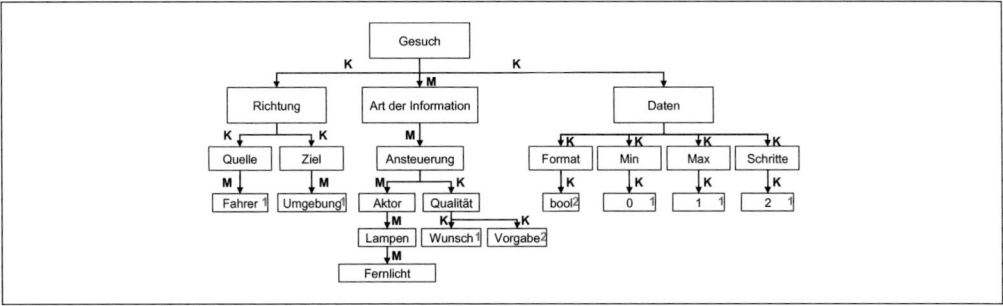

Abbildung A-9: Gesuch 2 „Fernlicht" der Autonomen Einheit „Lampen vorne"

Gesuch 3 „Nebelscheinwerfer"

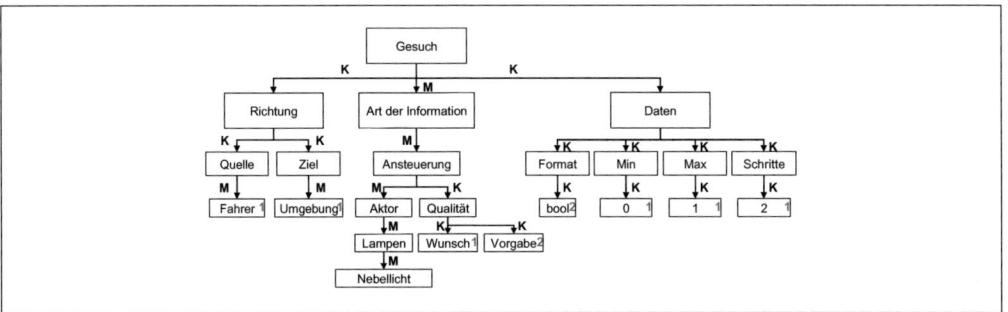

Abbildung A-10: Gesuch 3 „Nebelscheinwerfer" der Autonomen Einheit „Lampen vorne"

Gesuch 4 „Blinklicht links"

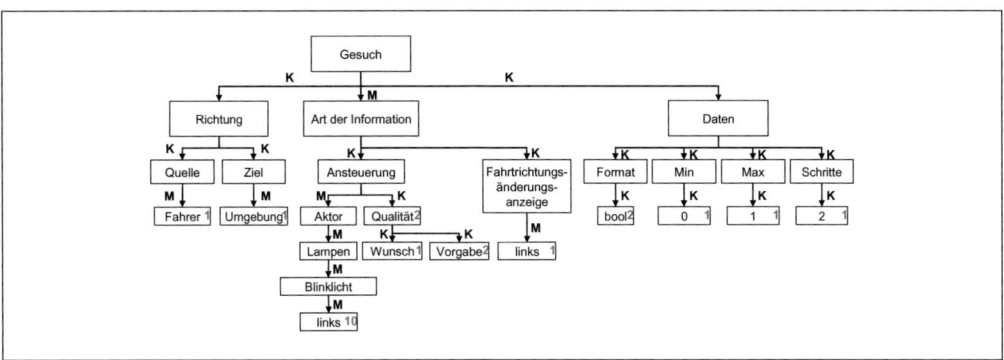

Abbildung A-11: Gesuch 4 „Blinklicht links" der Autonomen Einheit „Lampen vorne"

Gesuch 5 „Blinklicht rechts"

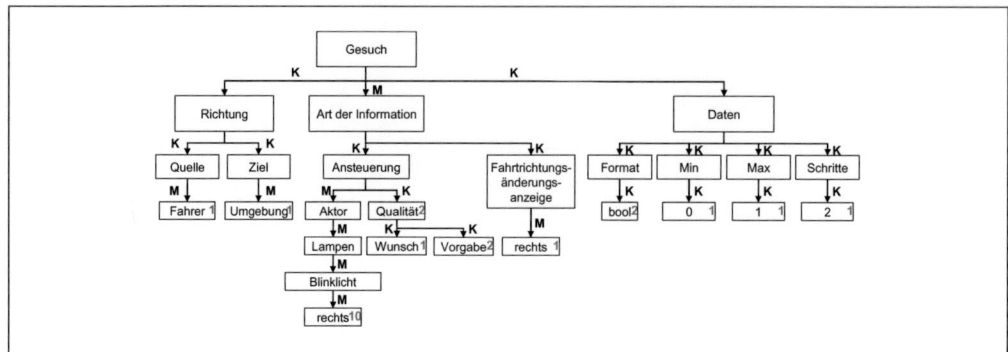

Abbildung A-12:   Gesuch 5 „Blinklicht rechts" der Autonomen Einheit „Lampen vorne"

AE 3 „Innenraum"

Die Autonome Einheit „Innenraum" liest den Zustand des Warnblinkschalters aus. Deshalb hat diese Autonome Einheit auch das eine Gebot „Warnblinkschalter".

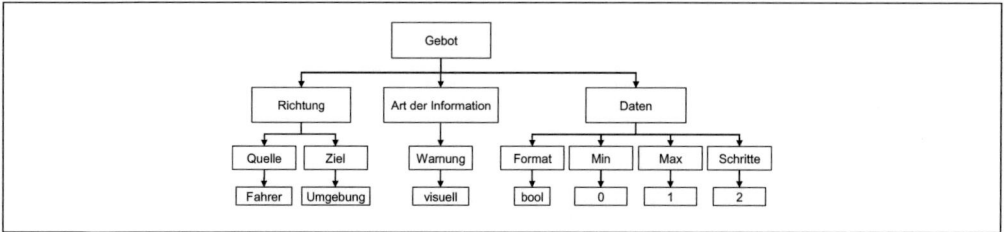

Abbildung A-13:   Gebot „Warnblinkschalter" der Autonomen Einheit „Innenraum"

AE 6 „Schalter Konsole"

Die Autonome Einheit „Schalter Konsole" realisiert eine Vielzahl von Licht-Schaltern eines Fahrzeugs. Für jeden der Schalter bietet sie die entsprechende Information dem System als Gebot an:

Gebot 1 „Schalter Nebellicht"

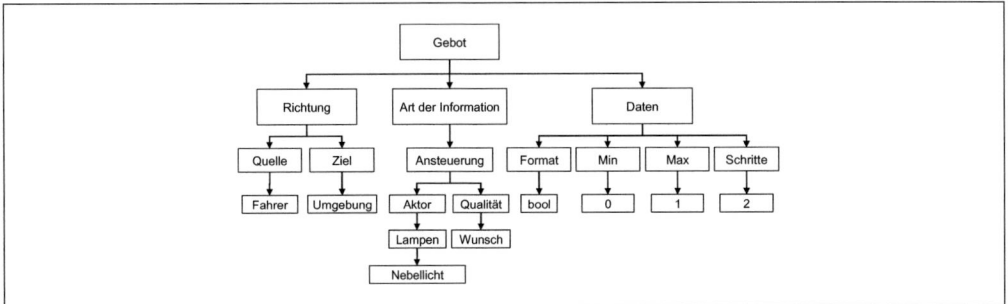

Abbildung A-14: Gebot 1 „Schalter Nebellicht" der Autonomen Einheit „Konsole"

Gebot 2 „Schalter Abblendlicht"

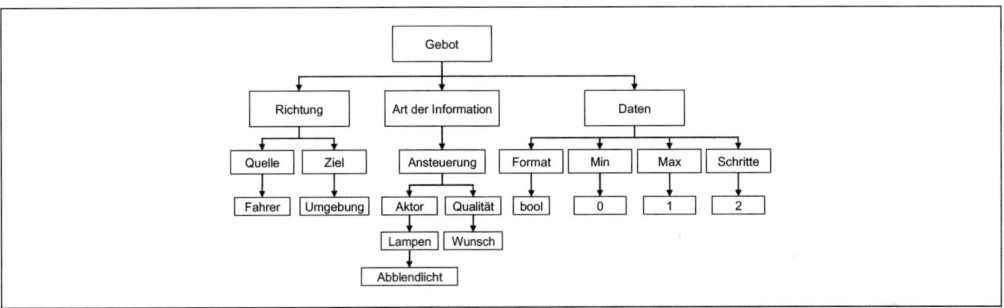

Abbildung A-15: Gebot 2 „Schalter Abblendlicht" der Autonomen Einheit „Konsole"

Gebot 3 „Schalter Fernlicht"

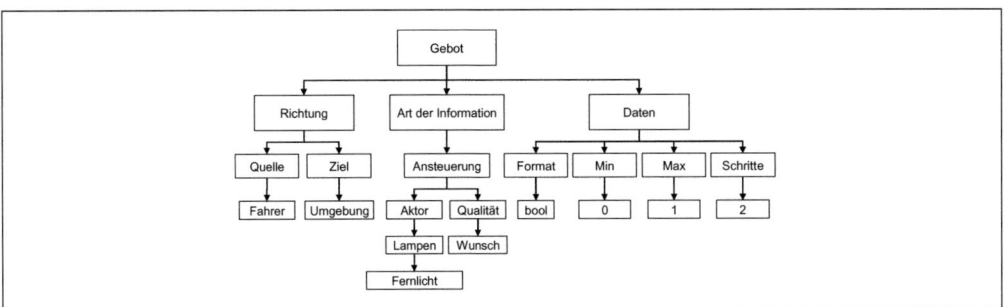

Abbildung A-16: Gebot 3 „Schalter Fernlicht" der Autonomen Einheit „Konsole"

Gebot 4 „Schalter Fahrtrichtungsänderungsanzeige links"

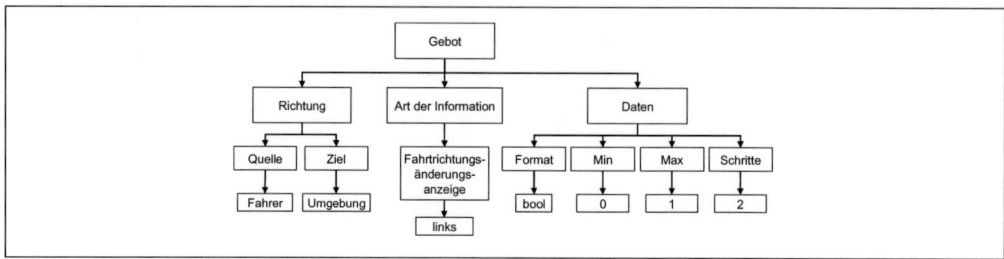

Abbildung A-17: Gebot 4 „Schalter Fahrtr. links" der Autonomen Einheit „Konsole"

Gebot 5 „Schalter Fahrtrichtungsänderungsanzeige rechts"

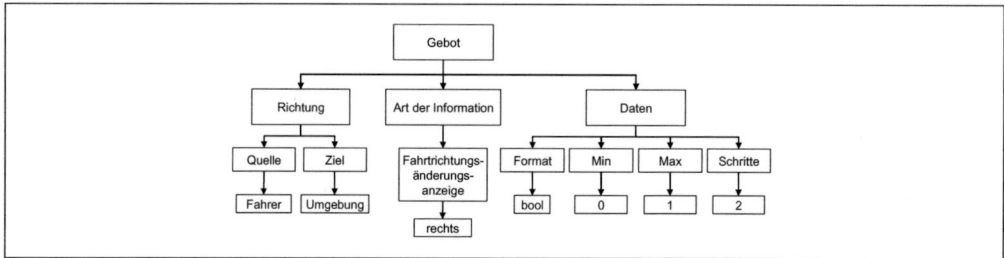

Abbildung A-18: Gebot 5 „Schalter Fahrtr. rechts" der Autonomen Einheit „Konsole"

AE 8 „Pedale"

Die Autonome Einheit „Pedale" liest nicht tatsächlich den Zustand der Pedale aus, sondern enthält zwei Schalter, von denen einer die Betätigung des Bremspedals und der andere das Einlegen des Rückwärtsgangs signalisiert. Dementsprechend hat diese Autonome Einheit folgende Gebote:

Gebot 1 „Schalter Rückwärtsgang"

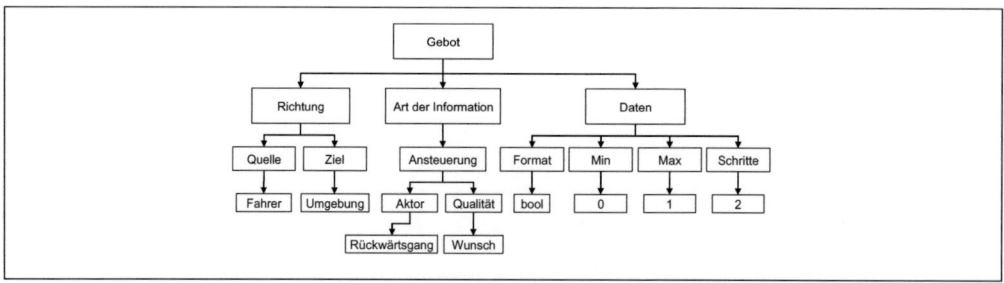

Abbildung A-19: Gebot 1 „Schalter Rückwärtsgang" der Autonomen Einheit „Pedale"

Gebot 2 „Schalter Bremspedal"

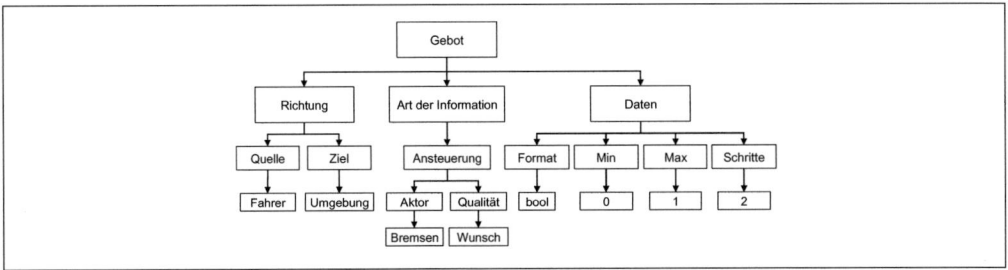

Abbildung A-20: Gebot 2 „Schalter Bremspedal" der Autonomen Einheit „Pedale"

AE 21 „Blinktakt"

Die Autonome Einheit „Blinktakt" moduliert den Blinktakt auf die Blinksignale auf. Deswegen muss sie folgende Gesuche und Gebote besitzen:

Gesuch 1 „Blinkwunsch links"

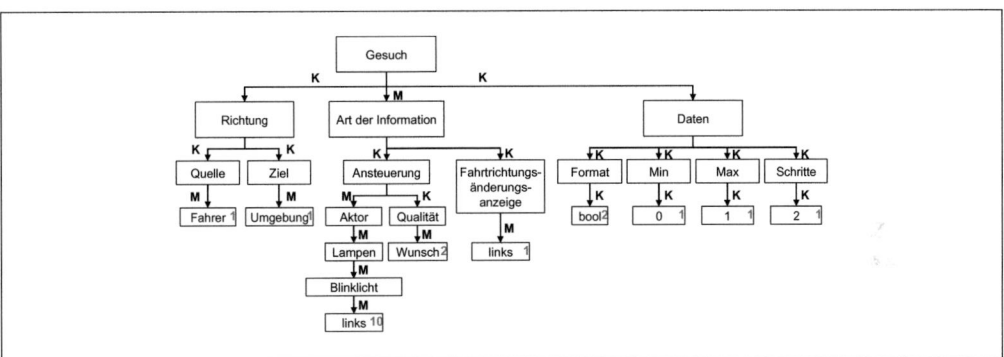

Abbildung A-21: Gesuch 1 „Blinkwunsch links" der Autonomen Einheit „Blinktakt"

Gesuch 2 „Blinkwunsch rechts"

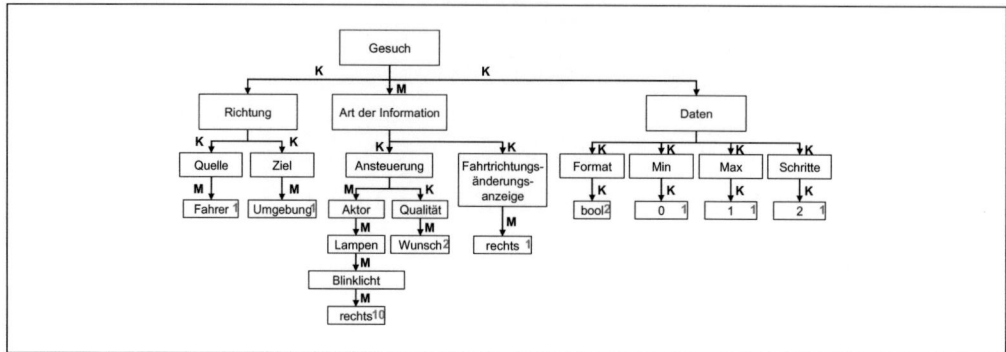

Abbildung A-22:   Gesuch 2 „Blinkwunsch rechts" der Autonomen Einheit „Blinktakt"

Gebot 1 „Blinken links"

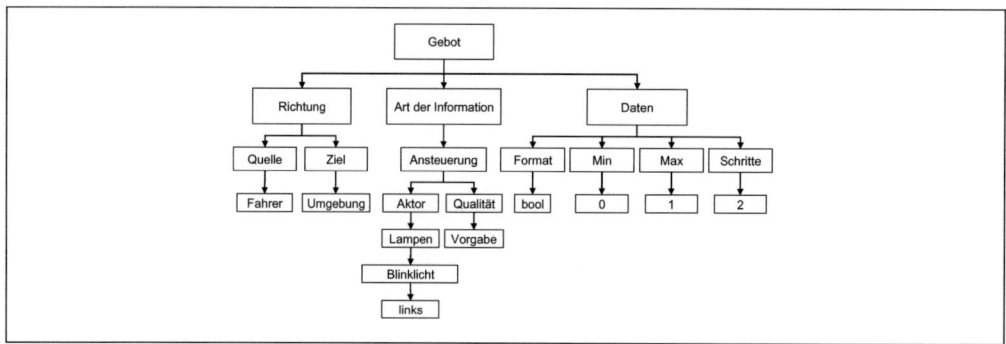

Abbildung A-23:   Gebot 1 „Blinken links" der Autonomen Einheit „Blinktakt"

Gebot 2 „Blinken rechts"

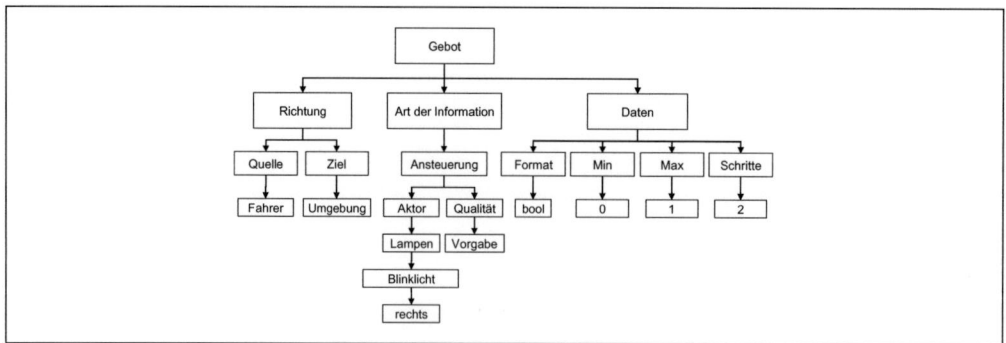

Abbildung A-24:   Gebot 2 „Blinken rechts" der Autonomen Einheit „Blinktakt"

AE 22 „Blinksteuerung"

Die Autonome Einheit „Blinksteuerung" fasst Blinken und Warnblinken zu einer einheitlichen Ansteuerung der Blinklampen zusammen. Dafür besitzt sie folgende Gesuche und Gebote:

Gesuch 1 „Fahrtrichtungsänderungsanzeige links"

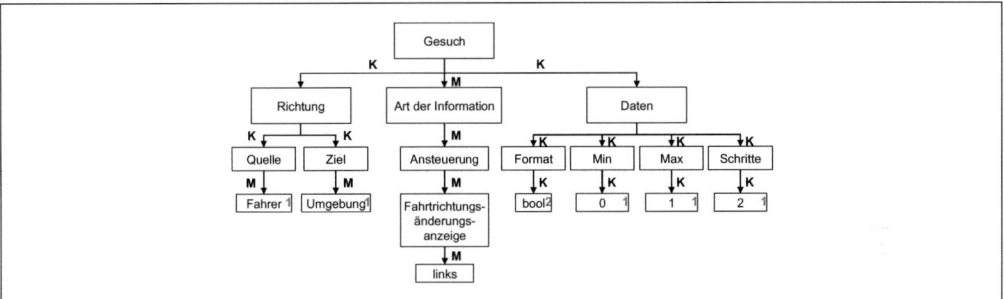

Abbildung A-25: Gesuch 1 „Fahrtr. links" der Autonomen Einheit „Blinksteuerung"

Gesuch 2 „Fahrtrichtungsänderungsanzeige rechts"

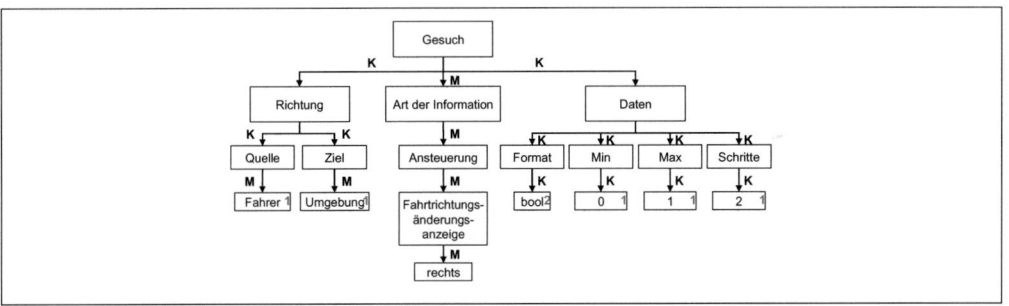

Abbildung A-26: Gesuch 2 „Fahrtr. rechts" der Autonomen Einheit „Blinksteuerung"

Gesuch 3 „Warnung durch den Fahrer"

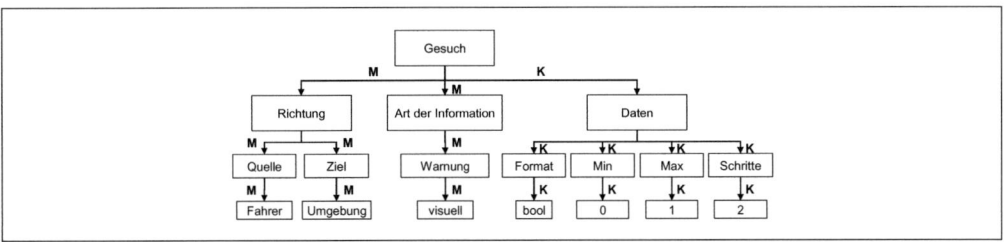

Abbildung A-27: Gesuch 3 „Warnung durch Fahrer" der Autonomen Einheit „Blinksteuerung"

Gebot 1 „Blinkwunsch links"

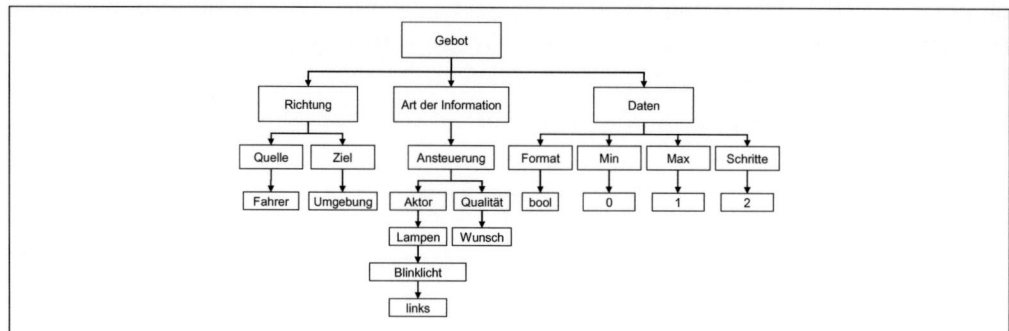

Abbildung A-28: Gebot 1 „Blinkwunsch links" der Autonomen Einheit „Blinksteuerung"

Gebot 2 „Blinkwunsch rechts"

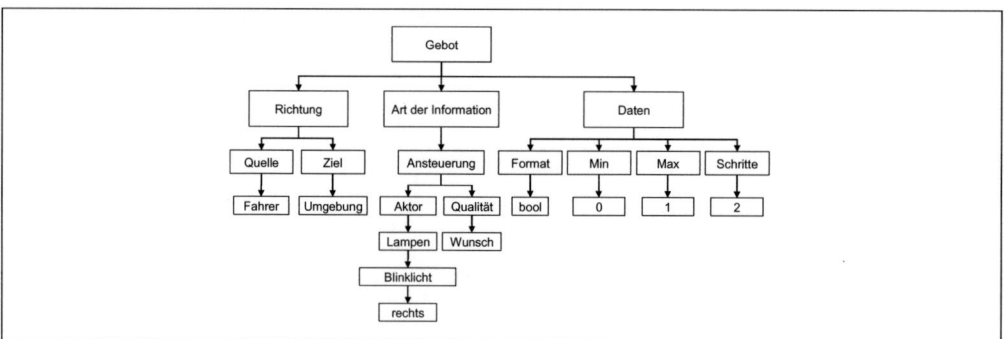

Abbildung A-29: Gebot 2 „Blinkwunsch rechts" der Autonomen Einheit „Blinksteuerung"

A.3 Referenzbaum des Demonstrationsfahrzeugs AUGUST

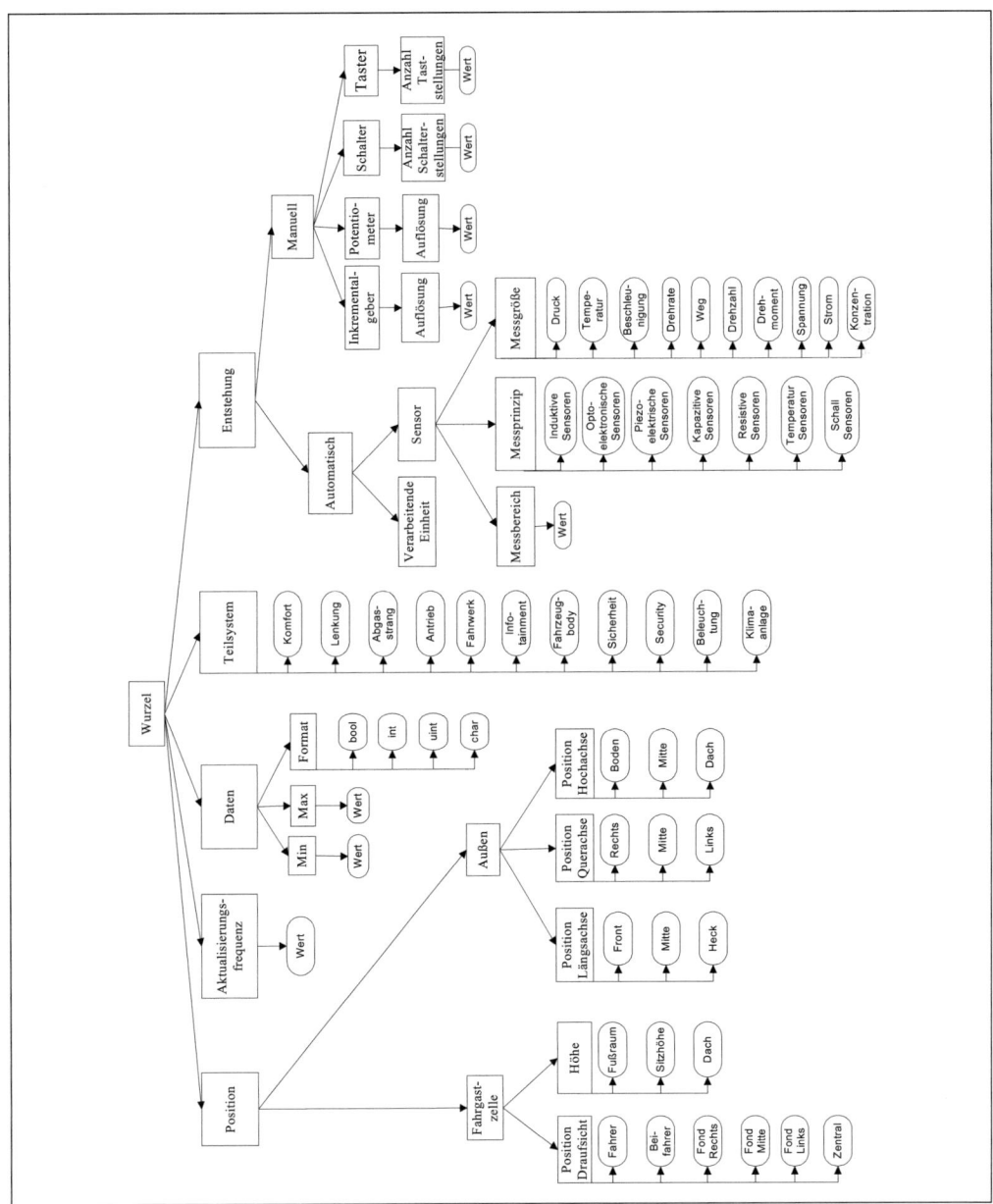

Abbildung A-30: Referenzbaum für das Föderative System des Demonstrationsfahrzeugs

A.4 Beispiel für die Verifikation eines Systems

A.4.1 Beschreibung des Systemverhaltens mit einem Funktionsnetz

Als Beispiel für die Beschreibung des Ist-Verhaltens soll ein kleines Teilsystem herhalten, welches die Funktionalitäten Blinken, Warnblinken und Alarm in einem Fahrzeug beschreibt. In Abbildung A-31 ist das vereinfachte Funktionsnetz dargestellt, so wie es in Kapitel 3.3.4 vorgestellt wurde. Das korrekte Funktionsnetz

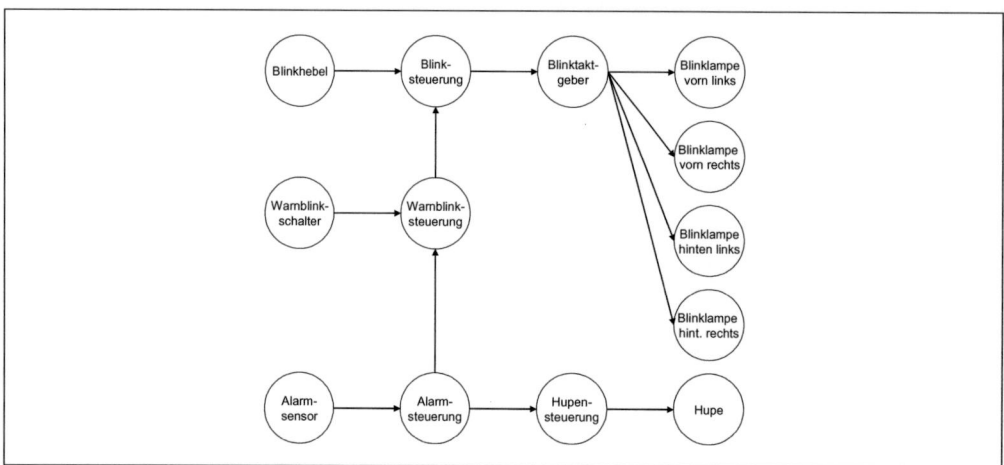

Abbildung A-31: Vereinfachtes Funktionsnetz der Funktionalität Blinken

entsprechend Kapitel 6.3.2 ist in Abbildung A-32 dargestellt

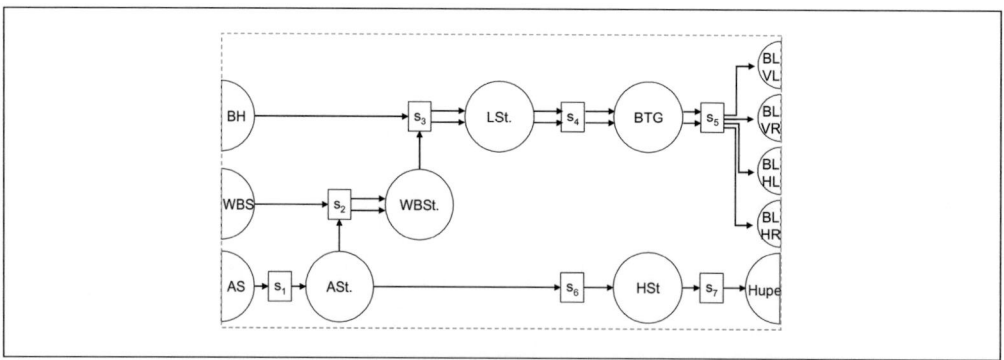

Abbildung A-32: Funktionsnetz der Funktionalität Blinken entsprechend Kapitel 6.3.2

Zur Beschreibung des Systemverhaltens müssen sowohl die Funktionen und als auch das Funktionsnetz beschrieben werden. Hier werden 13 Funktionen verwendet, von denen drei Sensoren und fünf Aktoren sind. Die drei Sensoren sind der Blinkhebel (BH) mit den Zuständen 0 (aus), 1 (rechts) und 2 (links), der Warnblinkschalter (WBS) mit den Zuständen 0 (aus) und 1 (an) und die Alarmsensorik (AS), die für das Beispiel sehr vereinfacht mit 0 (Alarm aus) und 1 (Alarm an) dargestellt ist. Die Sensoren sind die vier Blinklampen und die Hupe, die jeweils die Zustände 0 (aus) und 1 (an) kennen. Des Weiteren gehören folgende fünf Funktionen zum System:

- die Alarmsteuerung (ASt)
  mit $ASt : \{0, 1\} \to \{0, 1\}^2$,
  mit $ASt(0) = (0, 0)$ und $ASt(1) = (1, 1)$

- die Warnblinksteuerung (WBSt)
  mit $WBSt : \{0, 1\}^2 \to \{0, 1\}$, mit $WBSt(x, y) = max\{x, y\}$

- die Lichtsteuerung (LSt)
  mit $LSt : \{0, 1, 2\} \times \{0, 1\} \to \{0, 1\}^2$
  mit $LSt(b, w) = (max\{(b \, \& \, 2)/2, w\}, max\{b \, \& \, 1, w\})$

- der Blinktaktgeber (BTG)
  nach außen wirkt die Funktion wie $BTG : \{0, 1\}^2 \to \{0, 1\}^2$, tatsächlich fließen aber die Zeit (T in ms) und innere Zustände (Z_i) mit ein $(BTG : \{0, 1\}^2 \times T \times Z_1 \times Z_2 \to \{0, 1\}^2 \times Z_1 \times Z_2)$

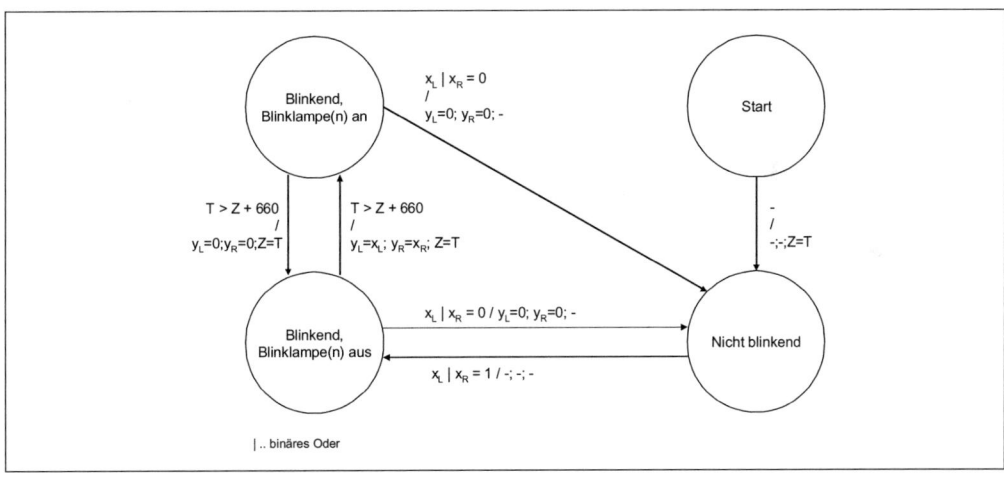

Abbildung A-33: Blinktaktgeber als Automat beschrieben

- und die Hupensteuerung (HSt)
  mit $HSt : \{0, 1\} \to \{0, 1\}$ und $HSt(x) = x$

Diese Funktionen sind zu einem Funktionsnetz verknüpft, welches in Abbildung A-32 bereits dargestellt ist und sich wie folgt beschreiben lässt:

$$\{([BL_{VL}, [BL_{VR}, [BL_{HL}, [BL_{HR}) \circ s_5 \circ BTG \circ s_4 \circ LSt \circ s_3 \circ$$
$$(BH], WBSt \circ s_2 \circ (WBS], ASt \circ s_1 \circ AS)),$$
$$[Hupe \circ s_7 \circ HSt \circ s_6 \circ ASt \circ s_1 \circ AS]\}$$

mit den Sortierfunktionen:

- $s_1, s_6, s_7 : \mathbb{N} \to \mathbb{N} \ s_1 = s_6 = s_7 = [1]$,
- $s_2, s_3, s_4 : \mathbb{N}^2 \to \mathbb{N}^2 \ s_2 = s_3 = s_4 = \begin{bmatrix} 1 \\ 2 \end{bmatrix}$

- $s_5 : \mathbb{N}^2 \to \mathbb{N}^4 \ s_5 = \begin{bmatrix} 1 \\ 2 \\ 1 \\ 2 \end{bmatrix}$

Daraus lässt sich folgende Adjazenzmatrix ableiten:

Funktion		ASt	WBSt		LSt		BTG		HSt	BL$_{VL}$	BL$_{VR}$	BL$_{HL}$	BL$_{HR}$	Hupe
		x_1	x_1	x_2	x_1	x_2	x_1	x_2	x_1	x_1	x_1	x_1	x_1	x_1
BH	y_1	0	0	0	1	0	0	0	0	0	0	0	0	0
WBS	y_1	0	1	0	0	0	0	0	0	0	0	0	0	0
AS	y_1	1	0	0	0	0	0	0	0	0	0	0	0	0
ASt	y_1	0	0	1	0	0	0	0	0	0	0	0	0	0
	y_2	0	0	0	0	0	0	0	1	0	0	0	0	0
WBSt	y_1	0	0	0	0	1	0	0	0	0	0	0	0	0
LSt	y_1	0	0	0	0	0	1	0	0	0	0	0	0	0
	y_2	0	0	0	0	0	0	1	0	0	0	0	0	0
BTG	y_1	0	0	0	0	0	0	0	0	1	0	1	0	0
	y_2	0	0	0	0	0	0	0	0	0	1	0	1	0
HSt	y_1	0	0	0	0	0	0	0	0	0	0	0	0	1

Tabelle A-1: Adjazenzmatrix für Teilfunktion Blinken (Abbildung A-32)

Die zeitliche Wichtung ordnet jeder Funktion Zeiten zu. Diese beschreiben die Dauer zur Berechnung des jeweiligen Funktionswertes in der gewählten Implementierung der Funktion:

- $f \in \{ASt, LSt, BTG\}$:
  $W_{min}(f) = 0{,}05$, $W_{ave}(f) = 0{,}1$ und $W_{max}(f) = 2$
- $f \in \{WBSt, HSt\}$:
  $W_{min}(f) = (0{,}1, 0{,}1)$, $W_{ave}(f) = (0{,}1, 0{,}1)$, $W_{max}(f) = (2, 2)$
- $f \in \{BH, WBS, AS\}$:
  $W_{min}(f) = 0{,}01$, $W_{ave}(f) = 0{,}02$ und $W_{max}(f) = 1$

- $s \in \{s_1, s_6, s_7\}$:
  $W_{min}(s) = 0{,}001$, $W_{ave}(s) = 0{,}002$ und $W_{max}(s) = 0{,}1$
- $s \in \{s_2, s_3, s_4\}$:
  $W_{min}(s) = (0{,}001, 0{,}001)$, $W_{ave}(s) = (0{,}002, 0{,}002)$ und $W_{max}(s) = (0{,}1, 0{,}1)$
- $s \in \{s_5\}$:
  $W_{min}(s) = (0{,}001, 0{,}001, 0{,}001, 0{,}001)$, $\qquad W_{ave}(s) = (0{,}002, 0{,}002, 0{,}002, 0{,}002)$,
  $W_{max}(s) = (0{,}1, 0{,}1, 0{,}1, 0{,}1)$

Damit ist das Verhalten des Systems formal beschrieben.

A.4.2 Beschreibung des gewünschten Verhaltens

Die Funktionalität des Blinkens (mit einem Takt von 660ms) kann zum Beispiel mit Hilfe der folgenden Regeln beschrieben werden:[1]

1. Blinkhebel ist aus, spätestens nach 100ms sind auch die Blinklampen aus

$$(BH = 0) \Rightarrow F_{100}((BL_{VL} = 0) \wedge (BL_{VR} = 0) \wedge$$
$$(BL_{HL} = 0) \wedge (BL_{HR} = 0)) \tag{A.1}$$

2. Blinker ist an, dann müssen die entsprechenden Lampen entweder an und in 660ms aus sein oder umgekehrt:

$$(BH = 1) \Rightarrow (BL_{VR} = BL_{HR} = 1) \wedge F_{660}(BL_{VR} = BL_{HR} = 0) \vee$$
$$(BL_{VR} = BL_{HR} = 0) \wedge F_{660}(BH = 1 \Rightarrow BL_{VR} = BL_{HR} = 1) \tag{A.2}$$

$$(BH = 2) \Rightarrow (BL_{VL} = BL_{HL} = 1) \wedge F_{660}(BL_{VL} = BL_{HL} = 0) \vee$$
$$(BL_{VL} = BL_{HL} = 0) \wedge F_{660}(BH = 2 \Rightarrow BL_{VL} = BL_{HL} = 1) \tag{A.3}$$

3. Blinkhebel ist an, die nicht geschalteten Lampen müssen aus sein

$$(BH = 1) \Rightarrow F_{100}((BL_{VL} = 0) \wedge (BL_{HL} = 0)$$
$$(BH = 2) \Rightarrow F_{100}((BL_{VR} = 0) \wedge (BL_{HR} = 0) \tag{A.4}$$

A.4.3 Beispiel für eine Offline-Kontrolle

Ausgangspunkt sind die im Anhang A.4.1 vorgestellten Funktionen BH, LSt, BTG, BL_{VL}, BL_{VL}, BL_{VL} und BL_{VL}. Diese sind durch die entsprechenden Autonomen Einheiten realisiert. Diese haben mit ihren Geboten und Gesuchen untereinander Verträge wie folgt ausgehandelt:

Funktion		LSt		BTG		BL_{VL}	BL_{VR}	BL_{HL}	BL_{HR}
		x_1	x_2	x_1	x_2	x_1	x_1	x_1	x_1
BH	y_1	Vertrag							

Tabelle A-2: Ausgehandelte Verträge zwischen den Funktionen

---

1. Die Bezeichnung und Belegung der verwendeten Variablen sind dem Beispiel von Kapitel A.4.1 entnommen.

LSt	y_1			Vertrag					
	y_2				Vertrag				
BTG	y_1					Vertrag		Vertrag	
	y_2						Vertrag		Vertrag

Tabelle A-2: Ausgehandelte Verträge zwischen den Funktionen

Entsprechend Folgerung 6-51 ergibt sich die Adjazenzmatrix des zu betrachtenden Funktionsnetzes aus den Verträgen der diese Funktionen realisierenden Autonomen Einheiten. Daher lässt sich damit folgende Adjazenzmatrix ableiten:

Funktion		**LSt**		**BTG**		BL_{VL}	BL_{VR}	BL_{HL}	BL_{HR}
		x_1	x_2	x_1	x_2	x_1	x_1	x_1	x_1
BH	y_1	1	0	0	0	0	0	0	0
LSt	y_1	0	0	1	0	0	0	0	0
	y_2	0	0	0	1	0	0	0	0
BTG	y_1	0	0	0	0	1	0	1	0
	y_2	0	0	0	0	0	1	0	1

Tabelle A-3: Aus Verträgen abgeleitete Adjazenzmatrix des Funktionsnetzes

Für dieses Funktionsnetz können nun verschiedene Traces entwickelt werden. Diese hängen vom festgelegte Szenario und den Startbelegungen ab. Folgendes Szenario soll im Folgenden dargestellt werden:

Zum Zeitpunkt 1ms wird der Blinkhebel auf links gesetzt und bei 1500ms wieder ausgeschaltet. Werden die Durchschnittszeiten (siehe Seite 206) verwendet, so ergibt sich folgender Trace:

Zeit [ms]	BH	LSt				BTG				BL_{VL}	BL_{VR}	BL_{HL}	BL_{HR}
	y_1	x_1	x_2	y_1	y_2	x_1	x_2	y_1	y_2	x_1	x_1	x_1	x_1
0,000	0	0	0	0	0	0	0	0	0	0	0	0	0
1,000	2	0	0	0	0	0	0	0	0	0	0	0	0
1,002	2	2	0	0	0	0	0	0	0	0	0	0	0
1,102	2	2	0	1	0	0	0	0	0	0	0	0	0
1,104	2	2	0	1	0	1	0	0	0	0	0	0	0
1,204	2	2	0	1	0	1	0	1	0	0	0	0	0
1,206	2	2	0	1	0	1	0	1	0	1	0	1	0
661,204	2	2	0	1	0	1	0	0	0	1	0	1	0
661,206	2	2	0	1	0	1	0	0	0	0	0	0	0
1331,204	2	2	0	1	0	1	0	1	0	0	0	0	0

Tabelle A-4: Aus Modell abgeleiteter Beispiel-Trace

1331,206	2	2	0	1	0	1	0	1	0	1	0	1	0
1500,000	0	2	0	1	0	1	0	1	0	1	0	1	0
1500,002	0	0	0	1	0	1	0	1	0	1	0	1	0
1500,102	0	0	0	0	0	1	0	1	0	1	0	1	0
1500,104	0	0	0	0	0	0	0	1	0	1	0	1	0
1500,204	0	0	0	0	0	0	0	0	0	1	0	1	0
1500,206	0	0	0	0	0	0	0	0	0	0	0	0	0

Tabelle A-4: Aus Modell abgeleiteter Beispiel-Trace

Auf diesen Trace[2] können nun die im Anhang A.4.2 vorgestellten Regeln angewendet werden. So beschreibt zum Beispiel die Formel A.3 das erwartete Links-Blinken. Dies wird in diesem Trace korrekt erfüllt, denn zu jedem Zeitpunkt, wo $BH = 2$ gilt, gelten folgende Eigenschaften:

- $BL_{VL} = BL_{HL}$
- Wenn $BL_{VL} = 1$, so gilt 660ms später $BL_{VL} = 0$
- Wenn $BL_{VL} = 0$, so gilt 660ms später $BL_{VL} = 1$

Daraus lässt sich leicht nachvollziehen, dass diese Regel in diesem Trace erfüllt ist. Ebenso ist gut zu erkennen, dass auch die anderen Regeln erfüllt sind.

A.5 Möglichkeiten zur Erweiterung des Konzepts der Föderativen Architektur

Im Verlauf dieser Arbeit haben sich einige Stellen herauskristallisiert, an denen das Konzept der Föderativen Architektur weiterentwickelt werden kann. Dies ergab sich zumeist aus den Implementationen und wurde deshalb teilweise bereits in Kapitel 7 behandelt. Des Weiteren gibt es einige Ideen, wie das Konzept der Föderativen Architektur erweitert werden kann. Hier sollen diese Punkte noch einmal zusammengefasst dargestellt werden.

Die Autonomen Einheiten müssen für ihr Funktionieren auf verschiedene Ressourcen zurückgreifen. Dies sind zum einen die Informationen, die die Funktionen als Argumente benötigen. Zu diesen Ressourcen gehören aber ebenso die Rechenkapazität und der Speicher der Recheneinheiten, sowie die Bandbreite des Kommunikationsmediums oder die zur Verfügung stehende Energie. Bisher handeln die Autonomen Einheiten lediglich die Zuordnung der Informationen untereinander aus. Die anderen Ressourcen sind jedoch ebenfalls sehr kostbar, da sie entweder nur beschränkt vorhanden oder teuer sind. Um diese optimal auszunutzen, besteht die Idee, diese ebenfalls von den Autonomen Einheiten untereinander aushandeln zu lassen.

---

2. Hier sind nur die Änderungen aufgeführt. Zu den anderen Zeitpunkten gilt die Belegung des nächsten vorhergehenden Zeitpunkts.

A.5.1 Installationsverträge

Die Zuordnung der Autonomen Einheiten zu den Recheneinheiten wird bisher beim Entwurf eines Föderativen Systems fest vorgegeben. Um die Rechenkapazität und den Speicher der Recheneinheiten, aber auch die Bandbreite des Kommunikationsmediums effizient auszunutzen[3], ist es wichtig eine dafür optimale Zuordnung der Funktionen zu den Recheneinheiten zu finden. In [BaRo06] wird eine Methode vorgestellt, wie für ein aktuelles EE-System eine derartige optimale Lösung ermittelt werden kann. Beim Föderativen System ist es auf Grund seiner Flexibilität nicht möglich diese Zuordnung einmalig im Entwurf des Systems zu bestimmen. Diese Zuordnung muss sich ebenso an die Gegebenheiten anpassen, wie die Kommunikationsbeziehungen. Deshalb sollte das Konzept der Föderativen Architektur um die Möglichkeit erweitert werden, dass die Autonomen Einheiten ihre Zuordnung zu den Recheneinheiten selbstständig aushandeln.

Autonome Container

Jede Recheneinheit muss damit in der Lage sein, ihre eigenen Ressourcen den Autonomen Einheiten anzubieten. Damit benötigt sie eine Verwaltung, die diese Ressourcen organisiert und Verträge mit den Autonomen Einheiten zur Installation derselben aushandelt. Dies entspricht in etwa einer Autonomen Einheit, nur mit dem Unterschied, dass es keine Funktion, sondern Rechenhardware verwaltet wird. Der Zweck dieser Einheiten ist damit, dass auf ihnen Autonome Einheiten installiert sind. aus diesem Grund werden sie als Autonome Container bezeichnet.

Ein Autonomer Container besteht aus der Recheneinheit, einer Laufzeitumgebung, dem Wissen über seine freien Ressourcen (Rechenkapazität, Speicher, Aktorik, Sensorik) und einer Installationsverwaltung. Die Ressourcen bietet er in Form eines Installationsgebots den Autonomen Einheiten an. Alle Autonomen Einheiten müssen im Gegenzug in Form eines Installationsgesuchs wissen, welche Ressourcen sie benötigen.

Verschiebung Autonomer Einheiten

Dass die Autonomen Einheiten ihre Zuordnung zu den Autonomen Containern (den Recheneinheiten) selbst aushandeln können, macht jedoch nur Sinn, wenn diese auch zur Laufzeit im zwischen den Containern verschoben werden können. Dafür hat Lohse in seiner Arbeit „Entwicklung eines Konzepts zum Verschieben und Austauschen von Software in einer Elektrik-/Elektronik-Architektur für das Automobil" [CC_Loh06] bereits ein Konzept entwickelt. Dieses Konzept zeigt die Möglichkeit auf, dass Autonome Einheiten nach der Änderung eines Installationsvertrags von einem Autonomen Container auf einen anderen verschoben werden können, ohne dass dies die sonstigen geschlossenen Verträge beeinflusst. Basierend auf diesem Konzept kann die Föderative Architektur um Autonome Container, Installationsverträge und verschiebbare Autonome Einheiten erweitert werden.

---

3. Zwei Autonome Einheiten, die viele Informationen miteinander austauschen, sollten möglichst nah beieinander installiert sein. Im Idealfall also auf einer Recheneinheit. Wenn mehrere Busse vorhanden sind, so sollte möglichst kein Gateway zwischen ihnen liegen. Des Weiteren sollten Speicher und Rechenlast der Recheneinheiten aus Kostengründen möglichst vollständig ausgenutzt werden.

Integration neuer Autonomer Einheiten

Dies wird insbesondere die Integration neuer Autonomer Einheiten (die in Software vorliegen) vereinfachen. Dafür muss nur ein Container (z. B. ein Laptop) auf dem sie vorinstalliert sind kurzzeitig an das System angeschlossen werden. Da die Autonomen Einheiten nur einen sehr schlechten Vertrag mit diesem besitzen, werden sie versuchen schnellstens einen besseren Vertrag mit einem Autonomen Container des EE-Systems auszuhandeln. Nach Abschluss desselben, werden sie dann auf den neuen Container verschoben.

Sicherheitskopie der Autonomen Einheiten

Dies führt noch zu einer weiteren Idee. Von jeder Autonomen Einheit (die keine Aktorik oder Sensorik realisiert) wird ein inaktives Duplikat hinterlegt. Alle Duplikate liegen in einem speziellen Container, welcher einen großen Speicher, aber keine großartige Rechenleistung besitzt. Wird ein Container beschädigt oder verliert den Kontakt zum restlichen System (Bruch einer Lötstelle, o. ä.), so können die Duplikate der Autonomen Einheiten, die auf diesem installiert waren, sich aktivieren und einen neuen Container suchen. Die Funktionalität wäre damit nur kurzzeitig gestört und kann sich selbstständig wiederherstellen.[4]

A.5.2 Verteiltes Bus- und Energiemanagement

Des Weiteren gibt es die Idee, dass neben den Informationen und dem Platz auf einer Recheneinheit auch andere Ressourcen durch die Autonomen Einheiten selbstständig verteilt werden können. Dazu gehören die zur Verfügung stehende Bandbreite des Kommunikationsmediums und die Energie. Insbesondere letztere benötigt ein intelligentes Management, da die zur Verfügung stehende Energie sich ständig ändern kann. Manche Funktionalitäten können bei Energiemangel deaktiviert werden, während andere solange wie möglich erhalten bleiben müssen. Dazu gibt es bereits Strategien in existierenden Fahrzeugen. Es wäre jedoch sicherlich interessant dieses Problem durch Selbstorganisation zu lösen und in die Föderative Architektur zu integrieren.

Aber auch bei den Bussystemen ist eine Verwaltung der Ressource Bandbreite sinnvoll. Eine entsprechende dezentrale Aushandlung ist beim CAN-Bus gut vorstellbar. Hingegen ist dies bei zeitgetriggerten Bussystemen derzeit nicht möglich, da die Ressourcen bereits während der Entwicklung fest verteilt werden. Hierfür müsste ein neues Bussystem entwickelt bzw. ein bestehendes angepasst werden.

---

4. Benötigen Autonome Einheiten Aktorik oder Sensorik zur Ausführung ihrer Funktionen, so funktioniert dies natürlich nur, wenn es andere Autonome Container gibt, die die benötigte Peripherie zur Verfügung stellen.

Abkürzungen

ABS	Anti-Blockier-System
ACC	Adaptive Cruise Control (Intelligenter Tempomat) *Fahrerassistenzsystem, welches Geschwindigkeit und Abstand zum vorausfahrenden Fahrzeug hält*
ADL	Architecture Description Language - engl.: Architekturbeschreibungssprache
AE	Autonome Einheit *Grundbaustein der Föderativen Architektur*
ASIC	Application Specific Integrated Circuit engl.: Anwendungsspezifische Integrierte Schaltung *Integrierter Schaltkreis mit festgelegter Funktion*
ASG	Antriebssteuerung *Steuergerät im Triebwagen eines ICE*
ASR	Antriebsschlupfregelung *Fahrerassistenzsystem, welches das Durchdrehen der Räder verhindert*
ASSF	Auto-Start-Stopp-Funktion
AUTOSAR	AUTomotive Open System ARchitecture [WWW_Aut] *Internationaler Verbund von Automobilherstellern und Zulieferern von Elektronikkomponenten mit dem Ziel, einen offenen Standard für Elektrik/Elektronik-Architekturen in Kraftfahrzeugen zu etablieren.*
cAMP	Cyclisches Adenosinmonophosphat *Botenstoff, auch als Hungersignal bekannt*
CAN	Controller Area Network
CANoe	Entwicklungswerkzeug der Firma Vector Informatik
COSEL	COoperation & SELforganization *Bezeichnung für eine Implementation des Frameworks einer Autonomen Einheit*
CPU	Central Processing Unit
CSP	Communicating Sequential Processes *A notation for concurrency based on synchronous message passing and selective communications designed by Anthony Hoare in 1978.*
DAVID	Diagnose-, Aufrüst- und Vorbereitungsdienst mit integrierter Displaysteuerung *Steuergerät im Triebwagen eines ICE*
DNA	Desoxyribonukleinsäure *Träger der Erbinformation*
DCCC	DaimlerChrysler Competence Center Elektrik-/Elektronik-Architektur an der Technischen Universität Dresden
DySCAS	Dynamically Self-Configuring Automotive Systems *Forschungsprojekt der Europäischen Kommission*
EBC	Event Based Components
ECU	Electronic Control Unit - engl.: elektronisches Steuergerät
EDV	Elektronische Datenverarbeitung

EE-Architektur	Elektrik-Elektronik-Architektur
EE-System	Elektrik-Elektronik-System
ESP	Elektronisches Stabilitäts-Programm *Fahrerassistenzsystem, welches mit einem aktiven Eingriff in den Antriebsstrang oder in das Bremssystem das Fahrzeug stabil und sicher in der Spur hält.*
EvoArch	Evolutionäre Architektur (nach [Hof02])
FA	Föderative Architektur
FD	Flussdiagramm
FS	Föderatives System
gdw	genau dann wenn
GW	Gateway
HiL	Hardware in the Loop
i. A.	im Allgemeinen
ICE	Intercity-Express
ID	Identifikation, meist Identifikationsnummer
IEEE	Institute of Electrical and Electronics Engineers
KBSt	Koordinierungs- und Beratungsstelle für Informationstechnik in der Bundesverwaltung
KD	Komponentendiagramm
Kfz	Kraftfahrzeug
LIN	Local Interconnect Network
LTL	Linear-Time Temporal Logic
LWL	Lichtwellenleiterstation *Steuergerät im ICE*
LZU	Laufzeitumgebung
μC	Mikrocontroller
MiL	Modell in the Loop
MOST	Media Oriented Systems Transport
nil	not in language *Ersatzwert, der Funktionen übergeben wird, wenn kein zulässiger Wert vorliegt*
ODX	Open Diagnostic Data Exchange
OEM	Original Equipment Manufacturer
OSI-Modell	Open Systems Interconnection Reference Model
PC	Personalcomputer
RAM	Random Access Memory
RTE	Runtime Environments (engl. für Laufzeitumgebung)
RTLTL	Real Time LTL

SD	Sequenzdiagramm
SG	Steuergerät, siehe auch ECU
SiL	Software in the Loop
SPEEDS	SPEculative and Exploratory Design in Systems Engineering
TTP	Time Triggered Protocol
UML	Unified Modeling Language
VFB	Virtual Functional Bus *Kommunikationskonzept in AUTOSAR*
vs.	versus - lat.: gegen
XML	Extensible Markup Language
z. B.	zum Beispiel
ZEUS	Zentrale Einrichtung zur Überwachung und Steuerung *Steuergerät im Mittelwagen eines ICE*
ZGW	zentrales Gateway
ZSG	Zugsteuerung *Steuergerät im Triebwagen eines ICE*

Glossar

Architektur	Eine Architektur ist ein generisches Konzept für geplante (komplexe) Systeme, welches deren Struktur und Entwurf beschreibt. (Definition 3-3 auf Seite 6)
Autonome Einheit	Autonome Einheiten sind die grundlegenden Komponenten eines Föderativen Systems. (siehe Definition 4-3 auf Seite 46)
Avionik	Der Begriff Avionik stammt aus dem Englischen (avionics) und wird abgeleitet von „aviation electronics". Er bezieht sich sowohl auf die Entwicklung und Produktion elektronischer Systeme in Luft- und Raumfahrt als auch auf die Systeme selbst.
EE-Architektur	Eine EE-Architektur ist ein generisches Konzept, welches für die zugehörigen EE-Systeme die funktionalen, topologischen und technologischen Strukturen, deren Beziehungen untereinander und den Entwurf beschreibt. (Definition 3-8 auf Seite 8)
EE-System	Ein Elektrik-Elektronik-System ist ein eingebettetes und verteiltes System, welches aus elektrischen und elektronischen Komponenten besteht. Der Zweck eines EE-Systems besteht in der Gewinnung, Verteilung und Verarbeitung von Informationen. Seine physischen Elemente sind Steuergeräte, Sensoren, Aktoren sowie die Leitungen dazwischen. (Definition 3-5 auf Seite 7)
Eigenschaft	Mit Hilfe von Eigenschaften werden die Forderungen und Wünsche von Gesuchen sowie die Fähigkeiten von Geboten beschrieben. Sie sind damit das Basiselement für die Vertragsverhandlungen zwischen Autonomen Einheiten.
Fähigkeit	Eigenschaft eines Gebots
Feature	Kundenwahrnehmbare Fahrzeugfunktion, siehe Funktionalität
Föderalismus	Organisationsprinzip, bei dem die einzelnen Glieder über eine gewisse Eigenständigkeit verfügen, aber zu einer übergreifenden Gesamtheit zusammengeschlossen sind
Föderative Architektur	Eine Föderative Architektur ist eine EE-Architektur, deren Komponenten Autonome Einheiten sind, die eine Funktion umsetzen und den dafür notwendigen Informationsaustausch miteinander selbstständig organisieren. (Definition 4-1 auf Seite 45)
Föderatives System	Ein Föderatives System ist ein System, welches nach der Föderativen Architektur entworfen und strukturiert ist. (Definition 4-2 auf Seite 45)
Forderung	Eigenschaft eines Gesuchs, die ein passendes Gebot erfüllen muss
Framework	Das Framework einer Autonomen Einheit ist ein Rahmenprogramm, das das Aushandeln und Verwalten aller Gebote und Gesuche und den damit verbundenen Verträgen einer AE übernimmt. Es ist für jede AE identisch und muss für jede AE noch um die Funktion und deren Beschreibung ergänzt werden. (Definition 5-2 auf Seite 95)
Funktion	Eindeutige Zuordnung einer Eingangsgröße (Argument) zu einer Ausgangsgröße (Funktionswert)
Funktionalität	Eine Funktionalität bzw. ein Feature eines Systems ist ein Vorgang, der für den Nutzer des Systems erlebbar ist. [MGKRM06] Die Funktionalität bezeichnet die erfolgreich realisierte Fähigkeit, eine bestimmte Aufgabe zu lösen. Wichtig ist die Funktionalität eines Systems von einer in einer Komponente des Systems realisierten Einzelfunktion zu unterscheiden.
Gebot	Ein Gebot beschreibt Informationen, die eine Autonome Einheit anderen Autonomen Einheiten zukommen lassen kann. (Definition 4-6 auf Seite 51)

Gesuch	Ein Gesuch beschreibt Informationen, die eine Autonome Einheit zur sinnvollen Ausführung ihrer Funktion von anderen Autonomen Einheiten benötigt. (Definition 4-7 auf Seite 51)
Halbfunktion	Formale Repräsentation der Eingänge bzw. Ausgänge einer Funktion (siehe Definition 6-29 auf Seite 120)
Hintereinanderausführung	Operation über Funktionen, die Funktionswerte der ersten Funktion werden der zweiten Funktion als Argument übergeben, hintereinander ausgeführte Funktionen ergeben eine neue Funktion (siehe Definition 6-19 auf Seite 114 und Definition 6-20 auf Seite 115)
Komplexität	Komplexität bezeichnet allgemein die Eigenschaft eines Systems, dass sein Gesamtverhalten nicht beschrieben werden kann, selbst wenn man vollständige Informationen über seine Einzelkomponenten und ihre Wechselwirkungen besitzt. (Definition 3-11 auf Seite 34)
Konkatenation	Synonym zu Hintereinanderausführung
Observer	Komponente, welche ein Föderatives System zu dessen Kontrolle beobachtet
Referenzbaum	Referenz, aus welcher die Beschreibung der Gebote und Gesuche eines Föderativen Systems abgeleitet werden können. Der Referenzbaum stellt somit die Sprache dar, in welcher das Wissen der Autonomen Einheiten beschrieben ist. (siehe Definition 5-3 auf Seite 96)
Selbstorganisation	Selbstorganisation ist ein Prozess, welcher Ordnung (Muster, Strukturen) auf einer makroskopischen Ebene eines Systems allein durch die Interaktion verschiedener mikroskopischer Komponenten des Systems hervorbringt. (Definition 3-9 auf Seite 18)
Sortierfunktion	Die Sortierfunktion bewirkt eine Umsortierung und Vervielfältigung (bzw. Auslassung) der Elemente ihres Eingangsvektors. (siehe Definition 6-24 auf Seite 117)
Spur	Folge von Zuständen einer oder mehrerer Größen endlicher oder unendlicher Länge (siehe Definition 6-12 und Definition 6-14)
Struktur	Eine Struktur ist die Art der Zusammensetzung eines Systems aus Elementen und der Menge der Relationen, welche diese Elemente miteinander verknüpfen. [EFS98]
System	Allgemein spricht man von einem System, wenn gewisse Objekte samt ihrer Wechselwirkungen durch eine plausible Abgrenzung von ihrer Umgebung zu einer Gesamtheit zusammengefasst werden können.
Vertrag	Ein Vertrag zwischen zwei Autonomen Einheiten verknüpft das Gebot der einen mit einem Gesuch der anderen. Basierend auf diesem Vertrag werden dann die entsprechenden Informationen zwischen den AE ausgetauscht. (siehe Definition 4-8 auf Seite 52)
Wissen	Die Meta-Informationen einer Autonomen Einheit über ihre Ein- und Ausgänge werden als ihr Wissen (über sich selbst) bezeichnet. (siehe Definition 4-5 auf Seite 50)
Wunsch	Eigenschaft eines Gesuchs, die ein passendes Gebot erfüllen sollte aber nicht muss

Literaturverzeichnis

Das Literaturverzeichnis gliedert sich in vier Unterkapitel:

- "Bücher und Fachartikel" auf Seite 219

- "Standards und Normen" auf Seite 224

- "Weblinks" auf Seite 225
  Um derartige Links im Text kenntlich zu machen, ist ihnen ein „WWW_" vorangestellt.

- "Am Competence Center EE-Architektur entstandene relevante Studien-, Diplomarbeiten und Veröffentlichungen" auf Seite 226
  Um derartige Arbeiten im Text kenntlich zu machen, ist diesen ein „CC_" vorangestellt.

Bücher und Fachartikel

Ang05	Angelé, G.: *Das offene Informations-Bordnetz.* in: Automotive Engineering Partners 5-6/2005
BaRo06	Bai, L.; Rosenstiel, W.: *A New Function-Orientd Design Method Based on the Estimation of Embedded Software Specification for Automotive Applications.* in: Bäker, B.: Moderne Elektronik im Kraftfahrzeug. Haus der Technik Fachbuch. Renningen: expert verlag, 2006
Ben05	Bender, K.: *Embedded Systems - qualitätsorientierte Entwicklung.* 1. Auflage. Berlin, Heidelberg: Springer Verlag, 2005
BrSe01	Braess, H.; Seiffert, U.: *Vieweg Handbuch Kraftfahrzeugtechnik.* ATZ/MTZ-Fachbuch. 2. Auflage. Braunschweig, Wiesbaden: Vieweg, 2001 ISBN 3-528-13114-4
BSW04	Beutelspacher, A.; Schwenk, J.; Wolfenstetter, K.-J.: *Moderne Verfahren der Kryptographie.* Vieweg: 2004 ISBN 3-528-36590-0
Buch02	Buchanan, M.: *Small Worlds.* Frankfurt/Main: Campus Verlag GmbH, 2002. ISBN 3-593-36801-3
Bus06	Busse, M.; u. a.: *Ein Transportprotokoll zur domänenübergreifenden Integration von Fahrzeugelektronik.* in: Bäker, B.: Moderne Elektronik im Kraftfahrzeug. Haus der Technik Fachbuch. Renningen: expert verlag, 2006
BuSa68	Busacker, R. G.; Saaty, T. L.: *Endliche Graphen und Netzwerke.* München, Wien: R. Oldenbourg Verlag, 1968
Bos02	Robert Bosch GmbH: *Kraftfahrtechnisches Taschenbuch.* Braunschweig/Wiesbaden: Vieweg, 2002.
Cap99	Capra, F.: *Lebensnetz - Ein neues Verständnis der lebendigen Welt.* München: Droemersche Verlagsanstalt Th. Knaur Nachf., 1999
CGP99	Clarke, E. M.; Grumberg, O.; Peled, D. A.: *Model Checking.* Cambridge, London: MIT Press, 1999 ISBN 0-262-03270-8

CoFr02	Couzin, I. D.; Franks, N. D.: *Self-organized lane formation and optimized traffic flow in army ants*. Proc. R. Soc. Lond. 2002 Stand 10/2011 http://www.bio.bris.ac.uk/research/behavior/Army_Ant_Traffic_Flow.pdf
DeLi05	Deuber, R.; Lipscher, J.: *Selbstorganisation*. Chemiepraktikum. Kantonsschule Baden, Stand 2005. http://swisseduc.ch/chemie/labor/selbstorg/docs/selbstorg.pdf
Deu07	Deutschmann, R.: *Semiformale Methoden für den automatisierten Test eingebetteter Systeme*. Dissertation. Technische Universität Dresden, 2007
Dies96	Diestel, R.: *Graphentheorie*. Berlin, Heidelberg: Springer Verlag, 1996 ISBN 3-540-60918-0
Diet01	Dietrich, A.: *Selbstorganisation - Management aus ganzheitlicher Perspektive*. 1. Auflage. Wiesbaden: Deutscher Universitätsverlag, 2001. ISBN 3-8244-7406-9
DuKr04	Dudenhöffer, F.; Krüger, M.: *Ausfallrate durch Elektrik/Elektronik steigt weiter* Center Automotive Research. FH Gelsenkirchen. in: ATZ Automobiltechnische Zeitschrift 106 11/2004, S. 1022ff
EAMSS90	Emerson, E. A.; Aloysius K.; Mok A.; Sistla P.; Srinivasan J.: *Quantitative Temporal Reasoning*. in: Computer Aided Verification, 2nd International Conference CAV'90, S. 136-145. Springer, 1990
EBI78	Encyclopaedia Britannica Inc.: *The New Enceclopaedia Britannica*. 1978
EFS98	Ebeling, W.; Freund, J.; Schweitzer, F.: *Komplexe Strukturen: Entropie und Information*. Stuttgart, Leipzig: Teubner, 1998 ISBN 3-8254-3032-1
Eig71	Eigen, M.: *Molecular Self-Organization and the Early Stages of Evolution*. in: Quarterly Review of Biophysics, 1971.
EiWi79	Eigen, M.; Winkler, R.: *Das Spiel. Naturgesetze steuern den Zufall* 3. Auflage. München: R. Piper & Co Verlag, 1979. ISBN 3-493-02331-2
EsLa08	Esch, S.; Lang, B.: *Audi Q5 - Elektronik- und Vernetzungsarchitektur mit gesteigerter Leistungsfähigkeit*. in: Sonderausgabe von ATZ und MTZ, Juni 2008
Eur07	Euroforum-Jahrestagung „Elektronik-Systeme im Automobil": *Qualität bestimmt die Wertschöpfung in der Auto-Elektronik*. Pressebericht zur 11. EUROFORUM-Jahrestagung, 02/2007 http://www.euroforum.de/data/presse/Autoelektronik.pdf
Fel93	Felscher, W.: *Berechenbarkeit: rekursive und programmierbare Funktionen*. Berlin, Heidelberg: Springer Verlag, 1993. ISBN 3-540-56354-7

FoBa02	Foegen, M.; Battenfeld, J.: *Rolle der Architektur in der Anwendungsentwicklung*. Darmstadt: wibas GmbH, 2002. http://www.wibas.de/e20/e7377/e8100/e9181/e8104/downloads8106/ RolleDerArchitektur_de.pdf Stand 10/2011
Foe60	von Foerster, H.: *On Self-Organizing Systems and Their Environments*. in: Yovits M. C., Cameron S. (eds.): Self-Organizing Systems. Pergamon: Franklin Book Co., 1960
FrSc07	Frank, S.; Schmidts, U.: *Komplexität besser beherrschen*. in: Elektronik Automotive 02/2007
Gre06	Greiner, H.: *Automatische Parametrierung von Smart-Sensorsystemen in CAN-basierten Netzwerken*. Diplomarbeit. Technische Universität Dresden, Fakultät Elektrotechnik und Informationstechnik, 2006.
Gre07	Grell, D.: *Die Komplexität in den Griff bekommen*. in: heise Autos, 26.03.2007 Stand 10/2011 http://www.heise.de/autos/artikel/Die-Komplexitaet-in-den-Griff-bekommen-792810.html
Hak88	Haken, H.: *Die Selbstorganisation der Information in biologischen Systemen aus der Sicht der Synergetik*. in: Küppers, B.-O. (Hrsg.): *Ordnung aus dem Chaos*. Serie Piper. 2. Auflage. München: R. Piper GmbH, 1988
Hak95	Haken, H.: *Erfolgsgeheimnisse der Natur. Synergetik: Die Lehre vom Zusammenwirken*. Erweiterte Taschenbuchausgabe. Reinbeck bei Hamburg: Rowohlt Taschenbuch Verlag, 1995
Ham11	Hammerschmidt, C.: *German carmakers agree on 48V on-board supply, charging plug*. Automotive EE-Times, 16.06.2011 http://www.automotive-eetimes.com/en/german-carmakers-agree-on-48v-on-board-supply-charging-plug.html?cmp_id=7&news_id=222901632
Has01	von Hasseln, H.: *Ein formaler EE-Architekturrahmen basierend auf Funktion, Topologie und Technologie*. Technischer Bericht, FT2/E, Stuttgart: DaimlerChrysler, 2001
HFGSW00	Hofmann, P.; Fasolt, J.; Geretschläger, P.; Sakretz, R.; Wohlgemuth, F.: *Automotive UML*. Sonderdruck. Elektronik Automotive 06/2000
HFMV02	Helbing, D.; Farkas, I.; Molnar, P.; Vicsek, T.: *Simulation von Fußgängermengen in normalen Situationen und im Evakuierungsfall*. 2002. Stand 10/2011 http://www.age-info.de/PDF/SimulationHelbing.pdf
Hof02	Hofmann, P. et. al.: *Evolutionäre E/E-Architektur. Vision einer neuartigen Elektronik-Architektur für Fahrzeuge*. DaimlerChrysler: 2002.
Hof96	Hoffmann, G.: *Constantia von Cosel und August der Starke*. Bergisch Gladbach: Lübbe,1996.
Höl01	Hölldobler, S.: *Logik und Logikprogrammierung*. 2. Auflage. Heidelberg: Synchron Wiss.-Verl. der Autoren, 2001. ISBN 3-935025-24-6

HuRy04	Huth, M.; Ryan, M.: *Logic in Computer Science.* Second Edition. Cambridge University Press, 2004. ISBN 0-521-54310-X
Jan92	Jantsch, E.: *Die Selbstorganisation des Universums. Vom Urknall zum menschlichen Geist.* Erweiterte Neuauflage. München: Hanser Verlag, 1992.
JRHZQ04	Jeckle, M.; Rupp, C.; Hahn, J.; Zengler, B.; Queins, S.: *UML2 glasklar.* München, Wien: Hanser Verlag, 2004. ISBN 3-446-22575-7
KNKBEH08	Kellermann, H.; Németh, G.; Kostelezky, J.; Barbehön, K.; El-Dwaik, F.; Hochmuth, L.: *BMW 7er - Elektrik- und Elektronikarchitektur.* in: ATZextra November 2008.
KoCl94	Kogut, P.; Clements, P.: *Features of architecture representation languages.* in: Proceedings of the Eighth International Workshop on Software Specification and Design Carnegie Mellon University, Pittsburgh, 1994
Kra90	Kratky, K. W.: *Der Paradigmenwechsel von der Fremd- zur Selbstorganisation.* in: Kratky, K.; Wallner, F.: Grundprinzipien der Selbstorganisation Darmstadt: Wissenschaftliche Buchgesellschaft, 1990. ISBN 3-534-10971-6
Krö87	Kröger, F.: *Temporal Logic of Programs.* Berlin, Heidelberg: Springer Verlag, 1987. ISBN 3-540-17030-8
LaMa01	Latora, V.; Marchiori, M.: *Efficient Behavior of Small World Networks.* Physical Review Letters, Volume 87, Number 19, 2001.
Law10	Lawrenz, W.: CAN *Controller Area Network - Grundlagen und Praxis.* 5. Auflage, Hüthig, 2010. ISBN 3-7785-2906-4
Leh05	Lehmann, K.: *Selbstorganisation geht!.* Telepolis. 19.4.2005. http://www.heise.de/tp/r4/artikel/19/19774/1.html Stand 10/2011
Mai97	Mainzer, K.: *Gehirn, Computer, Komplexität.* Berlin, Heidelberg: Springer-Verlag, 1997. ISBN 3-540-61598-9
MaSu07	Marscholik, C.; Subke, P.: *Datenkommunikation im Automobil.* Hüthig Verlag, 2007. ISBN 978-3778529690
MaVa87	Maturana, H. R., Varela, F. J.: *Der Baum der Erkenntnis.* München: Golmann Verlag, 1987. ISBN 3-442-11460-8
Mei88	Meinhardt, H.: *Bildung geordneter Strukturen bei der Entwicklung höherer Organismen.* in: Küppers, B.-O. (Hrsg.): *Ordnung aus dem Chaos.* Serie Piper. 2. Auflage. München: R. Piper GmbH, 1988

MeTa00	Medvidovic, N.; Taylor, R. N.: *A Classification and Comparison Framework for Software Architecture Description Languages*. in: IEEE Transactions on Software Engineering 26, 2000
MGKRM06	Matheis, J.; Gebauer, D.; Kühl, M.; Reichmann, C.; Müller-Glaser, K.: *Vorstellung einer Methodik zur E/E-Architektur-Modellierung und -Bewertung in der frühen Konzeptphase*. in: Bäker, B.: Moderne Elektronik im Kraftfahrzeug. Haus der Technik Fachbuch. Renningen: expert verlag, 2006
Müll99	Müller, Axel: *Entwurfsmethodik und automatisierte Verteilung für Steuerungssoftware in einem verteilten Rechnersystem in der Automobilelektronik*. Dissertation, Universität Tübingen. Bad Iburg: Der Andere Verlag, 1999 ISBN 3-934366-13-9
Muß95	Mußmann, F.: *Komplexe Natur - Komplexe Wissenschaft*. Opladen: Leske + Budrich, 1995 ISBN 3-8100-1492-3
MüVo74	Müller, W.; Vogel, G.: *dtv - Atlas Baukunst Band 1*. München: Deutscher Taschenbuch Verlag, 1974 ISBN 3-423-03020-8
Pas91	Paslack, R.: *Urgeschichte der Selbstorganisation. Zur Archäologie eines wissenschaftlichen Paradigmas*. Braunschweig, Wiesbaden: Vieweg, 1991 ISBN 3-528-06423-4
PHF99	Pevsner, N; Honour, H; Fleming, J.: *Lexikon der Weltarchitektur*. 3. Auflage, München: Prestel-Verlag, 1999 ISBN: 3-791-32095-5
Prig88	Prigogine, I.: *Vom Sein zum Werden. Zeit und Komplexität in den Naturwissenschaften*. 5. Auflage. München: Piper, 1988
Rau08	Rausch, M.: FlexRay. Grundlagen Funktionsweise Anwendung. 1. Auflage. München, Wien: Carl Hansen Verlag 2008 ISBN 978-3-446-41249-1
Rei09	Reif, K.: *Automobilelektronik*. ATZ/MTZ-Fachbuch. 3. Auflage. Wiesbaden: Vieweg, 2009 ISBN 3-8348-0446-0
RePo02	Rechenberg, P.; Pomberger, G.: *Informatik-Handbuch*. 3. Auflage. München, Wien: Hanser Verlag, 2002 ISBN 3-446-21842-4
Rod12	Roden, G.: *Event Based Components: Softwarearchitektur in neuem Licht*. in: iX Developer 01/2012 Programmieren heute.
Schn05	Schneier, B.: *Angewandte Kryptographie*. Pearson Studium: 2005 ISBN 978-3827372284
Schw05	Schwierz, C.: *Musterbildung in Flüssigkeiten*. Vorlesung Fluid Dynamics. 2005 http://iacweb.ethz.ch/staff/schwierz/vorlesung_fd/links/musterbildung2.pdf
ScZu03	Schäuffele, J.; Zurawka, T.: *Automotive Software Engineering*. 1. Auflage. Wiesbaden: Vieweg Verlag, 2003 ISBN 3-528-01040-1

Sir 12	Sirch, O.: *Das 2-Spannungs-Bordnetz mit 48 Volt: Architektur und Potenziale.* in: Reuss, H.-C.: 16. EUROFORUM-Jahrestagung Elektronik-Systeme im Automobil, 2012.
Spe 10	SPEEDS Methodology – a white paper European Union 6th Framework Project in Embedded Systems Development, 2010 http://www.speeds.eu.com
Spi08	Spillner, A.: *Systematisches Testen von Software.* 1. Auflage. Heidelberg: dpunkt.verlag. 2008
StSt04	Staab, St.; Studer, R.: *Handbook on Ontologies.* Heidelberg: Springer Verlag, 2004. ISBN 3-540-40834-7.
TLB09	Traub, M.; Lauer, V.; Becker, J.: *Verfahren zur Timing-Bewertung von Gateway-Systemen und Vernetzungsarchitekturen in den verschiedenen Phasen des Entwicklungsprozesses* in: Bäker, B.: Moderne Elektronik im Kraftfahrzeug IV Haus der Technik Fachbuch Band 105. Renningen: expert verlag, 2009
Tur52	Turing, A. M.: The Chemical Basis of Morphogenesis. in: Philosophical Transactions of the Royal Society of London. Series B, Biological Sciences, Vol. 237, No. 641, pp. 37-72, 1952 http://www.dna.caltech.edu/courses/cs191/paperscs191/turing.pdf Stand 10/2011
Vie00	Vieweg, C.: *Alles über die Mercedes S-Klasse.* Technik transparent. Stuttgart: Motorbuch Verlag,1998 ISBN 3-932786-04-1
Vitruv	Vitruv: *De architectura libri decem (Die zehn Bücher über Architektur).* ca. 30 v. Chr. http://penelope.uchicago.edu/Thayer/L/Roman/Texts/Vitruvius Stand 10/2011
Vol96	Volkmann, L.: *Fundamente der Graphentheorie.* Wien, New York: Springer, 1996
Wal02	Walliser, G.; u. a.: *Elektronik im Kraftfahrzeugwesen.* 3. Auflage. Renningen: expert verlag, 2002 ISBN 3-8169-1965-0
WoSi09	Wolff, S.; Sirch, O.; u. a.: *Anforderungen aus Sicht der Energiesysteme der Zukunft an das Fahrzeugbordnetz.* in: Bäker, B.: Moderne Elektronik im Kraftfahrzeug IV Haus der Technik Fachbuch Band 105. Renningen: expert verlag, 2009
ZiSc07	Zimmermann, W.; Schmidgall, R.: *Bussysteme in der Fahrzeugtechnik.* ATZ/MTZ-Fachbuch. 2. Auflage. Wiesbaden: vieweg, 2007 ISBN 978-3-8348-0235-4

Standards und Normen

DIN 44300	DIN 44300: *Begriffe der Informationsverarbeitung.* 1985.
IEEE 1471	IEEE Std 1471-2000: *Standard for Architectural Description of Software-Intensive Systems*, 2001.

ISO 7498	ISO/IEC 7498-1: *Information technology – Open Systems Interconnection – Basic Reference Model: The Basic Model*, 1994.
ISO 8802	ISO 8802-3: *Local-area networks*.
ISO 11898	ISO 11898: *Road vehicles – Controller area network (CAN)*, Teile 1 - 5, 2003

Weblinks

WWW_ATZ04	Elektronik: DaimlerChrysler will Komplexität seiner Fahrzeuge reduzieren. Pressemitteilung vom 28.04.2004 http://www.atzonline.de/Aktuell/Nachrichten/1/2211/Elektronik-DaimlerChrysler-will-Komplexitaet-seiner-Fahrzeuge-reduzieren.html Stand 10/2011
WWW_ATZ08	Zentrales Steuergerät soll Komplexität der Fahrzeugelektronik reduzieren. Pressemitteilung vom 06.11.2008 http://www.atzonline.de/Aktuell/Nachrichten/1/8676/Zentrales-Steuergeraet-soll-Komplexitaet-der-Fahrzeugelektronik-reduzieren.html Stand 10/2011
WWW_Aut	Automotive Open system Architecture http://www.autosar.org Stand 10/2011
WWW_Beck	Homepage Thilo Beckmann: Langton's Ant http://www.thilobeckmann.de/applet_langtons_ant.html Stand 10/2011
WWW_Bun07	Bundesministerium des Inneren - KBSt: *V-Modell XT 1.3*, http://www.v-modell-xt.de Stand 10/2011
WWW_DGR	Dictyostelium Genom Resources. http://www.ncbi.nlm.nih.gov/genome/guide/dicty/ National Center for Biotechnology Information. Bethesda. Stand 10/2011
WWW_Dys	DySCAS - Dynamically Self-Configuring Automotive Systems http://www.c-lab.de/de/forschungsprojekte/abgeschlossene-forschungsprojekte/dyscas/index.html Stand 10/2011
WWW_Eif	Design by Contract http://www.eiffel.com/developers/design_by_contract.html Stand 04/2012
WWW_EPOD	Black Sun in Denmark The Earth Science Picture of the Day (EPOD) http://epod.usra.edu/blog/2006/06/black-sun-in-denmark.html Stand 10/2011
WWW_Most	MOST Cooperation http://www.mostcooperation.com Stand 11/2009

WWW_SO	Self-organization. PRINCIPIA CYBERNETICA WEB. http://pespmc1.vub.ac.be/SELFORG.html Stand 10/2011
WWW_TT	Testautomatisierungstool ECU-TEST http://www.tracetronic.de/produkte/ecutest.html TraceTronic GmbH. Dresden. Stand 10/2011
WWW_UD	Lifecycle of the social amoeba Dictyostelium discoideum: http://www.dundee.ac.uk/lifesciences/ps/organism.htm http://www.lifesci.dundee.ac.uk/groups/pauline_schaap/organism.htm University of Dundee. Lifesciences. Stand 10/2011
WWW_UL	Cellulare Automaten - Ameisen auf „Mystery Tour" http://www.fim.uni-linz.ac.at/lva/rus/CellulareAutomaten/ant.htm Institut für Informationsverarbeitung und Mikroprozessortechnik. Universität Linz. Stand 10/2011
WWW_Vec	Vector Informatik http://www.vector-worldwide.com Stand 10/2011
WWW_WDCS	Web Dictionary of Cybernetics and Systems: http://pespmc1.vub.ac.be/ASC/SELF-ORGANG.html PRINCIPIA CYBERNETICA WEB. Stand 10/2011
WWW_Wiki	Freie Enzyklopädie Wikipedia: *http://de.wikipedia.org/* Stand 10/2011
WWW_Wis	Gesellschaft für Online-Information: http://www.wissen.de/wde/generator/wissen/ressorts/unterhaltung/index,page=1051426.html Stand 10/2011

Am Competence Center EE-Architektur entstandene relevante Studien-, Diplomarbeiten und Veröffentlichungen

CC_AFS05	Anderssohn, F., Fuchs, M., Schmidt, B.: *Ansatz für eine selbstorganisierende Elektrik-/Elektronik-Architektur im Kraftfahrzeug*. in: Bäker, B.: 25 Jahre Elektronik-Systeme im Kraftfahrzeug. Haus der Technik Fachbuch. Renningen: expert verlag, 2005
CC_Alb07	Albrecht, A.: *Entwurf und Umsetzung elektronischer Fahrzeugfunktionen nach dem Prinzip der Föderativen Architektur*. Diplomarbeit. Technische Universität Dresden, Institut für Automobiltechnik Dresden, Lehrstuhl Fahrzeugmechatronik, 2007
CC_Bök06	Böker, R.: *Anwendung mobiler Geräte für die Nutzerinteraktion mit einem Föderativen Kraftfahrzeug Elektrik-/Elektronik-System*. Diplomarbeit. Technische Universität Dresden, Institut für Automobiltechnik Dresden, Lehrstuhl Fahrzeugmechatronik, 2006

CC_Egg06	Eggert, B.: *Funktionaler Entwurf von KFZ-EE-Systemen am Beispiel eines Versuchsfahrzeuges.* Diplomarbeit. Technische Universität Dresden, Institut für Verbrennungsmotoren und Kraftfahrzeuge, Lehrstuhl Fahrzeugmechatronik, 2006
CC_HAFS06	Hofmann, P.; Anderssohn, F.; Fuchs, M.; Schmidt, B.: *Complexity Management in Technological Systems.* in: Helbing, D.: Potentials of Complexity Science for Business, Governments, and the Media. Budapest, 2006, S.224-247
CC_HKASF04	Hofmann, P.; Knorr, A.; Anderssohn, F.; Schmidt, B; Fuchs, M.: *Vergleich von Non-Automotive Elektrik/Elektronik-Architekturen.* Technischer Bericht. Dresden: DaimlerChrysler, 2004
CC_Lin04	Linke, J.: *Entwurf einer HIL-Test- und Simulationsumgebung für ein By-Contract-Steuergerätesystem.* Diplomarbeit. Technische Universität Dresden, Institut für Verbrennungsmotoren und Kraftfahrzeuge, Lehrstuhl Fahrzeugmechatronik, 2004
CC_Loh06	Lohse, T.: *Entwicklung eines Konzepts zum Verschieben und Austauschen von Software-Komponenten in einer Elektrik-/Elektronik-Architektur für das Automobil.* Diplomarbeit. Hochschule für Technik und Wirtschaft Dresden, 2006
CC_Sch12a	Schmidt, B.: *Federative Architecture. An approach of a contract-based Electric/Electronic Architecture.* in: Bargende, M.; Reuss, H.-C.; Wiedemann, J.: 12th Stuttgart International Symposium, 2012.
CC_Sch12b	Schmidt, B.: *Föderative Architektur. Ein Ansatz für eine selbstorganisierende EE-Architektur.* in: Mechatronik Mobil 01/2012, S.18-22, expert verlag, 2012
CC_Wolf08	Wolf, R.: *Framework und CAN-Gateway für PC-Simulationen des Föderativen E/E-Architektur-Ansatzes.* Studienarbeit. Technische Universität Dresden, Institut für Automobiltechnik Dresden, Lehrstuhl Fahrzeugmechatronik, 2008

Abbildungsverzeichnis

In Kap. 5 Entwicklung von Systemen der Föderativen Architektur

In Kap. 6 Kontrolle von Systemen der Föderativen Architektur

Tabellenverzeichnis